本书受中国历史研究院学术出版经费资助

学术出版资助

近代日本的中国留日学生政策史

徐志民 著

中国社会科学出版社

图书在版编目(CIP)数据

近代日本的中国留日学生政策史/徐志民著.—北京：中国社会科学出版社，2020.12（2021.5重印）

ISBN 978-7-5203-6019-7

Ⅰ.①近… Ⅱ.①徐… Ⅲ.①留学生教育—教育政策—教育史—研究—日本—近代 Ⅳ.①G649.313

中国版本图书馆 CIP 数据核字（2020）第 028325 号

出 版 人	赵剑英
责任编辑	宋燕鹏
责任校对	王建国
责任印制	李寡寡

出　　版	中国社会科学出版社
社　　址	北京鼓楼西大街甲 158 号
邮　　编	100720
网　　址	http://www.csspw.cn
发 行 部	010-84083685
门 市 部	010-84029450
经　　销	新华书店及其他书店
印刷装订	北京君升印刷有限公司
版　　次	2020 年 12 月第 1 版
印　　次	2021 年 5 月第 2 次印刷
开　　本	710×1000　1/16
印　　张	19.25
插　　页	2
字　　数	267 千字
定　　价	98.00 元

凡购买中国社会科学出版社图书，如有质量问题请与本社营销中心联系调换
电话：010-84083683
版权所有　侵权必究

中国历史研究院学术出版
编 委 会

主　　任　高　翔

副 主 任　李国强

委　　员　（按姓氏笔画排列）

卜宪群　王建朗　王震中　邢广程　余新华
汪朝光　张　生　陈春声　陈星灿　武　力
夏春涛　晁福林　钱乘旦　黄一兵　黄兴涛

"中国历史研究院学术出版资助项目"
出版说明

  为了贯彻落实习近平总书记致中国社会科学院中国历史研究院成立贺信精神，切实履行好统筹指导全国史学研究的职责，中国历史研究院设立"学术出版资助项目"，面向全国史学界，每年遴选资助出版坚持历史唯物主义立场、观点、方法，系统研究中国历史和文化，深刻把握人类发展历史规律的高质量史学类学术成果。入选成果经过了同行专家严格评审，能够展现当前我国史学相关领域最新研究进展，体现了我国史学研究的学术研究水平。

  中国历史研究院愿与全国史学工作者共同努力，把"中国历史研究院学术出版资助项目"打造成为中国史学学术成果出版的高端平台；在传承、弘扬中国优秀史学传统的基础上，加快构建具有中国特色的历史学学科体系、学术体系、话语体系，推动新时代中国史学繁荣发展，为实现"两个一百年"奋斗目标、实现中华民族伟大复兴的中国梦贡献史学智慧。

中国历史研究院
2020 年 4 月

目　　录

序　一 ………………………………………………………（1）
序　二 ………………………………………………………（1）
前　言 ………………………………………………………（1）

第一章　明治维新与留日兴起 ……………………………（1）
　一　日本留学的示范效应 ………………………………（2）
　二　忠君爱国之思想基础 ………………………………（8）
　三　接受留日的近代学校 ………………………………（11）
　四　大亚洲主义者的欢迎 ………………………………（17）
　五　小结 …………………………………………………（21）

第二章　留日学生政策的形成（1896—1911）……………（22）
　一　接受体系的建立 ……………………………………（24）
　二　速成教育与学业限制 ………………………………（35）
　三　投机性管理 …………………………………………（43）
　四　小结 …………………………………………………（54）

第三章　放任自流与优待主义（1912—1917）……………（55）
　一　来者不拒与留日高潮 ………………………………（56）

二　消极教育与优待主义……………………………………（67）
　　三　秘密监控与配合管理……………………………………（76）
　　四　小结………………………………………………………（83）

第四章　留日学生政策的改善（1918—1926）………………（85）
　　一　改善的政策与措施………………………………………（86）
　　二　改善的原因之剖析………………………………………（94）
　　三　改善的效果与特点………………………………………（105）
　　四　小结………………………………………………………（115）

第五章　留日学生政策与中日交涉（1927—1931.9）………（117）
　　一　学费补给制度争议………………………………………（118）
　　二　协商留日学生入学方案…………………………………（124）
　　三　留日军事学生的招收……………………………………（129）
　　四　小结………………………………………………………（135）

第六章　留日学生政策与局部抗战（1931.9—1937.7）……（137）
　　一　九一八事变后的调查……………………………………（138）
　　二　冲突中的挽留与接收……………………………………（143）
　　三　局部抗战与教育戒备……………………………………（150）
　　四　严厉镇压与常态监控……………………………………（155）
　　五　小结………………………………………………………（160）

第七章　留日学生政策与全面侵华（1937.7—1945.8）……（162）
　　一　接受伪政权的留学生……………………………………（163）
　　二　多措并举的洗脑教育……………………………………（174）
　　三　强化监管与归国安置……………………………………（183）
　　四　小结………………………………………………………（191）

第八章　留日学生政策与留学生活 …………………………（195）
　　一　炮火中的埋头学习 ………………………………（197）
　　二　管控下的日常生活 ………………………………（208）
　　三　被组织的社会活动 ………………………………（217）
　　四　小结 ………………………………………………（225）

结　语 ……………………………………………………（227）

参考文献 …………………………………………………（242）

后　记 ……………………………………………………（281）

序 一

　　志民转来其书稿，即《近代日本的中国留日学生政策史》，内容包括其博士学位论文的部分内容以及博士毕业后继续从事学术研究的部分成果。其博士学位论文《近代日本对中国留日学生政策研究（1896—1931年）》原本可单独成书，但他认为日本侵华战争爆发前留日学生政策与战时留日学生政策既有联系又有不同，需要贯通研究和系统探讨；同时也意识到博士阶段时间有限，搜集和研究相关史料不足，需要博士毕业后继续从事相关研究；另外清醒地认识到自身学术训练、学术视野和研究能力、研究水平均有待加强与提高。当志民博士提出自己的想法后，作为导师的我自然同意，并鼓励和希望他在博士毕业后不管从事何种工作、经历何种困难、研究方向有无转变，都能坚守初心。

　　博士毕业以来，至今已过12年，志民未忘承诺。我时常看到他在《中国社会科学》《历史研究》《近代史研究》《世界历史》等一些重要刊物上发表有关近代日本的留日学生政策研究的学术成果。他转来这部书稿的同时，也解释之所以仅仅选取原博士学位论文部分内容的理由，主要是因为目前其正在进行更大规模的研究计划，包括时间上贯通近代和当代日本对中国留日学生政策的研究，以及日本对地域范围更广的近代世界范围内留日学生政策的研究，还从专题上研究留日学生与近代日本对外政策、文化交流、侵略战争之间的关系等。志民博士似乎不知疲倦，对自己喜爱的研究题目非常上心、用心和专心。一个专题坚持研究近20年，但我并不太担心其学术视野问题，毕竟他在研究近代日本对中国留日学生政策的同时，根据工作需要从事抗日战争史、中日关系史、中国革命史，甚至西藏地方史的学习与研究，出版了《战后日本人的战争责任认识研究》《西藏史话》等著作，发表了几十篇相关学术论文。

看着这部史料扎实、论证翔实的书稿，想到志民博士的其他成果，我亦是颇多感慨。初入北大的志民，上课、作业非常认真，非常勤奋。据我所知，他提交的论文作业，后来大多陆续发表，其中《清末留日学生报刊与中日关系》一文就是经我审读、修改后投到《日本学》第13辑发表的。他对自己的博士学位论文选题也颇有想法，几次与我详谈研究设想，我原则上同意他继续从事留日学生相关研究，但必须站在中日关系史全局的高度、站在博士生应有的更加宽广的学术视野上设计选题，即不管题目大小，一定要反映真切的社会问题，得出具有启发性、普遍性意义的结论，或者至少要验证一个结论与观点。为此，我不仅推荐他阅读史学理论方面的图书，日本学界的相关研究成果，搜集和研读中日文相关史料，而且推荐他选修王晓秋教授的中日文化交流史、日语系刘金才教授的日本文化课程，以拓宽其学术视野与研究思路。

无论专业课堂还是课下交流，我常言从事学术研究最重要的是选题，而选题源自对社会现实问题及相关学术史的了解与掌握。选题要选择真问题，而不是伪问题；选题要有学术价值和现实关怀，而不是无病呻吟或纯粹抒发"思古幽情"。那么，真问题从哪里来？自然是从实践中来，从对现实问题和学术问题的思考中来。志民就是从20世纪与21世纪之交的当代中国留日学生热潮出发，思考与探索19世纪与20世纪之交的近代中国留日学生问题。中国留日学生与中日关系密切相关、互动因应，历经百年轮回，在两个世纪之交依旧激荡澎湃，引人深思。中日学界研究中国留日学生的成果，数以千计，志民从攻读硕士学位开始研读和思考，历经近二十年。

他在《史学理论研究》2019年第3期、《近代史研究》2020年第1期分别发表了中日学界的留日学生研究述评，反映其较好地掌握了中国留日学生史研究的现状和动态，也从中找到了研究中国留日学生史的一条路径，即避开既有成果往往侧重从中方视角、利用中文资料研究中国留日学生"出国史""回国史"的局限，重点从日方视角、从日本政府对中国留日学生的政策及其与中日关系互动中，探寻真正意义上的"留日史"。

在选题之后需要特别强调的是史料在史学研究中的基础地位。我虽不完全赞同历史学就是史料学，但史料确实是史学研究的基础和前提，是史学创新发展的重要支撑。志民进入博士课程后，除了尽力搜集中文史料与文献外，还跟我随堂研读日文文献、翻译日文资料，与大家一起讨论、交流。2006年4月，我赴东京大学讲学之际，志民同时赴东京大学综合文化研究科学习半年。在此期间，我不仅向他推荐日本学界有关留日学生史研究的专家学者，而且带他一起到日本外务省外交史料馆、国立公文书馆、国立国会图书馆、东京大学等校的图书馆、亚洲历史资料中心等处查阅图书资料和档案文献，从而为其博士学位论文的写作打下史料基础。无论"以论带史"，还是"论从史出"，都需要实证研究，需要"二重证据"或"多重证据"。志民那时白天在东京大学上课或搜集史料，晚上开始日文史料的翻译与研究，正是在中文、日文、英文史料与文献的互证中，于东京完成其博士学位论文的初稿，这是我比较欣慰的。

另外，我提倡"读万卷书、行万里路"。无论从个人学习和研究体验而言，还是从教育和培养学生而言，既要"读书破万卷"，又要勤于用手、用心、用脑，否则没有灵魂的思考，没有独立的思想，没有勤写苦练，仍难以"下笔如有神"；既要"踏行万里路"，又要"甘坐冷板凳"，俯下身、沉下心、扎下根，将人生阅历和人间关怀化作笔下无尽的源泉和动力，才能"铁肩担道义，妙笔著文章"，才能做出学问、做好学问。我常常以此自省，常常与学生共勉。与志民同在东京期间，几乎每个周末都相约到日本各地游历。同到东京的皇居、东京车站、代代木公园等处游览，体验明治维新的历史痕迹；同到横滨探寻美国佩里舰队的登陆地和参观登陆纪念馆，感悟日本人在西力东渐背景下的"攘夷"与"开国"；同到具有寺庙文化特色和镰仓时代的重镇——镰仓古城考察等，思考东亚各国文明的交流互鉴。重回历史遗址遗迹，不是历史穿越，而是与历史对话，与古人交流，如此才能写出更加真实、更有人情味与历史感的时代作品，才能体会到近代中国留日学生远涉重洋、求学日本的理想、学习与日常生活，才能写出更加鲜活的中国留日学生史，才能写出近代日本对中国留日学生既拉拢又防备、既教育又限制、既管理又利用的非常矛盾的政策史。

《近代日本的中国留日学生政策史》较好地写出了这一复杂性和矛盾性。志民在这部著作中阐述了明治维新对中国留日热潮兴起的示范和启示，考察了日本从明治末期对中国留日学生政策的初步形成，到大正时期对中国留日学生政策的调整与改善，再到昭和初期中日围绕留日学生政策的交涉，以及日本发动侵华战争后对中国留日学生政策的变化。日本对中国留日学生接受、教育、管理、安置政策的变化，又直接影响着留日学生对日本的观感与情怀，间接影响着中日关系的发展变化和未来走向。这也是日本将中国留日学生政策置于对华政策"重要一环"的主要原因，即培养"日中亲善"感情和"亲日"分子，服务于日本侵华扩张的根本目的。但是，近代日本过于功利性和包藏阴谋的中国留日学生政策，违背留学传播科学文化知识和促进世界和平发展的规律与宗旨，结果适得其反，事与愿违。这不仅为当今世界蓬勃发展的留学运动和文化交流留下了深刻的历史教训，而且也为如何奠定"人类命运共同体"的人文基础提出了作为对比的新时代命题。

志民嘱我为其新著作序，理不应辞，故结合自身从事学术研究的心得，以及与志民交往近十六年的师生情缘，不知不觉谈了上述体会，权且为序。

王新生

2020 年 1 月 13 日书于北京大学

序　二

　　留学是世界各国文明交流互鉴的一种重要途径。改革开放以来，中国人海外留学史已成为国内外学术研究的一个热门，尤其是中国人留学日本史更是其中的热点，取得了相当丰硕的成果。不过以往的中国留日学生史研究，一般都偏重于考察分析中国留日学生的留学动机、背景，留日热潮兴起的原因、过程，以及留日学生在日本的活动、经历，回国后的作用、影响等等。还有不少是对中国某地区或日本某学校留学状况的具体研究，或某个留学人物的个案研究。但是，我觉得似乎还缺少些"逆向思惟"，比如考察研究作为中国留日学生接受国的日本方面的应对情况，特别是日本政府对待中国留日学生的政策及其实施实况。日本政府究竟制订了哪些接受、教育和管理中国留日学生的政策？其政策又是如何随着留日运动和中日关系的起伏波动而变化？其目的与本质是什么？与日本政府的侵华国策与策略有什么关系？它又对留日学生和中日关系产生什么反作用？诸如此类的种种问题似乎尚未有比较系统深入的研究。而徐志民的这部专著恰好填补了这方面研究的薄弱环节，有助于深化留日学生史的研究，对于进一步推进近代中日关系史尤其是中日教育交流史的研究，也是一个值得关注的视角，具有一定的学术意义和现实意义。

　　该书的一个特点是作者在前人研究的基础上，运用大量中日文原始资料，特别是日本外务省和文部省的档案，比较系统地梳理了近代日本的中国留学生政策的产生、形成、演变的历史。从明治末期（1896—1911）日本对中国留日学生接受、教育、管理政策的初步形成，到大正初期（1912—1917）日本对中国留日学生政策在"放任自流"与"优待主义"之间的徘徊，再到大正中后期（1918—1926）日本采取所谓"改善"对中国留日学生政策的原因、措施及效果。然后是昭和初期（1927—1931.9）日中围绕留日学生的补给制度、入学方案、留日军事学生招收等问题的交涉。接着是局部抗战时期（1931.9—1937.7）日本对中国留日学生的挽留、接受、戒备、强化调查与监控的政策。最后是日本全面侵华战争时期（1937.7—1945.8）通过接受中国伪政权留日学生，进行洗脑教育和归国安置，培植亲日势力为其服务的政策。基本上比较清晰地勾画出近代日本对中国留日学生政策形成与演变的历史脉络。

该书的另一个特点是将近代日本对中国留日学生政策放在国际形势、中日关系和日本国内政治及对外政策变化的视野下考察。不是单纯叙述历史事实与就事论事，而是进一步深入探讨与剖析日本对中国留日学生政策与近代日本对华侵略扩张的国策及其战略策略之间的关系，揭露批判日本对中国留学生政策的利己性、狭隘性、投机性、功利性，以及其政策如何体现日本侵华国策的目的野心，甚至直接成为日本对华文化侵略的重要一环。例如对中国留日学生的严密调查、强化监控、拒入军校、教学保密等制度，加强亲日、崇日、恐日教育，培养亲日势力成为其侵华战争"协力者"的措施。特别是侵华战争后期，对伪满洲国、伪蒙疆政权、汪伪政权选派的留日学生分别实施同化、分化、奴化教育的政策，更是赤裸裸地成为日本帝国主义"以华制华"策略和对华殖民统治政策的一个组成部分。因此，作者以史为鉴总结历史经验教训，认为：任何违背留学交流的基本规律和宗旨，幻想通过接受和培养留学生而谋求政治私利实现侵略扩张野心的企图，都只能适得其反，事与愿违。只有相互尊重、平等互利的留学教育，才能更好推动留学国和留学生母国关系的顺利发展，也才有助于科学文化知识的传播和交流。

　　该书作者徐志民是北京大学历史学系日本史方向的博士。他在校学习期间就十分注意日本史和中国史的会通融合，曾上过我的中国近代史研究和中日文化交流史课程，不但学习努力而且作业也很认真。课余还和我探讨留日学生史的问题。我也鼓励他利用掌握日本史实和史料的优势，研究日本对华教育政策，并利用赴东京大学交流的机会，广泛收集这方面原始资料，写好博士论文。直到博士毕业后，他到近代史所跟步平所长从事中日关系史博士后研究以及到西藏援藏工作期间，仍念念不忘思考和深化这个课题。经过数年努力，终于在博士论文基础上修改加工完成了这部专著。因此我欣然答应为他写序，并希望他继续努力，扩展研究战后和当代的日本对中国留日学生政策，使研究更加全面丰富。

王晓秋
2019 年 10 月
于北京大学蓝旗营公寓

前　言

　　从1847年容闳、黄胜、黄宽三人留学美国，拉开了近代中国人出国留学的序幕，到1872年清政府选派幼童留美，标志着近代中国官派留学开始。此后至今，随着国际国内形势变化，中国人的出国留学运动在不同历史时期各具特色。如，甲午惨败的结局促使清末留日运动的兴起，民国初期的欧战环境催生了著名的留法勤工俭学运动，十月革命的胜利引起无数探究救国救民真理的热血青年的留苏热潮，美国率先退还庚子赔款和资助留学的示范效应，一定程度上保持了近代中国留美运动的持续不断。新中国成立后，面对冷战格局的国际环境，被迫中断向美国、日本等资本主义国家派遣留学生，转向苏联、东欧等社会主义国家派遣留学生。1978年改革开放以来，中国留学运动蓬勃发展。从1978年至2018年，中国各类出国留学人员总计585.71万名，其中仅2018年度中国出国留学总人数就达66.21万名。[①] 可见，当代中国留学生规模之大、人数之多、影响之巨，已成为中华文明与世界各国文明交流互鉴的一支重要力量。

　　作为一名真正"跨世纪"的大学生，作为在改革开放时期

[①] 参见丁雅诵《我国出国留学人员达66.21万人　各类留学回国人员为51.94万人》，《人民日报》2019年4月2日第6版。

成长的青年学生，渴望对世界知识的了解，羡慕那些出国留学的同学和到中国留学的外国学生，在当代中国留学运动的时代背景下对留学问题产生了浓厚兴趣。不过，当时懵懵懂懂，只是搜寻和查阅与留学相关的图书，并无特定目标或长远打算。2001年本科毕业之际，即将追随黄尊严先生攻读硕士学位之时，才在先生的指导下逐渐将目标锁定为清末山东留日学生与近代山东的政治变革研究。① 之所以选定这个题目，还有以下几个因素。一是我的硕士专业是世界史，研究方向是东亚国际关系史，而留日学生不仅是近代中日关系剧变的产物，且反过来又深刻影响着中日关系的发展变化。通过留日学生研究，既可以管窥西力东渐背景下的中日关系变化和各自应对，又可以探索历史深处的中日文化教育交流的微妙细节。二是近代中国留日学生人数多、规模大、影响至巨，涌现出陈独秀、李大钊、周恩来、蒋介石、阎锡山、孙传芳、鲁迅、郭沫若等影响中国历史和中日关系的一批重要人物，探寻他们的留日生活与人生之路的选择，也是我当时的学术理想。三是身处山东的地理之便和资料优势，使我暂时侧重于研究清末山东留日学生，以及他们回国后对推动山东政治现代化所发挥的积极影响与作用。

原本希望就清末山东留日学生与近代山东的政治、经济、文化、社会、教育等方面的现代化继续做下去，但2004年到北京大学攻读博士学位时又发生了变化。博士生导师王新生先生虽对我攻读硕士学位期间基本查阅了国内有关留日学生研究成果的努力予以肯定，认为对进一步开展留日学生研究奠定了基础，但指出到首都后要有更宏大的学术视野，关注更加宏观的学术问题，强调博士学位论文的选题可以从山东一地走向全国。在王先生指导、支持和帮助下，

---

① 参见徐志民《清末山东留日学生与近代山东的政治变革》，硕士学位论文，曲阜师范大学，2004年。

经过艰辛的中日相关学术史梳理，发现留日学生研究的既有成果，往往侧重于介绍留日学生的选拔、人数、经费、专业、管理等，分析留日热潮兴起原因，考察留日学生与日本学校、日本社会的关系，评述他们回国后对中国政治、经济、社会、文化、军事、外交、科技等方面的影响与贡献，相对忽视作为留学生接受国日本的应对及政策，某种程度上属于"出国史"或"回国史"，而非真正意义的"留学史"。[①] 日本政府面对蜂拥而至的中国留日学生，是如何接受、教育、管理他们的，特别是面对留日运动的起起落落和中日关系变化，为何又是如何调整其中国留日学生政策，以及这些政策变化怎样反作用于留日学生与中日关系？

带着对这些问题的思考，初步选定近代日本对中国留日学生政策作为博士学位论文选题，并获得王新生先生的肯定和支持。不过，我当时仅仅从实藤惠秀的《中国人留学日本史》找到1901年日本文部省颁布的"外国委托生规程"，以及1905年11月日本文部省颁布的中国留日学生"取缔规则"[②]，虽然从一些留日学生研究成果中隐隐约约感到日本对中国留日学生政策的存在[③]，但因为没有见到太多的政策条文，以致于怀疑日本是否真正存在对中国留日学生的系统性政策，或者所谓"日本对中国留日学生政策"只是我的主观臆想。因而，只能"大胆假设、小心求证"了。就这些问题，我曾请教沈

---

① 参见章开沅、余子侠主编《中国人留学史》，社会科学文献出版社2013年版，第11页；徐志民《留日学生与近代中国研究述评》，《史学理论研究》2019年第3期。
② 参见实藤惠秀『中国人日本留学史』、東京、くろしお出版、1981年、増補版、186—187、461—463頁。
③ 参见石锦《中国现代化运动与清末留日学生》，台北：嘉新水泥公司文化基金会1968年版；黄福庆《清末留日学生》，台北："中央研究院"近代史研究所1975年版；李喜所《近代中国的留学生》，人民出版社1987年版；王奇生《中国留学生的历史轨迹》，湖北教育出版社1992年版；王奇生《留学与救国——抗战时期海外学生群像》，广西师范大学出版社1995年版；程麻《鲁迅留学日本史》，陕西人民出版社1985年版；钟少华《早年留日者谈日本》，山东画报出版社1996年版；沈殿成主编《中国人留学日本百年史（1896—1996）》（上、下册），辽宁教育出版社1997年版；靳明全《攻玉论：关于20世纪初期中国军界留日生的研究》，重庆出版社2001年版；尚小明《留日学生与清末新政》，江西教育出版社2002年版，等。

仁安先生、宋成有先生、汤重南先生、王晓秋先生等，获得各位老师的解惑、授业，建议尽快搜集日本对中国留日学生政策的规定条文或相关资料。2006年，有幸与王新生先生同赴日本东京大学交流学习，在先生耳提面命之下，白天或跟随日本的指导教官三谷博先生上课，或到日本外务省外交史料馆等处搜集资料，或拜访日本相关领域的专家学者。如，曾受到王新生先生的同学、著名的留日学生研究专家周一川先生的款待和指点。某日，我与王新生先生在东京站巧遇川岛真先生，经后者介绍参加了大里浩秋先生、孙安石先生主持的中国留日学生史研究会的一次活动，不仅结识了更多的留日学生研究专家，而且关于日本的中国留日学生政策研究获得一些资料线索与启发。

在王新生先生的督促指导和日本专家学者的帮助支持下，竟在东京初步完成了博士学位论文——《近代日本政府对中国留日学生政策研究（1896—1931）》的初稿，并于2007年7月顺利获得博士学位。此后，无论在中国社会科学院近代史研究所跟随步平先生从事博士后研究，还是博士后出站留所工作后，作为中央第五批援藏干部进藏工作，以及完成援藏任务返回中国社会科学院工作至今，均利用余暇集中研究1931年9月九一八事变至1945年8月抗战胜利这一战时环境下的日本对中国留日学生政策，目的就是与自己的博士学位论文融会贯通，系统探究近代日本对中国留日学生政策的变化、特点、影响、本质和规律，从而为深刻理解近代中日关系之众所周知的结局，提供一个中日留学教育交流的微观透视的学术视角。近代日本的中国留日学生政策史已经证明，留学教育必须符合留学传播科学文化知识和人类一切优秀文明成果的基本规律，必须符合推动人类文明进步与世界和平的根本目的，特别是在民族国家时代，任何包藏政治阴谋，幻想通过留学教育仅仅培养"亲善分子"或服务于侵略扩张政策的需要，必将适得其反、事与愿违。

本书只是选取博士学位论文的部分内容，结合近年关于留日学生政策问题的研究与思考，按照历史发展顺序，经修改融合而成。全书除前言和结语外，共分八章。第一章是明治维新对中国人赴日留学的示范效应、提供的客观条件，以及日本大亚洲主义者的"欢迎"，为中国留日运动兴起发挥了推波助澜的作用。第二章是明治末期（1896—1911）日本对中国留日学生接受、教育、管理政策的初步建立。第三章是大正初期（1912—1917）日本对中国留日学生在放任自流与优待主义之间徘徊，也是这个转折年代日本准备改善中国留日学生政策的量变积累。第四章是大正中后期（1918—1926）日本改善中国留日学生政策的措施、原因、效果、特点的评述。第五章是昭和初年（1927—1931.9）中日围绕留日学生的补给制度、入学方案、留日军事学生招收问题的交涉。第六章是局部抗战时期（1931.9—1937.7）日本对中国留日学生的挽留、接受、戒备、强化调查与监控的政策。第七章是日本全面侵华战争时期（1937.7—1945.8）通过接受伪政权留日学生，进行洗脑教育和归国安置，妄图使之服务于日本侵略战争政策。第八章是考察战时日本的中国留日学生政策对在日中国留学生的学习、日常生活和社会活动的影响，以及对他们战后工作和个人生活的长远影响，思考国策与留学交织的历史镜鉴。

新时代的中国既是留学生派遣大国，也是留学生接受大国[①]，随着"一带一路"建设和打造"人类命运共同体"，以留学教育为纽带的中外交流更加频繁，中国日益成为世界各种优秀文明交流互鉴、

[①] 据统计，2018年中国接收"来自196个国家和地区的49.22万名留学生，在全国31个省（自治区、直辖市）的1004所高等院校、科研院所和其他教育机构学习、研修、培训，中国继续保持亚洲最大留学目的国地位。"其中，"一带一路"沿线60多个国家来华留学生人数总计26.06万名，占总人数的52.95%，反映了中国留学教育越来越具有国际竞争力和影响力。参见赵婀娜《打造"留学中国"品牌——中国成亚洲最大留学目的国》，《人民日报》2019年6月4日第2版。

包容发展的重要平台。本书在学界既有研究成果的基础上①，将近代日本的中国留日学生政策史置于中日关系史、中外文明交流史和世界近现代史之中进行批判分析，重在探讨近代日本向大陆侵略扩张之国策与对中国留日学生政策之间的关系，总结其历史教训，分析其对留日学生、中日关系、文明传播交流的深刻影响，并在古今中外的留学生政策对比中汲取历史智慧，为世界各国蓬勃发展的留学运动与新时代中国的留学工作、中外文化交流提供一些历史思考与启示。

---

① 近代中国留日学生研究的成果丰硕，故论文从略，2005年以来的中文代表性专著有，孔凡岭：《近代中国留学史稿》，中央文献出版社2005年版；谢长法：《中国留学教育史》，山西教育出版社2006年版；李喜所主编：《中国留学通史》，广东省出版集团、广东教育出版社2010年版；周棉等：《中国留学生论》，南京大学出版社2012年版；元青等：《留学生与中国文化的海外传播：以20世纪上半期为中心的考察》，南开大学出版社2014年版；刘振生：《近代东北人留学日本史》，民族出版社2015年版，等。日文代表性专著有，松本亀次郎『中華留学生教育小史』、東京、東亜書房、1931年；実藤恵秀『中国人日本留学史』、東京、くろしお出版、1960年；小島淑男『留日学生の辛亥革命』、東京、青木書店、1989年；大里浩秋、孫安石編『中国人日本留学史研究の現段階』、東京、御茶の水書房、2002年；河路由佳、淵野雄二郎、野本京子『戦時体制下の農業教育と中国人留学生：1935—1944年の東京高等農林学校』、東京、農林統計協会、2003年；阿部洋『「対支文化事業」の研究——戦前期日中教育文化交流の展開と挫折』、東京、汲古書院、2004年；大里浩秋、孫安石編『留学生派遣から見た近代日中関係史』、東京、御茶の水書房、2009年；紀旭峰『大正期台湾人の「日本留学」研究』、東京、龍溪書舎、2012年；大里浩秋、孫安石編『近現代中国人日本留学生の諸相：「管理」と「交流」を中心に』、東京、御茶の水書房、2015年；浜口裕子『満洲国留日学生の日中関係史——満洲事変・日中戦争から戦後民間外交へ』、東京、勁草書房、2015年；見城悌治『留学生は近代日本で何を学んでのか——医薬・園芸・デザイン・師範』、東京、日本経済評論社、2018年；高田幸男『戦前期アジア留学生と明治大学』、東京、東方書店、2019年；孫安石、大里浩秋編『中国人留学生と「国家」「愛国」「近代」』、東京、東方書店、2019年；周一川『近代中国人日本留学の社会史——昭和前期を中心』、東京、東信堂、2020年、等。

第 一 章
明治维新与留日兴起

明治维新是在西力东渐和日本沦为半殖民地边缘之际的时代背景下，明治政府从1868年开始自上而下实施的一场现代化运动，包括建立君主立宪制政体，实施"富国强兵""殖产兴业""文明开化"等一系列改革政策与措施，使日本摆脱陷入殖民地危险的窘境，逐渐跻身强国之列，成为日本步入近代史的标志。由于明治维新遗留了大量封建残余，并使日本迅速走向侵略扩张之路，给中、韩等亚洲邻国人民带来了巨大灾难，所以我们很难将明治维新与近代中国人的赴日留学联系在一起。至于近代中国人赴日留学的原因，中日学界目前主要从甲午战败的刺激、清政府的废除科举与鼓励留日、日本政府和大亚洲主义者的"欢迎"等视角分析，确实解释了清末留日热潮的重要原因。[①] 不过，笔者认为近代日本派遣留学、强调忠

---

① 探讨清末中国留日热潮原因的成果较多。例如，夏风：《清末留日教育产生、发展的主要原因及其分析》，《教育评论》1987年第4期；何建华、杜建国、张群荣：《论辛亥革命前的留日热潮》，《抚州师专学报》1992年第1期；邓绍辉：《浅析清末留日热潮起因》，《青年史学》第44期，1992年；赵寿莲：《清末留日热潮出现的原因及其影响》，《学术论坛》1997年第6期；陆安：《传统观念的嬗变与近代留日热潮的形成》，《内蒙古教育学院学报》1999年第1期；杨晓、田正平：《〈劝学篇〉与20世纪初年的留学日本热》，《华东师范大学学报》2000年第4期；马小红：《本世纪初的留学日本热》，《读书》2000年第4期；陈九如：《清末女子留日热潮的成因》，《芜湖职业技术学院学报》2004年第2期；曹靓：《20世纪初日本为何广泛吸收中国留学生》，《历史学习》2004年第10期；刘波、沈璐逸：《浅谈20世纪初中国留学生东渡日本的原因》，《中学历史教学参考》2004年第11期；杨柳：《清末中国学生留日原因新探》，《西安社会科学》（转下页）

君爱国教育、兴办近代学校等，相当程度上为中国人留学日本提供了示范效应、思想基础、客观条件。当然，这并非明治维新的主观目的与目标，但在客观上确实对清末留日热潮的兴起和近代中日教育交流，甚至中日关系的发展走向都产生了极其重要的影响，反映了在现代化、全球化的浪潮中，东亚各国相互关联、休戚与共的一体化趋势。

一　日本留学的示范效应

面对西力东渐、民族危亡的时代环境，中日两国对待西方列强、西方文明采取了明显不同的态度。对于1853年美国佩里舰队来航，日本各界虽认识不一、存在严重分歧，但德川幕府最后接受美国国书，并在1854年3月签订《神奈川条约》，主动开国。1862年，德川幕府选派12名学生赴荷兰留学，开放日本人留学海外之禁，积极向西方学习。随后，德川幕府与各藩继续向英、法、美、俄等国选派留学。① 1868年3月，日本政府发布著名的《五条誓文》，宣称"求知识于世界"。他们一方面聘请外籍专家、学者和教师，另一方面更加积极地派遣留学，直接学习西方科学技术与文化知识。据统计，1868—1873年，日本出国留学者达373名。② 为确保留学质量，明治政府于1870年制订《海外留学规则》、1873年发布《贷费留学生规则》、1882年实施《公费留学生规则》等，且反复修改、完善

（接上页）2009年第4期；冯琳：《清末留日热潮成因初探》，《池州学院学报》2010年第5期；汤燕：《清末留日热潮的原因探析》，《教育艺术》2014年第2期；计裕人：《清末中国留学日本热潮的动因》，《安庆师范学院学报》2015年第2期；张纯、侯典举：《二十世纪留日知识分子人数激增问题探析》，《蚌埠学院学报》2016年第6期，等。在其他涉及清末留日学生的著作中，如黄福庆的《清末留日学生》、沈殿成主编的《中国人留学日本百年史（1896—1996）》、吕顺长的《清末浙江与日本》（上海古籍出版社2001年版）、实藤惠秀的『中国人日本留学史』等，都分析或探讨过清末中国人赴日留学的原因。

① 参见渡辺実『近代日本海外留学生史』（上）、東京、講談社、1977年、59—197頁。
② 参见辛欣《甲午战前中日留学教育比较》，《辽宁师范大学学报》1998年第4期。

这些规则。日本留学生学成回国后，渐渐取代外籍专家、学者和教师，成为推进日本现代化和学校传播现代科学技术与文化知识的重要力量[①]，因而近代中国留日学生主要接受的是日本人的教育。

与日本调整国策、主动开国、派遣留学相比，清政府未能从鸦片战争中汲取教训，仍以"天朝上国"心态，漠视西方科技进步，甚至闭目塞听，对向西方列强派遣留学一事，态度消极，反应迟缓，步履蹒跚。香港马礼逊学校校长塞谬尔·布朗（Rev. S. R. Brown）在1847年欲携带容闳、黄宽、黄胜赴美留学，经香港基督教教友会费尽周折、反复保证，才说服他们的家长勉强同意。1866年，海关总税务司、英国人赫德，建议清政府酌派京师同文馆学生赴英国留学。[②] 对此，清政府批准曾任职于总税务司的斌春，带领京师同文馆的学生凤仪、德明、彦慧三名赴欧洲游历。1868年，清政府与美国政府签订《中美天津条约续增条款》（亦称《中美续增条约》或《蒲安臣条约》），规定中美学生欲入对方国各类学校，均按"最优国之人民一体优待"[③]，给予方便。不过，清政府此时无意派遣学生留美。1870年6月，"天津教案"发生，从美国学成而归的容闳，受聘担任处理该案之翻译，他借机向清政府提出派遣学生赴美留学计划。[④] 外有欧美列强之"欢迎"，内有容闳之留美建议，清政府决定自1872年每年选派30名幼童赴美国留学，至1875年共计选派120名留美幼童，但到1881年夏因驻美使团内部纷争，这些学生被以久居美国、"沾染洋习"为由而撤回。[⑤]

[①] 参见吴廷璆主编《日本史》，南开大学出版社1997年版，第398页。

[②] 参见亦䜣等《奏请派斌春等随赫德出国往泰西游历折》，《筹办夷务始末》（同治朝）卷39，台北文海出版社1971年版，第3669页。

[③] 许同莘等：《同治条约》（2），台北文海出版社1974年版，第700页。

[④] 参见高时良编《中国近代教育史资料汇编·洋务运动时期教育》，上海教育出版社1992年版，第866页。

[⑤] 刘翎：《留美幼童"美国化"与计划中止——试析留美幼童计划夭折之因》，《江苏社会科学》2006年第5期；潘向明：《留美幼童撤回原因考略》，《清史研究》2007年第2期；赵雪利：《简评陈兰彬与留美幼童案》，《黑龙江史志》2011年第4期；李文杰：《新发现的陈兰彬信函释读——留美幼童撤回事件之补正》，《史林》2013年第1期，等。

洋务派面对顽固派以向西方学习为耻和干扰留学的行为，以日本明治维新和派遣留学为例，提出效法日本，派人留学。1867年，恭亲王奕䜣批驳以学习西方为耻的言论最为谬误，认为"天下之耻"，莫过于不如人；指出西方各国这几十年来，讲究轮船制造的方法，且相互学习，"制作日新"，很有成效；即使"东洋日本近亦遣人赴英国学其文字，究其象数，为仿造轮船张本，不数年后亦必有成。"①肯定日本派人留学的做法。1877年3月，清政府驻英公使郭嵩焘发现日本留英学生达200余人，其中在伦敦留学者90人，以学习法律者为多，另外在利物浦、苏士阿摩登等英国沿海港口皆有，认为中国已远不如日本②，希望落后的中国以日本为榜样，奋力追赶。同年，李鸿章在烟台检阅西方海军操练，也发现有日本军事学生在英国舰船上"随同操演"③，遂上奏清政府，提出选派福州船政学堂学生赴英学习水师操练。于是，1877—1886年，清政府选派三批海军学生留学欧洲各国。可见，近代日本派遣留学既是洋务派对抗顽固派阻挠留学的"挡箭牌"，也是他们选派留学的榜样与参照系。

然而，洋务派的选派留学以"中体西用"为原则，与日本全方位、大批量、宽领域的留学不同，无论是留学人数、领域、管理、经费、模式，还是留学生归国后面临的社会氛围、任用安排、发展前景等皆有较大差别，这是中日两国留学生和现代化"同途殊归"的原因之一。学界关于近代中日留学教育比较的研究已有不少成果④，

---

① 陈学恂主编：《中国近代教育史教学参考资料》（上册），人民教育出版社1986年版，第184页。
② 王立诚编校：《郭嵩焘等使西记六种》，生活·新知·读书三联书店1998年版，第92页。
③ 陈学恂主编：《中国近代教育史教学参考资料》（上册），第154页。
④ 明治维新同期中日留学教育比较研究的代表性成果有，张明洋：《中日近代留学教育比较》，《日本研究》1992年第3期；辛欣：《甲午战争前中日留学教育比较》，《辽宁师范大学学报》1998年第4期；郝一双：《洋务运动与明治维新时期中日留学生教育之比较》，《大学教育科学》2005年第2期；熊龙雨、张峰：《洋务运动与明治维新时期中日留学教育的差异及成因》，《理论界》2011年第12期；贾莉：《浅论近代中日两国的留学教育》，《人民论坛》2012年第11期；孙增德：《迥异的结局——近代中日留学教育探微》，《社科纵横》2015年第10期。另外，还有一些硕士学位论文专门比较明治维新时期中日留学政策、官派留学教育。如，李丽：《洋务运动与明治维新时期中日留学政策的比较研究》，硕士学位论文，河南大学，2007年；李雪敏：《甲午战前中日官派留学教育之比较》，硕士学位论文，曲阜师范大学，2008年。

也相当程度上揭示了近代中日留学教育效果不同的各种原因，甚至是根本性原因。因此，笔者无意赘述，重在强调中日甲午战争的结局，既是对近代早期中日留学教育成效的阶段性检阅，也是衡量中日两国早期现代化成败的一个标志。可以说，甲午战争改变了东亚既有的、延续千年之久的国际格局，改变了不少中国人的传统日本观，发现明治维新派遣留学、变革自强，对日本摆脱民族危机、走向富国强兵的重要作用。

清政府中的洋务派和开明官吏，更是纷纷建议学习日本，广派留学。湖广总督张之洞探究日本缘何"暴兴"之原因，认为伊藤博文、山县有朋、榎本武扬、陆奥宗光等人，全是20年前日本的留学生，他们学成而归，获得重用，参与明治维新，从而使日本迅速富强，雄视东方。[①] 对此，山东道监察御史杨深秀深有同感，认为日本明治维新之始，皆是选派"贵游聪敏"的学生出国留学，如今他们学成而归，再在日本传授，使日本人学习西方科技与文明，不仅追摹逼真，而且自出新解，故能以弹丸小国打败大清国，这是其重要原因。[②] "公车上书"的领袖、改良派的代表人物康有为，也以明治维新选派留学为例，指出日本以前也闭关锁国，但及早变法，率先派遣游学，广泛学习欧洲各国的政治、科技、文学等知识，翻译欧洲著作，改变其自身治理，于是在甲午战争中获胜[③]，提出以日本为榜样、尽早派遣留学、实施变法自强。1896年即甲午战争结束第二年，中国13名学生赴日本留学[④]，是为近代中国赴日留学之序幕。1897年底至1898年初，日本参谋本部陆续派遣陆军大佐神尾光臣、

[①] 《张文襄公全集》卷203，《劝学篇》，台北文海出版社1970年版，第14532页。

[②] 《山东道监察御史杨深秀请议游学日本章程片》，《清光绪朝中日交涉史料》卷51，故宫博物院1932年版，第34—35页。

[③] 汤志钧编：《康有为政论集》上册，中华书局1981年版，第301—303页。

[④] 1896年中国首批学生赴日留学，关于其具体人数和经过尚有探讨之余地。参见吕顺长《清末浙江与日本》，第7—8页；酒井顺一郎「一八九六年中国人日本留学生は派遣・受け入れ经纬とその留学生教育」、『日本研究』第31集、2005年10月、193—194頁。

陆军少佐宇都宫太郎，游说湖广总督张之洞派人赴日本留学①，此举进一步迎合了开明派的遣人留学，探究日本"成功"奥秘和维护清朝统治的想法。

于是，张之洞、杨深秀等或著书立说，或呈递奏折，呼吁清廷选派学生赴日留学。1898年3月，张之洞在《劝学篇》中宣称：出国留学一年，胜读西书五年；入学外国学校一年，胜在中国学校学习三年，认为留学具有事半功倍之效。他还针对游学之国，提出留学欧美不如日本：一是中日路近费省，可多选派；二是日本距中国较近，便于考察；三是日文近于中文，容易通晓；四是西书甚繁，凡是西学不得要领者，日本人已删节而酌改之。加之，中日风俗相近，易于仿效，必可事半功倍②，呼吁并希望青年学生东渡日本留学。5月7日，日本驻华公使矢野文雄亲至总理衙门，更以日本政府的名义，表示愿意接纳中国学生赴日本留学，甚至愿为部分留日学生提供留学费用。③ 6月1日，杨深秀上奏光绪帝，认为日本明治维新、变法立学，很有成效，建议中国欲行留学和实施变革，可从日本开始；强调中日两国政俗文字相同，学习相对容易，且中日地理较近，所需舟车饮食费用无多，如此既于两国"可联情好"，也"令吾人士得通彼学"，还节省经费④，实为一举三得之事。

光绪帝虽处大清末世，但不甘为亡国之君，决计效法日本维新变革，聘请改良派代表人物康有为、梁启超等筹办变法事宜，赞同他们的派人留日计划。1898年8月2日，光绪帝晓谕军机大臣等，指出出国游学，欧美不如日本。日本路近费省，文字相近，容易通晓，且西书大多经日本择要翻译；命他们即刻拟定章程，咨催各省选拔学生陆续咨送；强调政府各部院如有讲求时务，且愿意留学者，

---

① 参见《张文襄公全集》卷79，电奏7，第5486页。
② 《张文襄公全集》卷203，《劝学篇》，第14533页。
③ 参见矢野文雄《清国留学生招聘策》，中国社会科学院近代史研究所《近代史资料》编译室：《近代史资料》第74号，中国社会科学出版社1989年版，第96页。
④ 《山东道监察御史杨深秀请议游学日本章程片》，《清光绪朝中日交涉史料》卷51，第34—35页。

也一并咨送①，将派人赴日留学作为一项基本国策确立下来。9月7日，光绪帝亲自致书明治天皇，称赞矢野文雄到总理衙门表示欢迎中国学生留日之事，佩服并感谢明治天皇的"休戚相关之谊"，指出已命总理各国事务王大臣，与日本驻华公使妥订章程，认真选派。②

戊戌政变后，清政府并未废止选派学生赴日留学政策，说明留日已成各界共识，既被维新派提倡，也获顽固派相对认同。1899年6月21日，总理衙门上奏《遵议遴选生徒游学日本事宜片》，报告说近年以来，日本向西方学习很有成效，且与中国相近，同属亚洲，往来交通甚便；既然日本函请派往游学，我们经过共同商议，拟订章程，一是将京师同文馆学习东文的学生选派数名，二是咨询南北洋大臣以及两广湖广闽浙各督抚，在现有学堂中选拔年轻颖悟，且粗通东文的学生，开具衔名咨报总理衙门，然后知照日本使臣陆续派往，即由驻日公使就近照料，不用另派监督。总理衙门核定各学应支薪水用项之数目，提拨专款，汇交驻日公使随时支发③，规定了留日学生的选派来源、选派程序、管理监督、留学经费等事项，可谓清政府留日政策的首份文件。

清末中国人以甲午惨败的教训为契机，反省近代中国学习西方失败的原因，将留学目光从欧美转向日本。一是面对列强掀起的瓜分中国狂潮，无论洋务派还是顽固派，以及维新派都急切寻找维护清朝统治之策，以挽救民族危亡和国家独立富强为己任的热血青年，更是亟需探究救国救民之路，而明治维新似乎为之提供了成功的范例。二是明治维新广派留学及其所谓"成功"，既是洋务派批驳顽固派阻挠留学的重要论据，也是他们留日计划、留日建议和探究日本"成功"奥秘的动力。某种程度上说，明治维新派遣留学在客观上对中国人赴日留学起到了积极的示范效应。三是赴日留学在清末中国

---

① 朱有瓛：《中国近代学制史料》第二辑上册，华东师范大学出版社1987年版，第17页。
② 《致日本国国书稿》，《清光绪朝中日交涉史料》卷52，第7—8页。
③ 《总理衙门奏遵议遴选生徒游学日本事宜片》，颜世清辑：《约章成案汇览》乙篇，卷32下，北洋洋务局1905年版，第15—17页。

达成共识，一个原因是明治维新的不彻底性及其所遗留的忠君爱国思想和军国主义教育等，不仅契合了"中体西用"思想，以及清政府希望通过留日学习，维护和巩固其统治的根本愿望，而且符合留日学子挽救民族危亡的责任感、使命感和留学救国思想。因此，在各种因素的综合作用下，清政府废科举、兴留学，青年学生离国去家而赴日留学，形成了清末留日热潮。

二 忠君爱国之思想基础

明治维新作为自上而下的现代化变革运动，既存在新旧势力、央地关系、藩阀政治的冲突与斗争，也不可避免地遗留大量的封建残余。随着明治维新后西方自由、平等、民权等思想传入日本，以及日本自由民权运动的发展，明治政府渐趋保守。1879年，明治天皇的侍讲元田永孚，以明治天皇名义颁布《教育大旨》，批评输入西方自由主义思想的文化教育政策，提出宣扬以忠君爱国为主的传统教育精神，强调从此以后，日本应据祖宗之训典，重点阐述仁义忠孝，而道德之学应以孔子为主[①]，呼吁恢复以封建道德为主的日本文化传统。伊藤博文反对片面宣扬封建道德，批驳元田永孚的言论，提倡吸收欧美文明，但文部省最终按照《教育大旨》之精神，实行国家主义教育路线，并于1881年将明治维新以来长期置于末位的"修身"课，提升至首位，强化尊天皇爱日本之教育。1881年6月，文部省颁布《小学教育须知》，要求各小学向学生灌输忠孝仁义敬信等所谓"人伦大道"。[②] 1886年三四月，日本政府陆续制订《小学校令》《中学校令》《师范学校令》《帝国大学令》，要求从小学到大

[①] 大久保利谦、箭内健次、児玉幸多編『史料による日本の歩み　近代編』、東京、吉川弘文館、1963年、170頁；海後勝雄、広岡亮蔵編『近代教育史Ⅱ』、東京、誠文堂新光社、1979年、315頁。

[②] 参见加藤仁平ほか編『日本教育史』、東京、協同出版株式会社、1961年、172頁。

学，从普通教育到师范教育，全面灌输忠君爱国思想、天皇主义。

1889年2月11日，日本政府颁布《大日本帝国宪法》，规定天皇神圣不可侵犯和集军政大权于一身，奠定了近代日本天皇制基础。1890年10月，明治天皇颁布《教育敕语》，宣称："朕惟我皇宗，肇国宏远，树德深厚。吾臣民克忠克孝，亿兆一心，世济厥美。此乃吾国体之精华，而教育之渊源亦实存于此。尔臣民应孝父母；友兄弟；夫妇相和；朋友相信；恭俭持己；博爱及众；修业学习，以启发智能，成就德器；进而扩大公益，开辟世务；常重国宪、遵国法；一旦有缓急，则应义勇奉公，以辅佐天壤无穷之皇运……"① 以孝悌忠信的名义，以忠君爱国的大义，既作为日本教育的指导思想，也是作为其教育的重要内容，强调天皇是日本国民精神和国民道德的源泉，是形成日本天皇制意识形态的核心。② 为时刻向学生灌输天皇主义和皇国思想，日本各小学从1891年开始都要悬挂明治天皇和皇后的"御真影"（即照片），并在学校的节庆活动中，高唱《君之代》，背诵《教育敕语》，聆听校长关于历代天皇文功武德的训话。

清政府赴日游历或考察教育官员，接触日本式的忠君爱国、强兵黩武的军国教育后，均将之视为巩固清朝统治的"良策"，大为赞许。郑元瀞考察日本教育后，不无慨叹：日本各校的规则、课程，本已完善，特别是修身一科，内容皆以忠爱为主，以明耻、教战为用，或演说宣传，或以画图标明，使少年儿童从小就有尊君父、爱国家之思想，他们长大成人，没有人能够改变，强调我国学校也应以忠爱为教育宗旨。③ 项文瑞指出：日本的一切教科书之中，处处充满忠爱君国之意，教师不教则已，教则无不关注这项宗旨。④ 署理陕西提学使刘廷琛也在赴日考察学务后，上奏清廷称：日本教育凡是

---

① 福尾猛市郎监修『日本史史料集成』、東京、第一学習社、1980年、318頁；森秀夫『日本教育制度史』、東京、学芸図書株式会社、1988年、56頁。
② 吴廷璆主编：《日本史》，第447页。
③ 郑元瀞：《东游日记》（27），1914年刊（石印本），第739页。
④ 项文瑞：《游日本学校笔记》（3），1902年，第418页。

修身立行，忠君爱国之道，全都编入教科书，从小学习，用能人，知自爱，该国很少有寻机滋事之人。近些年尤重德育，各大小学校，都是首重人伦道德。文部省在讲述中也说教育不源于道德，就如同树木有枝叶而无根干……日本学校的设备训练之经验，实足为中国借鉴。① 他们高度认同明治维新以来日本的教育宗旨、教育内容、教育模式、教育方法，建议清政府减少顾虑，放心地选派学生赴日留学，以培养维护清朝统治的忠君爱国之士。

不仅维护清朝统治的官员，而且探寻国家独立与民族解放的各界精英，也似乎从近代日本的军国主义教育中找到了尚武、爱国和民族意识等，并将之视为医治近代中国"一盘散沙"、重文轻武、民族意识不强、家国观念淡薄等弊病之"良方"，疾呼中国人赴日学习。在日的梁启超看到日本民众欢送日军"出征"的盛大而荣耀的场面，深感日本军人"出征"，其荣耀的程度，绝不输于中国入学中举簪花②，故曾写下《祈战死》《中国魂安在乎》等，呼吁当今最重要的是重塑中国魂。那么，什么是中国魂？即是兵魂也。有有魂的兵，便是有魂之国。其中所谓爱国心、自爱心者，则是兵之魂③，希望中国人能以尚武、爱国精神打造"中国魂"。无论改良派青年还是革命派青年，此时大多深受明治维新和留学救国思想的影响，将留学日本与救亡图存的现实需求结合起来，预示着近代中国大规模留日运动即将兴起。吴玉章赴日留学之际，曾赋诗一首："东亚风云大陆沉，浮槎东渡起雄心。为求富国强兵策，强忍抛妻别子情。"④ 不仅体现了青年学子赴日留学的豪情壮志，而且反映了他们在某种程度上对日本"富国强兵"政策和军国主义教育的认同。

当然，他们或许最初并未认识到这种教育的错误与危害，或许

---

① 《署理陕西提学使刘廷琛奏陈调查日本学务情形片》，《清光绪朝中日交涉史料》卷68，第70页。
② 梁启超：《祈战死》，《饮冰室文集类编》（下），東京：帝国印刷株式会社1904年版，第692—693页。
③ 梁启超：《中国魂安在乎》，《饮冰室文集类编》（下），第694页。
④ 吴玉章：《辛亥革命》，人民出版社1973年版，第29页。

虽已认识到军国主义教育之弊端，但面临亡国灭种的严峻形势而极欲挽救民族危亡的他们"病急乱投医"，认为这或许不失为一种"救国"的方法。日本政府自明治维新以来，一方面通过"请进来"，即聘请外籍专家、学者和教师；另一方面"走出去"，即通过派遣留学，吸收欧美文明精华，既学习现代科技与文化知识，又不忘忠君爱国和强兵黩武的军国主义教育。这在某种程度上满足了清朝官员与青年学生的各自需求，在留学日本方面形成共识。同时，日本政府高度重视发展教育，并超越欧美诸国，在世界范围内率先普及义务教育①，建立了颇为完备的近代教育体系②，不仅创办了一系列的普通教育学校，而且创办了对中国学生特别吸引力的军事院校，为接受中国留日学生提供了必要的教育条件。

三　接受留日的近代学校

伊藤博文早在 1869 年就指出欲使日本人"通晓世界万国之学术，扩充天然之知识"，必须兴办教育、创办学校、改变"旧有之学风"。③ 号称明治维新三杰之一的木户孝允，亦强调要打破日本既有教育制度，建立培养各类人才的新制度。④ 1871 年 7 月，日本政府成立专管教育事务的文部省，提倡在全国各地开设学校。1872 年 9 月，文部省颁布《学制》，目的是普及四年制的小学义务教育。同年，文部省在东京分别设立男女师范学校，此后又在大阪、广岛、宫城、长崎、爱知、新潟等地设立师范学校，以及师资讲习所、养成所，主要培养新式师资，这也是日本各级各类学校在明治时代快速发展的原因之一。例如，从 1873 年至 1875 年，日本的小学从

---

① 参见戴本博主编《外国教育史（中）》，人民教育出版社 1990 年版，第 512 页。
② 参见于洪波《日本教育的文化透视》，河北大学出版社 2003 年版，第 193 页。
③ 春畝公追颂会编『伊藤博文传』上卷、東京、原書房、1970 年、422—423 頁。
④ 参见陈晖《教育、社会、人》，东方出版社 1989 年版，第 54 页。

12558所增至24225所，几乎增加一倍。① 重点传授农、工、商等方面技术和相应知识的技工学校，到1898年达83所。到明治末期，日本实业学校有519所，实业补习学校达7386所。从1877年日本创办东京大学到日俄战争结束的1905年，日本各类高等教育机构增至84所。②

日本创办的各级各类新式学校，既为日本现代化培养了各类人才，更使赴日的中国留学生看到"教育救国"和"留学救国"的曙光与希望。他们初到日本，就发现日本学校非常多，犹如清末中国的鸦片烟馆；日本学生之多，犹如清末中国的染鸦片烟瘾者③，认为日本实现富强，是因为教育之振兴，越发相信欲救中国，必须从教育开始④，呼吁更多的青年学生赴日留学。于是，在清政府鼓励留日和日本政府、大亚洲主义者欢迎留日的"合力"下⑤，1905—1906年出现了近代中国首次留日高潮。据统计，1906年在日中国留学生达8000余人。⑥ 马里乌斯·詹森（Marius B. Jansen）指出，面对如此规模的中国留日学生，没有学校准备如何应付这股学生潮，况且日本学校也仅仅是开始按照现代化的要求进行调整，故应接不暇。⑦ 例如，文部省直辖学校和其他官公立学校接受中国留学生的名额有限、门槛较高，限制中国学生的入学。文部省直辖学校在中国留日学生人数峰值的1906年仅仅接受中国学生262名⑧，约占当时中国留日学生总人数的1/30。

---

① 参见開国百年記念文化事業会編『明治文化史』第一卷、東京、原書房、1978年、292頁。
② 参见戴本博主编《外国教育史（中）》，第515、518页。
③ 北京新闻汇报馆主编：《北京新闻汇报》（6），1901年，第3547页。
④ 《张伯苓教育言论选集》，南开大学出版社1984年版，第248页。
⑤ 参见徐志民《甲午战后中国留日热潮兴起的日本因素》，《江苏师范大学学报》2014年第4期。
⑥ 参见実藤恵秀『中国人日本留学史』、61頁。
⑦ Marius B. Jansen, *Japan and China: Form War to Peace, 1894-1972*, Chicago: Rand Ncnally College Pub. Co., 1975, p.151.
⑧ 参见二見剛史、佐藤尚子『〈附〉中国人日本留学史関係統計』、国立教育研究所『国立教育研究所紀要第94集：アジアにおける教育交流——アジア人日本留学の歴史と現状』、1978年3月、101頁。

为缓解中国学生的入学难题，文部省采取以下三项措施。一是以明治维新之初的速成教育为例，建议清政府实施速成留学。如，文部大臣菊池大麓、日本帝国教育会会长辻新次等，在1902年会见赴日考察的著名学者吴汝纶时，不断向他推荐速成留学之法。在1904年法政大学的"清国留学生法政速成科开学式"上，该校总理梅谦次郎以日本为例，指出回首过去，日本与今日中国非常相似。在30年前，日本以种种非常之方法，或者建立速成学校，培养人才；或者采取其他办法，翻译讲义，俾使听讲，如今培养的人多身居枢要。故而，本速成科各位学生，将来毕业回国，在清政府开启改革时，也应竭尽全力[1]，强调速成教育的重要意义。二是鼓励日本团体、机构，或者个人创办接受中国学生的私立学校。例如，东京高等师范学校校长嘉纳治五郎创办"亦乐书院"，东京大学教授高楠顺次郎在1899年创办东京大同学校，明治大学设立附属之"经纬学堂"，早稻田大学建立"清国留学生部"等，均以招收中国留日学生为主。三是中日签订"五校特约"，规定东京高等师范学校、东京高等工业学校、山口高等商业学校、第一高等学校、千叶医学专门学校，每年接受165名中国留学生[2]，在规定的五所学校内为中国留学生保留一定名额。

清末留日学生的学习专业广泛，但师范、法政、军事三大领域相对更受欢迎，而这三大领域的学校大多是明治维新时期创办，或与明治维新相关，特别是日本的军事院校。1869年9月，明治天皇召集集议院议员，重点讨论创办陆海军学校、培养陆海军人才事宜[3]，且于同年在大阪建立兵学寮，1871年迁至东京，即陆军兵学寮。该寮在1874年改称陆军士官学校，重点培养陆军中下级军官。

---

[1] 日本法政大学大学史资料委员会编：《清国留学生法政速成科纪事》，裴敬伟译，广西师范大学出版社2015年版，第24页。

[2] 参见《学会记事·游学计划》，《官报》1907年第8—9期；吕顺长：《清末留日学生从量到质的转变——关于清末"五校特约"留学的考察》，《浙江大学学报》2001年第1期；吕顺长：《清末浙江与日本》，第57—58页；实藤惠秀『中国人日本留学史』、106頁。

[3] 参见上法快男编『陸軍大学校』、東京、芙蓉書房、1977年、39頁。

1882年11月，在参谋本部部长山县有朋主持下，日本兴建陆军大学，主要培养能够运用战略战术的参谋和陆军高级指挥员。[①] 1869年9月，日本政府恢复德川幕府在东京筑地建立的海军操练所，并于11月4日改为海军兵学寮，1876年改称海军兵学校，且从筑地迁至广岛县江田岛。另外，为培训海军专门技术人才，日本海军还创办了海军轮机学校、炮兵学校、通信学校、会计学校、工程学校、水雷学校、军医学校、航海学校等专业院校，1888年创办海军大学，培养海军高级指挥员。[②] 这些院校培养的陆海军各级军官，相继参加甲午战争、八国联军侵华战争、日俄战争、第一次世界大战等对外扩张战争，是近代日本跻身世界军事强国的重要支撑。因而，这些军事院校不仅吸引着急于挽救民族危亡的中国青年，而且吸引着通过派遣留学生，以培养维护和巩固清朝统治的军事人才的清政府官员。

1898年6月，张之洞从浙江武备学堂选拔萧星垣、段兰芳、徐方谦、谭兴沛4名，前往作为日本陆军士官学校预备校的成城学校留学，这是近代中国人赴日本学习军事的开始。同年底，又有南洋武备学堂学生14名、湖北武备学堂学生19名，相继入学该校。[③] 自费留日学生也开始不断申请入学成城学校，希望通过学习军事，以整军兴武、救亡图存、报效祖国。但是，清政府担忧自费生学习军事，或将危及其统治，故规定除了官派留日学生，驻日公使不得保送其他学生学习军事。[④] 渴望学习军事的自费生，因无驻日公使蔡钧的保送而难以入学，遂于1902年7月包围清政府驻日公使馆，引发涉及驻日公使馆、日本警方和留日学生的群体性事件。[⑤] 该事件平息后，日本政府鉴于清政府对自费生学习军事的担忧，另在东京建立

[①] 参见黑野耐『参謀本部と陸軍大学校』、東京、講談社、2004年、9頁。
[②] 参见外山三郎『日本海軍史』、東京、吉川弘文館、2013年、25—28頁。
[③] 参见吕顺长《清末浙江与日本》，第24—27页。
[④] 参见《张文襄公全集》卷61，奏议61，第4180页。
[⑤] 参见谢忠强《1902年中国留日学生成城入学风波述略》，《西北工业大学学报》2011年第9期；刘珊珊：《清末成城学校入学风潮述论》，《徐州师范大学学报》2009年第2期。

振武学校，开展中国留学生的军事预备教育，且规定严格的入学程序与条件。一般情况下，振武学校毕业后，中国留日学生先被分配到日军联队中实习，为期半年，尔后大多可升入陆军士官学校；不过，在陆军士官学校毕业后，鲜少升入陆军大学[①]，主要原因是日本军方尽量避免使之学到先进的军事技术和理论。

日本其他陆海军院校，均对接受中国留学生存有戒心。陆军士官学校虽然先后接受了1755名中国留日学生[②]，但陆军户山学校、野战炮兵射击学校、炮工学校等并不太乐意接受中国留学生，经驻日公使数次交涉，允许每年接受总数仅有十几名的中国留学生。[③] 日本海军直到获胜日俄战争后，才肯接受中国留学生。1905年，清政府选派王孝慕、封燮臣等5人赴日本学习新式机炉制造技术[④]，是近代中国海军学生留学日本的开端，从此至1909年夏清政府停派留日海军学生，共选派留日海军学生100余名。[⑤] 他们的留日学习，是先到通信省的商船学校接受普通教育，然后入学日本海军炮术学校、海军工机学校，再接受半年技术教育，最后到海军炮术学校接受射击训练。即使如此，日本海军及各校也往往在乘船训练及其他教学中歧视中国学生，以致他们被迫退学。[⑥] 陆军士官学校严格执行"教学保密"措施[⑦]，以致对中日学生分开授课[⑧]，避免中国留学生学习先进的军事技术和理论，成为日本大陆扩张的潜在威胁。不过，日

[①] 参见徐志民《九一八事变前日本对中国留日军事学生政策述论》，《徐州师范大学学报》2010年第5期。

[②] 参见陈芳《近代中国留日陆军士官生人数考究》，《军事历史研究》2008年第2期。

[③] 参见黄福庆《清末留日学生》，第40—41页。

[④] 参见姜鸣《中国近代海军史事日志》，生活·新知·读书三联书店1994年版，第261页。

[⑤] 参见黄福庆《清末留日学生》，第45页。另外，根据元青与王建明统计，除去1905年派遣的5人外，尚有129名海军学生被选派赴日留学。具体的人名，参见元青、王建明《近代中国海军留日教育及其影响》，《徐州师范大学学报》2006年第1期。

[⑥] 参见黄福庆《清末留日学生》，第44页"肄业商船学校中国学生异动表"。

[⑦] 「清国陆军学生入队並入校ノ件」、『壹大日记』明治36年12月；「清、韩学生教育ノ件」、『壹大日记』明治42年6月，防卫省防卫研究所、アジア歴史资料センター、レファレンスコード：C04013939900、C04014502700。

[⑧] 参见陶菊隐《蒋百里传》，中华书局1985年版，第10页。

本陆海军学校还是接受了一些中国留学生，为中国军事的现代化培养了一批人才。这些留学生学成回国后，在中国近代史上发挥了重要作用，一些人还成为影响近代中国历史进程的关键人物。[①]

此外，明治维新时期日本建立的东京美术学校、警察讲习所、东京音乐学校、铁道传习所、水产学校、农事试验场，以及各地师范、工业、商业、外语、医学等专业院校和一些地方的高等学校，都有中国留学生。当然，因为文部省直辖学校及官公立大学接受中国留学生的名额有限，所以大部分中国留学生不得不在日本的私立学校或简易学校学习。[②] 因而，近代日本教育的发展和建立的各级各类学校，在客观上为接受与培养清末留学生提供了必要条件。显然，这并非明治维新的主观目的，但其推行的"文明开化""殖产兴业""富国强兵"政策和不断对外扩张，确实在政治、军事、经济、文化、外交上与东亚各国的发展密切相关，特别是文化教育方面对东亚各国产生了不可低估的影响。例如，清末留日热潮、越南"东游运动"和东南亚青年的赴日留学[③]，大多受到明治维新所谓"成功"的刺激与鼓励。日本的大亚洲主义者也从"同属亚洲"、同为黄色人种、相近或相同的东亚文化等方面入手，欢迎中国和东南亚各国学

---

① 参见舒新城《近代中国留学史》，中华书局1927年版，第64页。关于日本军事院校、留日军事学生与中国军事现代化的关系，参见田久则《日本陆军士官学校与该校中国留学生》，《辽宁师院学报》1982年第2期；中村義「成城学校と中国人留学生」，辛亥革命研究会编『中国近现代史論集——菊池貴晴先生追悼論集』，東京、汲古書院、1985年；小林共明「陸軍士官学校と中国人留学生——日露戦争期を中心として」，『ひとりから』第6号，1985年11月，及其「振武学校と留日清国陸軍学生」，辛亥革命研究会编『中国近现代史論集——菊池貴晴先生追悼論集』；王建华《袁世凯与留日士官生》，《苏州大学学报》1994年第1期；吴达德《留日士官生与云南陆军讲武堂》，《自贡师专学报》1996年第3期；郭凤宏《留日士官生的兴衰》，《军事史林》2000年第2、3期；张瑞安《留日士官生与清末民初军事现代化成败》，硕士学位论文，华中师范大学，2003年；靳明全《攻玉论：关于20世纪初期中国军界留日生的研究》，重庆出版社2001年版。

② 参见徐志民《日本政府的清末留日学生政策》，《史林》2016年第5期。

③ 参见白石昌也「ベトナム青年の日本留学——明治期日本における東遊運動」，国立教育研究所『国立教育研究所紀要第121集：戦前日本のアジアへの教育関与』，1992年3月；刘先飞《东游运动与潘佩珠日本认识的转变》，《东南亚研究》2011年第5期；阮文鸿《近代中国和越南东游的历史现象》，覃丽芳译，《国际学术交流》2007年第2期。

生赴日留学。

四 大亚洲主义者的欢迎

1840—1842年，清政府竟在鸦片战争中败于英夷，在日本引发了极大震动；1853年美国黑船舰队抵达江户水面，直接危及日本安全。如何应对日益频繁的西方列强的挑衅与侵略要求？成为摆在德川幕府和日本各界面前的一个现实问题。日本人虽经过"尊王攘夷"的讨论，但主流意见和最后选择是避战开国，并通过明治维新，试图"脱亚入欧"。同时，也有一部分人主张大亚洲主义，呼吁"日中提携"，联合亚洲各国，驱逐欧美列强，建立以日本为盟主的"共存共荣"的亚洲联盟。然而，如何"联合"亚洲各国呢？大亚洲主义者指出不能仅仅局限于政治、外交、军事之"联合"，更要从文化、人种等方面努力，套用美国的"门罗主义"，宣扬所谓"亚洲是亚洲人的亚洲""亚洲连带""同文同种"等，呼吁保护东方文明，大肆渲染西方的"黄祸论"和人种冲突论，给那些刚刚觉醒的亚洲各民族精英以较大的迷惑。

他们联络亚洲各国政要、精英，建立亚洲主义团体，试图通过接受亚洲各国的留学生，培养"兴亚"人才与亲日分子。明治维新三杰之一的大久保利通联合各界人士，打着共同振兴亚洲的旗帜，在1878年成立"振亚会"，是日本第一个亚洲主义团体。他们联络清政府驻日公使何如璋，曾达成中日之间互换留学生协定。[①] 此时，洋务派以"中体西用"为指导，开始以"自强""求富"为目标的洋务运动，虽有意向西方学习现代科技，但尚无意向东邻日本派遣留学生。1894—1895年的甲午战后，东亚国际格局大变，中国人从漠视扶桑转而开始重新审视日本，乃至决定选人赴日留学，探寻日

---

① 参见東亜同文会编『対支回顧録』上卷、東京、原書房、1981年、674頁。

本强盛之道。1898年11月，日本第一个全国性的亚洲主义团体——东亚同文会成立。该会打着学术研究的名义，实际上发挥着服务于日本对华政策的重要作用①，其中一项任务就是接受中国留日学生，且为之于1901年建立东京同文书院，聘请水谷彬、中西重太郎等从事中国留学生预备教育，在清末留日学生中具有一定影响。因此，宫内省在1909年特赐该会奖金2000元。② 同仁会在1902年6月成立后，也劝诱中国学生赴日留学，并于1907年2月设立东京同仁医药学校，培养学习药学、医学之中国留学生，似乎颇有成效，也受到宫内省嘉奖。③

大亚洲主义者在甲午战后，或亲自来华，或委派他人来华，一个目的是通过拜访清政府政要，宣扬帮助中国教育改革，鼓吹共同振兴亚洲，蛊惑清政府选派留日学生。1897年底，日本驻华公使馆参谋、陆军大佐神尾光臣，拜访湖广地方要员，畅谈中日"同文同种""唇齿相依"，而甲午战争是由于"彼此有误"所致，提出清政府派人赴日留学，以此作为中日两国重新和好的开始。④ 1897年12月30日，陆军少佐宇都宫太郎前往武汉拜访张之洞，请他派人赴日学习军事。其实，张之洞早有派人留日之心，遂以日方"游说"之名，于1898年1月18日奏报总理衙门，指出由于日本人极力劝说派人赴日留学，故拟定1898年春季选派学生赴日，入学日本军事和农工各学校。⑤ 东亚同文会会长近卫笃麿，亲自到南京拜会两江总督刘坤一，表达欢迎中国学生赴日留学之意。日本贵族院议员清浦奎吾，在中国游历期间也极力诱导各地要员派遣留日学生。⑥ 甲午战争的失败，《马关条约》的签订，改变了不少中国人的传统日本观，他们以"知耻而后勇"的心态，准备"以日本为师"，而此时日本的

---

① 王屏：《近代日本的亚细亚主义》，商务印书馆2004年版，第72页。
② 参见東亜同文会编『对支回顾録』上卷、684頁。
③ 参见東亜同文会编『对支回顾録』上卷、688—693頁。
④ 深殿成主编：《中国人留学日本百年史（1896—1996）》（上册），第83页。
⑤ 《张文襄公全集》卷154，电牍33，第11044页。
⑥ 参见实藤惠秀『中国人日本留学史』、42頁。

大亚洲主义者对清政府中央和各地政要的游说与鼓动,确实为清政府尽快确立留日政策发挥了推动作用。

随着中国留学生增多,大亚洲主义团体、机构或个人陆续创办学校、招聘教师或增建校舍,或在其负责的学校中广泛接受中国学生。如,日本陆军参谋总长川上操六兼任成城学校校长期间,就在该校积极招收中国留学生。1902年7月,因蔡钧拒绝保送9名自费生入学成城学校导致留日学生包围公使馆的事件发生后,经东亚同文会居中调解,由新任驻日公使杨枢与日方达成协议:日本陆军参谋本部另设振武学校,专门接受与培养留日学习军事的中国学生,而成城学校改为接受学习文科者的学校。梁启超等人于1899年创办东京大同学校,聘请犬养毅出任名誉校长,并在柏原文太郎等大亚洲主义者的支持下经营学校。东洋协会的寺尾亨博士在1903年创办东斌学堂,主要接受无法入学振武学校但又愿意学习军事的中国学生[1],同时他还建立警监学校。这些大亚洲主义者创办接受中国学生的学校,表示欢迎中国留学生的态度,并为他们提供学习、住宿、生活等便利条件,确实对中国留学生很有吸引力。

一些学校为吸引中国留学生,满足清政府和留学生的各自感观需求,在教学内容和学校名称上颇下了一番功夫。负责安置1896年首批13名中国留学生的嘉纳治五郎,根据《论语》中的:"有朋自远方来,不亦乐乎",将接受留学生的学校取名为"亦乐书院"。明治大学的岸本辰雄校长,就该校附设之"经纬学堂",向杨枢解释说:该校的办学宗旨,以中国先圣之道为经,以外国各科之学为纬,因而取名"经纬学堂"。[2] 早稻田大学学监高田早苗为该校"清国留学生部"的招生事宜,在1905年亲赴中国,反复劝说张之洞、张百熙、袁世凯等清政府政要,不用担心留学生接受革命思想,以日本

---

[1] 参见实藤惠秀『中国人日本留学史』、71页。
[2] 杨枢:《奏与日本明治大学校长岸本辰雄商设经纬学堂片》,《清光绪朝中日交涉史料》卷68,第36页。

向西方派遣留学生的先例，说明凡是努力求学者，都不会接受所谓共和主义或者其他思想；凡是回国后宣传"危险"言论者，都那些不努力学习的学生[①]，强调只要中国留学生努力学习，就无需担心他们成为反体制者。日本学校的刻意迎合、大亚洲主义者的宣传与鼓动，减少了清政府既欲借留日培养人才，又欲防止他们受革命思想影响的顾虑。

大亚洲主义者或相关机构、团体的蛊惑性宣传，以及积极接受中国留学生的各种举措，既受到清政府欢迎，更吸引急于挽救民族危亡与振兴中华的青年学生。1900年组织自立军起义的唐才常，留日期间曾与内田良平、犬养毅等大亚洲主义者交往，甚为认同他们鼓吹的人种竞争论，以及所谓日中"合作""保卫"东亚、驱逐白人的大亚洲主义理论，相信日本学校对中国学生相较欧美学校更加"真诚""实际"，真正将培养中国人才放在首位，是"实心保华"之举。[②] 1905年日俄战争后，大亚洲主义者宣扬这是黄种人对白种人的胜利，是亚洲人对欧洲人的胜利，是日本所谓"文明"与"进步"的结果，在东亚各国精英中确实具有一定迷惑性，吸引了不少人学习与效仿。1905—1906年间的留日高潮，不仅是这种宣传结果的一个注解，而且在一定程度上扭转了甲午战败前后的仇日情绪，美国学者任达甚至将此时的中日关系称作"黄金十年"。[③]

这一时期中日关系所谓"蜜月期"的说法，显然言过其实，不过从中亦可见大亚洲主义者宣扬的亚洲主义理论，确实在东亚各国精英中产生了广泛影响。他们将日本视为学习的"榜样"与"楷模"，这一点在甲午惨败后的中国确实是难能可贵的。当时，强忍悲痛的中国人"痛定思痛"，以更加开放之心态，以"知耻而后勇"之坚毅，"以日为师"，掀起了近代中国历史上轰轰烈烈的留日运动。

---

① 阿部洋『中国の近代教育と明治日本』、東京、福村出版株式会社、1990年、87頁。
② 参见王屏《近代日本的亚细亚主义》，第69页。
③ Douglas R. Reynolds, "A Gold Decade Forgotten: Japan-China Rlations, 1898 – 1907", The Transactions of the Asiatic Society of Japan, Vol. 4, No. 2, 1987, pp. 93 – 153.

客观上，这其中确有大亚洲主义者，以及日本政府积极接受中国留学生的因素。

五　小结

随着15世纪前后新航路的开辟和西力东渐，东亚各国或主动或被动地走向现代化，东亚各国之间固有的国际秩序、交往模式、生产生活方式被逐渐打破，彼此之间的联系愈加紧密。原本闭关锁国的德川幕府，以鸦片战争的结果为鉴，在佩里舰队来航后主动开国，聘请外国专家、学者、教师和派遣留学。明治政府继续学习西方，迅速走向现代化，效法西方列强，开启侵略扩张之路，并相继战败清朝、沙俄，跻身强国之列。清朝接触西方较早，但应对西方科技文化却步履蹒跚、行动迟缓，即使洋务派、开明派官员派遣留学，也不得不以明治维新为例来反驳各种质疑。明治维新遗留的忠君爱国、军国主义等封建残余，反成为清末各界赴日学习新知、达成留日共识的思想基础之一，引发近代中国首次留日高潮，真是令人唏嘘。明治维新大力发展教育、创办近代新式学校，客观上为蜂拥赴日的中国及东南亚各国留日学生创造了一定条件。主观愿望与客观结果往往错位的吊诡之处，反映了东亚各国被卷入世界现代化进程中所带来的彼此关联化、一体化的时代大趋势。这种趋势不以人的意志为转移，特别是20世纪以来更是加速前进。近代日本的中国留日学生政策，既是知识传播与应对现代化潮流的一个具体体现，也是企图以文化软实力实现对外侵略扩张战略目的的反面教材，值得深入研究。

第 二 章

留日学生政策的形成（1896—1911）

　　1896年中国人留学日本以来，短短10年间，即到1905—1906年便形成近代中国的首个留日高潮。这显然与中日两国的留日学生政策密切相关，但中外学者普遍关注的是清政府的留日学生政策，并对其政策的制定、实施和影响进行了较为深入、系统的全面研究，取得了丰硕的学术成果①，特别是对中国首批留日学生、成城学校入学事件、反对"取缔规则"运动、五校特约等具体史实的清政府政

---

　　① 中国学界研究清政府留日政策的代表性成果有，黄福庆：《清末的留日政策》，《"中央研究院"近代史研究所集刊》1971年第2期；黄福庆「清末における留学生の特質と派遣政策の問題点」，『東洋学報』第54卷第4号、1972年；黄福庆「清末における留日学生派遣政策の成立とその展開」，『史学雑誌』第81卷第7号、1972年；以及黄福庆以这些研究成果为基础出版的《清末留日学生》，台北"中央研究院"近代史研究所1975年版。其他成果还有，冯玮：《清政府鼓励赴日留学政策的"二律背反"》，《学术研究》2004年第10期；刘功君：《清末留日经费的筹付与管理》，《安庆师范学院学报》2007年第1期，等。这些成果重点研究了清末留日政策的制定与展开、留日史实与影响、经费筹措与管理。
　　日本学界研究清政府留日学生政策的主要成果，除実藤恵秀的『中国人日本留学史』等综合性著作外，还有早稻田大学教授細野浩二「中国対日留学史に関する一問題——清末における留学生派遣政策の成立過程の再検討」，早稻田大学史学会編『史観』第86、87册、1973年；島田正郎「私立明治大学経緯学堂始末記——清朝の対留日学生政策をめぐって」，島田正郎編『清末における近代的法典の編纂』、東京、創文社、1980年；王岚、船寄俊雄「清末における商業系留学生の派遣政策と派遣実態に関する研究」，『神戸大学発達科学部研究紀要』第9卷第2号、2002年3月；容応萸「清末近代化における対日留学生の派遣」，『アジア研究』第26卷第4号、1980年1月；容応萸「清末留日学生派遣政策の成立」，衛藤瀋吉編『共生から敵対へ——第4回日中関係史国際シンポジウム』、東京、東方書店、2000年。这些成果的重点是研究清政府的留日学生派遣政策。

策研究的更为细致。① 至于日本政府的清末留日学生政策研究，重点是阐述、分析与评判矢野文雄的"清国留学生招聘策"②，但对日本政府如何应对和接受蜂拥而至的中国留日学生，又是如何对他们施以教育和进行管理的？不惟中国学者，甚至日本学者也鲜有研究。

中国学者限于资料与语言，未能深入研究这一问题尚易理解，而日本学者缘何亦很少触及这一问题？笔者曾就此请教一位日本学者，答曰：日本政府的中国留日学生政策研究，将会涉及对这一政策的评判问题，属于"敏感性"课题，故不愿研究之。或许这并非其全部原因，但日本政府的清末留日学生政策研究相对薄弱，却是一个不争的事实。日本政府针对清末留日学生建立的接受体系，推行的速成教育和学业限制，采取的利己性、投机性管理政策与措施等，虽实施于清末十余年间，但有些延用至民国，乃至与近代中国留日运动相始终，某种程度上奠定了近代日本的中国留日学生政策之基础。这些政策既反映和体现着日本对华文化外交的战略意图，也直接影响着中国留日学生的对日认识与情感，还以留日学生为媒介，间接影响当时及日后的中日关系。

---

① 关于首批中国留日学生的研究，代表性成果有吕顺长《清末浙江与日本》，酒井顺一郎「一八九六年中国人日本留学生は派遣・受け入れ経緯とその留学生教育」、『日本研究』第31集、2005年10月。关于反对"取缔规则"时期清政府留日政策的成果，主要有李喜所、李来容：《清末留日学生"取缔规则"事件再解读》，《近代史研究》2009年第6期；孫安石「清国留学生取締規則事件の諸相——政治考察五大臣、上海、そして韓国との関連を中心に」、『中国研究月報』第565号、1995年3月。关于五校特约的研究成果，主要有吕顺长《清末留日学生从量到质的转变——关于清末"五校特约"留学的考察》，《浙江大学学报》2001年第1期；严平：《近代中国留学日本大学预科研究——以"五校特约"为中心》，《清史研究》2012年第4期。

② 这方面的代表性成果有，河村一夫「駐清公使時代の矢野竜渓氏」、『成城文芸』第46号、1967年5月；河村一夫「外交官としての矢野竜渓——清国留学生招聘策について」、『政治経済史学』第167号、1980年4月；川崎真美「清末における日本への留学生派遣——駐清公使矢野文雄の提案とそのゆくえ」、『中国研究月報』第696号、2006年2月，等，重点梳理了矢野文雄提出"清国留学生招聘策"的背景、过程，以及中日交涉清末留日学生接受问题的史实。

一 接受体系的建立

近代日本接受外国留学生虽始于明治维新开始不久，但由于人数少、规模小，直到20世纪后才颁布接受外国留学生的政策法令。如前所述，大久保利通联络"少数有志之士"成立"振亚社"，并于1877年12月拜访清政府首任驻日公使何如璋，以及副使张斯桂等，希望中日两国间交换留学生和实现"善邻亲睦"。[1] 不过，此时清政府无意向"同是天涯沦落人"的日本派遣留学生。然而，东邻朝鲜的李氏王朝，在1883年向日本派出首批留学生，这是近代日本第一次接受外国留学生。[2] 近代中国人赴日留学始于甲午战后，但从1896年至1898年三年间，留日学生至少207名[3]，且"不断东来"。[4] 1900年6月，文部大臣桦山资纪指出，由于外国留学生往往不遵守文部省直辖学校的入学管理规定，大多通过其本国驻日公使或领事委托申请入学，容易滋生事端，经与外务大臣青木周藏协商，乃颁布相关法令，明确外国委托生的入学条件和手续。[5]

1900年7月4日，文部省颁布《文部省直辖学校外国委托生规程》（以下简称"外国委托生规程"），这是近代日本对外国留学生颁布的首个政策法令。该规程共计7条，主要明确外国委托生的身份，并非文部省直辖学校的"正规生"；他们的入学条件有两个，一是要有本国驻日公使或领事签章之委托书，二是要具备相当程度的

---

[1] 东亚同文会编：《对华回忆录》，胡锡年译，商务印书馆1959年版，第674页。
[2] 参见严平《近代中国留学日本大学预科研究——以"五校特约"为中心》，《清史研究》2012年第4期，注释7。
[3] 参见实藤惠秀『中国人日本留学史』、544頁。
[4] 矢野文雄：《清国留学生招聘策》，中国社会科学院近代史研究所《近代史资料》编译室：《近代史资料》第74号，第97页。
[5] 「文部省直轄学校ヘ外国人入学ニ関スル省令発布ニ関シ文部大臣ヨリ本省大臣ノ意見問合ノ件　明治三十三年六月」、『学校関係雑件』第一巻、外務省外交史料館、アジア歴史資料センター、レファレンスコード：B12081867900。

学力；在学期间，免收考试费、上课费。但是，外国委托生在修学期满后只发给课业成绩证明书，而不是发给毕业证书。因此，这个法令既不为外国委托生所接受，也不能适应东亚各国赴日留学的客观情形。①

1901年11月1日，文部大臣菊池大麓致函外务大臣小村寿太郎，表示鉴于东亚各国的留日现状与趋势，拟颁布新的法令代替外国委托生规程。②获得小村赞同后，文部省在11月11日颁布《文部省直辖学校外国人特别入学规程》（以下简称"特别入学规程"），相当程度上修改了前述规程，成为"指导近代日本国立学校接受外国学生的唯一法令"。③

特别入学规程与外国委托生规程相比，主要有三个特点。一是日本政府和文部省直辖学校接受留学生的自主性进一步提升。外国委托生规程规定的入学保证人或推荐者，仅为外国驻日公使或领事，而特别入学规程则增加了日本驻外公使馆，即日本驻外机构可以在外国就地挑选学生，保送文部省直辖学校就读，相当程度上提升了日本政府接受外国学生的主动性。外国委托生规程指出经各校校长考察，有相应学力者，可入学文部省直辖学校，但特别入学规程强调若学校设备不便，则不在此限，说明即使有相应学力，也可能被学校拒之门外。特别入学规程虽表面上尊重外国政府对留日学生的派遣权，却扩大了学校对留日学生接受或拒绝的自主性。二是特别入学规程减免了"入学费"。三是特别入学规程适用范围更广。外国委托生规程主要针对的是外国委托的公费生，而特别入学规程扩大

---

① 「文部省直轄学校ヘ外国人入学ニ関スル省令発布ニ関シ文部大臣ヨリ本省大臣ノ意見問合ノ件　明治三十三年六月」、『学校関係雑件』第一巻、外務省外交史料館、アジア歴史資料センター、レファレンスコード：B12081867900。

② 「明治三十四年/5 明治三十三年七月文部省令等十一号ヲ廃止シ更ニ文部省直轄学校ニ外人ヲ入学セシムルニ付発令有之ニ付キ文部大臣ヨリ照会ノ件　十一月」、『学校関係雑件』第二巻、外務省外交史料館、アジア歴史資料センター、レファレンスコード：B12081868900。

③ 严平：《近代中国留学日本大学预科研究——以"五校特约"为中心》，《清史研究》2012年第4期。

为"外国人",即符合入学条件与要求的所有外国学生。① 在此基础上,日本各校可根据文部大臣的授权,结合各自校情制定接受和培养本校外国留学生的细则。②

无论是外国委托生规程,还是随即取而代之的特别入学规程,都是文部省直辖学校接受外国留学生最初也是最主要的政策依据,虽未明说针对中国留学生,但是在中国留学生不断增加的背景下制定与颁布的,其目的还是显而易见的。例如,在1902年7月的成城学校入学事件中,日本陆军参谋本部第二部部长青木宣纯提出必须有中国驻日公使蔡钧的"亲行保送"。不过,蔡钧表示公使馆方面已经办理,但参谋本部不答应,自己也无能为力。无所适从的留日学生包围了公使馆,且屡经劝说而不撤,最后导致日本警察强行驱逐留日学生,并逮捕吴稚晖、孙揆均等人,是为"中国人留学日本史上第一次重大的集体性事件"。③ 日本警方解释并非他们欲行强权,而是受中国驻日公使请求不得不为之。④ 这更加刺激了本已在日本备受屈辱的留日学生,特别是悲愤交加的吴稚晖在被日警押解回国途中发生了跳海自杀未遂事件,进一步激化了留日学生与蔡钧之间的矛盾。最后,清政府派遣"游历日美专使大臣"载振处理此事,他经与外务省总务长官珍田舍己、政务局局长山座圆次郎沟通,达成了关于接受中国留学生的三校保送协议。具体协议内容如下:

(一) 凡拟入日本文部省直辖学校者,须由东京同文书院、宏文学院、清华学校三校中之一校保送外务省,再由外务省咨

---

① 《日本国文部省直辖学校外国人特别入学规程》,《教育世界》1902年第2期,第9页;「明治三十四年/5 明治三十三年七月文部省令等十一号ヲ廃止シ更ニ文部省直轄学校ニ外人ヲ入学セシムルニ付発令有之ニ付キ文部大臣ヨリ照会ノ件 十一月」,『学校関係雑件』第二卷、外務省外交史料館、アジア歴史資料センター、レファレンスコード:B12081868900。

② 如,日华学堂、日本实践女校、日本东亚女校都制定了具体的细则,参见陈学恂、田正平编《中国近代教育史资料汇编·留学教育》,上海教育出版社1991年版,第334—344页。

③ 谢忠强:《1902年中国留日学生成城入学风波述略》,《西北工业大学学报》2011年第9期;刘珊珊:《清末成城学校入学风潮述论》,《徐州师范大学学报》2009年第2期。

④ 参见実藤恵秀『中国人日本留学史』、430—431頁。

送，方得入学。

（二）欲经上述三校保送者，须具下列之资格：

甲、在校半年以上，品行端正，成绩优良者；

乙、旅居日本十年以上之男子，得校方认为适当，复得二人保证，并纳保证金三十元者。

（三）曾在上述三校中肄业，但中途退学或遭拒绝保送者，未得该校同意，一概不得保送。

（四）欲入海陆军学校者，当俟福岛少将回国后，再行商议。

（五）依中国政府之复函，在日本设置留学生监督一员。[①]

这一协议在特别入学规程之外，打开了一条自费生即使得不到驻日公使保送也可入学文部省直辖学校的隙缝，但日本政府鉴于清政府对自费留日学生学习军事的担忧，决定成立专事中国学生学习军事的预备教育机构。1903年7月，日本政府设立振武学校，规定凡申请入学该校的中国留学生，必须16岁以上，具备相当学力，由留学生总监督将他们所属各省的负责官员的咨文、赴日前后的履历和入学申请书，以及留学生总监督的保证，报送中国学生监理委员长审查，合格后才允许入学。[②] 其实，清政府在选派学生赴日留学之初，规定军事专业，非政府选派学生不准保送学习。[③] 1904年5月19日，清政府在《选派陆军学生分班游学章程》中强调，凡希望学习军事专业者，应先由各省督抚咨送练兵处考选，合格后始能派遣[④]，从国内就切断了自费生学习军事的机会。不过，日本军方暗中支持寺尾亨成立东斌学堂[⑤]，作为不受监管的私立军事学校，可以接

---

① 実藤恵秀『中国人日本留学史』、458—459頁。

② 《振武学校規則》第9、10条，转引自実藤恵秀『中国人日本留学史』、70—71頁。

③ 《张文襄公全集》卷61，奏议61，第4180页。

④ 参见《选派陆军学生分班游学章程》，颜世清辑：《约章成案汇览》乙篇，卷32上，第46—52页。

⑤ 参见「東斌学堂設立に関する件」、『壹大日記』明治38年4月、防衛省防衛研究所、アジア歴史資料センター、レファレンスコード：C04014047800。

受遭振武学校拒绝的留日自费生,既迎合了留日学生的"军事热",又培养反清志士和为己所用的亲日人才。

随着数以千计的中国学生蜂拥赴日,留日学生也是鱼龙混杂、泥沙俱下,一些人借留学之名进行贸易营商活动,一些人则在日本无所事事、吃喝玩乐,甚至打架斗殴、结党行凶、洋相百出①,为中日社会所诟病。对此,日本教育界批评说:在东京有几十所专门以留学生为接受对象的学校,他们为迎合留学生的喜好,满足他们的人性弱点与各种好奇心,严重影响了留学教育的声誉,希望日本当局严加取缔,否则以先进教育家自居者,怎么再配称为教育家呢?此事暂且不论,文部省当局各位的信誉与颜面何在?提出从日本教育界的立场观之,建议探究改进的措施。② 对此,文部省在1905年11月2日发布《关于准许清国人入学之公私立学校之规程》,这是日本政府为中国留日学生专门制订的第一份法令。

这一规程虽然名义上是整顿接受中国留日学生入学的公、私立学校,但日本国立、公立学校财政充裕、管理规范,不太存在前述问题,因而实际上主要是针对经营困难和教学质量较弱的私立学校。③ 该规程第十三条强调公、私立学校若违背该"规程"或成绩不良,将被取消选定其接受中国留日学生的资格。公、私立学校还必须备有教职员名簿、留学生学籍簿和考勤簿,以及留学生之间往来书信文件登记册;中国留日学生的试题、答案、成绩表的保存期限,以及关于中国留日学生教育情况向文部大臣的汇报等,大多属于日本政府对公、私立学校尤其是后者的监管与考评。其中,涉及中国留日学生的内容,主要是他们入学公、私立学校须有中国驻日公使馆介绍信,以及转学、退学须有中国驻日公使馆

---

① 参见不肖生《留东外史》(上、中、下),花山文艺出版社2013年版。
② 「時事評論」、『太陽』第12卷第6号、1906年12月;実藤恵秀『中国人日本留学史』、86頁。
③ 严平:《近代中国留学日本大学预科研究——以"五校特约"为中心》,《清史研究》2012年第4期。

承认书的规定。①

不过，留日学生认为该规程第九条的校外住宿取缔和第十条的"性行不良"界限模糊，限制了他们的居住和求学自由，发起了罢课回国的抗议风潮。②李喜所、李来容通过考察留日学生反对"取缔规则"运动，指出无论从该规则的出台背景、缘由及其性质，还是从该规则本身的内容看，均属于正常之教育整顿，目的是规范日本的留学教育，但由于留日学生对该规则的所谓"误解与误读"，特别是他们平日所受种种歧视与不公平待遇，积压日久而形成的反日情绪，以反对"取缔规则"为导火索，将原本之教育问题变成了一场激进的政治性反抗运动。③"取缔规则"在中国留日学生不惜罢课回国的强烈反对下不了了之。

文部省整顿接受中国留学生的私立学校"未果"，而其直辖学校和官立学校接受留学生的名额极少，甚至个别学校拒收中国留学生。据日本学者永井算已统计：在当时中国学生东渡留学者中，约有3000名在校外游荡，欲入校而不能，欲回国而不可，"是非急谋位置，不足以餍众留学生之心"④，就反映了中国学生在日求学无门的窘境。驻日公使杨枢在1906年下令调查中国留学生的入学状况，发现至少有2000名学生希望入学日本高等学校、专门学校和大学。但是，日本高等学校、专门学校、大学等接收中国学生的人数甚少，

---

① 「分割1」、『在本邦清国留学生関係雑纂/取締規則制定並同規則ニ対シ学生紛擾之件』、外務省外交史料館、アジア歴史資料センター、レファレンスコード：B12081631700。另见"特别论说"，《新民丛报》1905年第23号，第5—7页；実藤恵秀『中国人日本留学史』、461—463頁。李喜所、李来容在《清末留学生"取缔规则"事件再解读》（《近代史研究》2009年第6期）中，不仅全文引用了这一法令，而且交代了当时中方报刊关于这一规程的翻译和介绍情况。

② 参见林增平《清末留日中国学生反"取缔规则"斗争》，《湖南师范大学社会科学学报》1991年第1期；王开玺《取缔规则事件与革命派领导下的留日学生运动》，《北京社会科学》1995年第3期；秦裕芳、赵明政《关于"取缔规则事件"的若干流行说法质疑》，《复旦学报》1980年第2期。

③ 参见李喜所、李来容《清末留学生"取缔规则"事件再解读》，《近代史研究》2009年第4期。

④ 永井算已「所謂清国留学生取締規則事件の性格：清末留日学生の一動向」、『信州大学紀要』第2号、1952年、17頁。

一般情况下每校仅为数人，多的也仅十余人，个别学校还拒收中国留学生。如，日本 7 所国立高等学校有 5 所曾拒绝接受中国学生。[①] 加之，中国留学生的日语水平相对较低，难以直接考入日本高等学校。因此，中国在日留学生能够接受高等教育或优良教育的机会甚少。

鉴于此，清政府希望日本高等学校、专门学校等可以增收中国留学生，且通过时任驻日公使李家驹与文部省交涉，双方在 1907 年 8 月达成"五校特约"。该特约之主要内容如下：1. 东京高等师范学校每年接受中国留学生 25 名，由中方向该校每年提供 1980 日元补助费，不再缴学费；第一高等学校每年接受中国留学生 50 名，中方向该校每年提供 8768 日元补助费，不再缴学费；东京高等工业学校每年接受中国留学生 40 名，中方向该校每年提供 8000 日元补助费，同时每人另缴 50 日元学费；山口高等商业学校每年接受中国留学生 25 名，中方向该校每年提供 7000 日元补助费，不再缴学费；千叶医学专门学校每年接受中国留学生 10 名，无需补助费，只是按人收取学费。2. 具有相当学力，须通过入学考试。3. 特约为期 15 年。[②] 根据该特约，1908—1910 年，有 460 多名中国学生考入五校。[③] 1911 年清政府学部准备在北京设立游学日本五校预科，每年由各省选拔中学毕业生送京考选，合格者先入预科肄业，等预科合格毕业后，再送往日本投考各高等学校[④]，后因辛亥革命爆发而该项措施流产。1912 年，山口高等商业学校的中国留学生，因不堪校长演讲时的侮辱而罢课退学，经协调无效后，该校中国留学生转入他校就读，终止与该校之特约关系。[⑤] 特约五校减为四校，但习惯上仍称"五校

[①] 参见吕顺长《清末留日学生从量到质的转变——关于清末"五校特约"留学的考察》，《浙江大学学报》2001 年第 1 期。
[②] 参见《学会记事·游学计划》，《官报》1907 年第 8—9 期。
[③] 参见实藤惠秀『中国人日本留学史』、106 頁。
[④] 《奏筹设游学日本高等五校预科折》，《学部官报》第 4 册第 146 期，台北"国立"故宫博物院 1980 年版，第 624 页。
[⑤] 参见「32. 雜/分割 2」、『在本邦清国留学生関係雑纂/雑之部』第一巻、外務省外交史料館、アジア歴史資料センター、レファレンスコード：B12081629200；王嵐『戦前日本の高等商業学校における中国人留学生に関する研究』、東京、学文社、2004 年、150 頁。

特约"。

　　五校特约是中日签订的第一份联合培养留学生的协议，在规定之五校内为中国学生保留固定名额，一定程度上满足了部分中国留学生入学日本高等专门以上学校的愿望。总体而言，特约五校教育质量较高、教育条件较好，若自费生考入五校，便成为官费生，免除了留日时期的经费之忧，因而考取五校成了不少自费生的目标，竞争非常激烈，这在客观上有利于提高他们的留学质量。吕顺长认为中日签订五校特约是留日学生从量到质转变与提升的重要标志[①]，在近代中国留日史上具有一定的积极意义。不过，特约五校接受中国学生的人数相当有限，且高额的教育补助费和学费也成为中国政府的一项负担，故而大部分留日学生仍不得不继续就读于私立学校或简易学校。可以说，五校特约并未真正解决中国留学生的入学问题。

　　但是，从出台外国委托生规程到签订五校特约，日本政府总体上建立了一套接受中国留日公费生、自费生、军事生、特约生的体系，且沿用至民国时期。1920年12月13日，北京政府教育部提出：特约五校除山口高等商业学校因故停送留学生外，其他四校按照特约持续选派新生，到1922年即将期满15年，建议到届期满后废除该特约。[②] 由此可见，五校特约一直持续到1922年。

　　日本政府之所以在甲午战后10年间便建立起一整套的中国留学生接受体系，其原因主要有以下几个方面。首先，日本将中国留学生接受策，视作对清外交之辅助政策，目的在于以此培植亲日势力，不断扩大侵华权益。矢野文雄在1898年5月14日致函外务大臣西德二郎，指出接受中国留学生的"益处"：一是改善甲午战后的中日关系，换取中国人之信赖；二是配合向清政府索要福建省的铁路铺

[①] 参见吕顺长《清末留日学生从量到质的转变——关于清末"五校特约"留学的考察》，《浙江大学学报》2001年第1期。

[②] 《教育部：关于解除留日五校特约的通知》（1920年12月13日），陈学恂、田正平编《中国近代教育史资料汇编·留学教育》，第346页。

设权；三是以此向中国大扩张日本势力。因为学习军事的留学生不仅模仿日本的军制，而且军用器械等也必将仰仗日本，他们还将通过日本聘用军官、顾问等。于是，中国的军事必将逐步日本化。那些学习理科的留学生，也将向日本购买器械，聘请人员。中国的工商业，也必然与日本产生密切关系，有助于日本工商业向中国大陆扩张。另外，那些赴日学习法律、文科的学生为推动清朝的发展与变革，将沿袭日本的各项制度。若能达到这种地步，日本势力扩张于大陆实在是不可估量。因此，他指出"无论从何方考虑，望我政府适应时机，接受清之留学生。"[1] 有人更是公开宣称：当今中国渴望教育，日本应控制其教育权，这是千载难逢的"机遇"，不可错过，届时日本作为中国知识的"母国"，培育中华人才，自可掌握中国各种事权[2]，强调利用教育扶植日本在华势力的重要性。霍姆斯·韦尔奇对此讽刺道：与其说日本人帮助中国培养人才，不如说通过留学教育培养一些亲日人才[3]，一语道破了日本接受中国留学生的真正动机。

其次，日本与欧美列强争夺中国人教育权的需要。欧美列强通过军事侵略、武力威胁和不平等条约，逼迫清政府同意他们在中国进行所谓传教、游历和从事文教事业，由此获得的在华权益非常明显。早稻田大学教授青柳笃恒为此大声疾呼：知道吗？多培养一名中国青年，都是日本势力进一步扩张大陆之计[4]，表现出抢夺中国人教育权的迫切心情。早在1901年7月，美国的潘慎文牧师指出日本培养中国学生是对中国采取新的侵略方式，目的是以思想教育的侵略取代军事武器的侵略，以教育宣传取代现实压迫，相比物质力量

---

[1] 矢野文雄：《清国留学生招聘策》，中国社会科学院近代史研究所《近代史资料》编译室：《近代史资料》第74号，第95—96页。
[2] 「支那教育調査会に就き」、『教育評論』599号、1901年12月5日。
[3] Holmes H. Welch, *The Buddhist Revival in China*, Cambridge: Harvard University Press, 1968, pp. 163–164.
[4] 青柳篤恒「支那人教育と日米独間の国際的競争」、『外交時報』第122号、1908年1月、15頁。

企图更多地使用精神力量征服中国①，提醒美国注意日本接受中国留学生的动向。1908年美国国会正式决定所谓"退还"超出美国实际"损失"的庚子赔款，资助优秀的中国青年赴美留学。欧美列强之精英认识到若控制了中国留学生的教育权，其实就等于控制了中国未来的发展方向。英法德等国纷纷在中国开办教育机构，吸引中国人赴本国留学。在此国际背景下，日本政府也不甘示弱，鼓励国内各学校和教育机构接受中国留学生。

再次，接受留日学生还可赚取巨额外汇。根据清政府的《管理游学日本章程》"经费"之五、六、七、八条的规定：学习普通科或就读于私立高等专门学校与私立大学者，每年支给学费400元，就读于官立高等专门学校者为450元，升入官立大学者则为500元，另外尚酌给实验、旅行等费。② 陆军学生则每年除支给学费白银300两外，每月尚给杂费银5两。③ 上述两种给费标准，足使一般官费生的生活绰绰有余。即使生活勤俭的自费生，根据章宗祥在《日本游学指南》中所列举的留学费用计算，最少的年开支也在150—200元之间④，加之其他添置校服、医药费及交际费，笔者认为无论如何也得将近250元。自费留学者多为富家子弟，其奢侈程度有时更甚于官费留学生。⑤ 至于那些贵族公派留学生，不仅"每人给川资七百两，月给经费三百两，整装费五百两"，还准许携带一名仆人⑥，花销之大更是可想而知。黄尊严认为日本通过接受中国留日学生，"可以赚取为数可观的外汇"。⑦ 吕顺长指出中国留日学生的消费，对日

---

① A. P. Parker, "A New Japanese Invasion of China", The Chinese Recorder, Vol. 32, No. 7, July, 1901, p. 356.
② 参见《管理游学日本章程》之第五、六、七、八条，《清光绪朝中日交涉史料》卷70，故宫博物院1932年版，第5页。
③ 参见《选派陆军学生分班游学章程》之第七、十条，颜世清辑：《约章成案汇览》乙篇，卷32上，第50页。
④ 参见章宗祥《日本游学指南》，1901年自刊，第23—27页。
⑤ 参见永井算已「所謂清国留学生取締規則事件の性格：清末留日学生の一動向」、『信州大学紀要』第2号、1952年、19頁。
⑥ 陈学恂、田正平编：《中国近代教育史资料汇编·留学教育》，第32页。
⑦ 黄尊严：《中日关系史专题要论》，天津社会科学院出版社1996年版，第227页。

方而言就是一大笔收入。① 国会议员中村卷治指出若中国留日学生因反对"取缔规则"而全部罢课回国，那么日本每年将会失去500万日元的收益。② 由此可见，日本积极接受中国留日学生还有一定的经济动因。

最后，确实有些日本人出于中日友好和文化教育交流的美好愿望，真诚的接受中国留学生。例如，早稻田大学教授高田早苗指出：培养中国学生，既符合中国人利益，也符合日本的利益③，希望真正地教给中国留日学生知识，促进中国的独立和自强，从而有利于东亚的合作与发展。此外，还有众所周知的东亚高等预备学校校长松本龟次郎、鲁迅先生的老师藤野严九郎等，作为中国留日学生的良师益友深受中日两国人民景仰。在近代日本军阀侵略中国的时代，这种友好的文化教育交流愈发弥足珍贵。总之，清末时期，日本社会各界欢迎中国留日学生的心态比较复杂，既有回报古代中国文化惠及日本的报恩心理，也有借此实现中日联合对抗西方的意图；既有输出日本文化、扩张日本势力的野心，也有发展中日文化教育交流的友好愿望，因人而异，或歧视或友善，或真诚或虚伪，都直接影响着中国留日学生的学习、生活及其日本观。

尽管日本政府建立了这一针对清末留日学生的接受体系，但在其政府内部并非没有反对接受中国留日学生的声音。曾任驻华公使、外务大臣林董，在东洋协会公开发表的演说中指出：清政府将数万名学生委托日本培养，固然不妥，但作为接受方的日本"亦属不当"④，批评日本不必也不应接受如此规模的中国留学生。原文部大臣西园寺公望也对友人表示：日本常常因中国留学生问题与西方列强产生外交纠纷，对此甚为遗憾，主张为顺利推进日本与欧

---

① 吕顺长：《清末浙江与日本》，第102页。
② 参见实藤惠秀『中国人日本留学史』、469頁。
③ 高田早苗「清国人の教育について」、『太陽』第12卷第9号、1906年6月。
④ 青柳篤恒「支那人教育と日米独間の国際的競争」、『外交時報』第122号、1908年1月、15頁。

美的外交关系，尽快结束对中国留学生的教育。他认为中国学生留学日本，实在是一大错误。为何如此说？西园寺公望解释道：日本文明程度远不及欧美，故中国学生留学日本，不仅不能实现"青出于蓝而胜于蓝"的目标，而且达到与日本同样程度也不容易，提出中国学生不如直接留学欧美。① 这种声音也是日本政府虽积极接受中国学生，但除关心少数有特殊身份与地位的学生外②，对多数留日学生的日常生活和学习教育，则放任自流、漠然视之的重要原因之一。

二 速成教育与学业限制

面对甲午战后日渐增多的中国留日学生，刚刚开始现代化的日本学校虽可接受部分留日学生，但其接受能力毕竟有限。如前所述，美国普林斯顿大学历史学教授马里乌斯·詹森，指出刚刚现代化的日本学校面对蜂拥而至的中国留日学生"应接不暇"③，反映了当时日本学校无力接纳过多留日学生的现实。因而，无论是外国委托生规程还是特别入学规程，都规定了文部省直辖学校接受外国留学生的苛刻条件。1906 年 5 月，中国在日留学生达 7283 名，但只有 262

---

① 青柳篤恒「現政府の対清策を難んず」、『外交時報』第 124 号、1908 年 3 月、69—70 頁。

② 如，日本外务大臣青木周藏亲自斡旋张之洞之孙张厚琨的留学日本学习院大学事宜，参见「分割 1」、『在本邦清国留学生関係雑纂／陸海軍外之部』、外務省外交史料館、アジア歴史資料センター、レファレンスコード：B12081623200。对于蒙古土尔扈特王到振武学校留学，喀喇沁亲王贡桑诺尔布派遣的蒙古族留日女学生，以及西藏十三世达赖喇嘛选派的色拉寺擦瓦池活佛阿旺罗桑到日本西本愿寺留学等，日方都表现了异乎寻常的热情。参见董守义《清代留学运动史》，辽宁人民出版社 1985 年版，第 363 页；居特固勒、阿云嘎《贡桑诺尔布的改革图强及其与日本的关系》，《内蒙古师范大学学报》2002 年第 1 期；多田等观《入藏纪行》，钟美珠译，中州古籍出版社 1987 年版，第 8 页；秦永章《西藏历史上的第一位赴日留学生——阿旺罗桑》，《中国西藏》2004 年第 4 期。

③ Marius B. Jansen, *Japan and China: Form War to Peace, 1894–1972*, Chicago: Rand Ncnally College Pub. Co., 1975, p. 151.

名就读于文部省直辖学校①,其他96%的中国留学生被迫就读于私立学校或各种简易学校。这是中日签订"五校特约"的重要原因,但特约五校保留的中国留日学生名额每年亦不多区区165个,如何接纳与教育大批中国留学生,仍是一个重要问题。

于是,日本政府和各界人士从接受中国留学生之初,极力向清政府和学界推荐速成教育之法。他们认为中国推行新式教育比日本晚了30年,故应以30年前,即明治初年的教育模式为范例②,派人赴日速成留学。1902年吴汝纶赴日考察期间,日本各界纷纷向其兜售速成留学计划。文部大臣菊池大麓劝说道:普通教育虽然重要,但专门教育尤为重要,中国欲兴专门教育,不在于精研学理,而在于实际应用,若培养实用人才,可采取速成之法。日本帝国教育会会长辻新次,向吴汝纶建议道:选拔中国的年少有为者,既通中国学问,又授以浅显的普通学,知识互换,两种方法并进,以一年为期,务期速成,如此反复不断,递传递广,或许可以满足中国追求现代教育之亟需。③ 长冈护美、近卫笃麿等在与驻日留学生总监督汪大燮会谈期间,提出希望在东京为中国游历官员专门创办一所速成法政学院,梅谦次郎也向驻日公使杨枢提出这一建议。④

日本各界的速成教育计划,一则听起来似乎不无道理,二则某种程度上迎合了部分中国人速成的心理。当时,留日学生中有人已获得科举功名,或接受过一定程度的新式教育,对按部就班学习的普通教育不满,特别是勤奋刻苦者在短期内就弄明白了那些教材的内容,故希望接受速成教育。另外,为尽快学成回国,挽救民族危亡,不少青年学子也愿意接受速成留学。实藤惠秀指出对中国现代

---

① 参见二见剛史、佐藤尚子「〈附〉中国人日本留学史関係統計」、国立教育研究所『国立教育研究所紀要第94集:アジアにおける教育交流——アジア人日本留学の歴史と現状』、1978年3月、101頁。
② 実藤惠秀『中国人日本留学史』、81頁。
③ 吴汝纶:《函札笔谈》,《东游丛录》,三省堂1902年版,第37—38、44页。
④ 《出使日本大臣杨枢请仿效日本设法政速成科学折》(1905年1月9日),陈学恂、田正平编:《中国近代教育史资料汇编·留学教育》,第365页。

化进展迟缓倍感焦虑的中国人，为革新求变，舍弃向西方直接学习，而转向学习西方"成功"的日本求学，希望日本能够提供速成留学教育。① 还有些人只是为谋求功名，尽快回国任职；更有些人原本不想赴日留学，但在家庭压力或别人劝说下东渡留学，如若能及早毕业回国正合其心愿；清政府也希望通过速成教育，在短期内培养为己所用的大批人才。对此，黄福庆评论说：清政府的目的是为快速培养人才，而一般学生的目的是尽早学成归国，以便早日获得一官半职，两者目的虽异，但对速成教育均极为欢迎。②

于是乎，速成留日在20世纪初的中国蔚然成风。吴汝纶回国后，将日本各界建议速成留日之策，转告学部大臣张百熙。1904年9月5日，山西、直隶两省与明治大学的经纬学堂签订代办速成留日师范班协议。③ 李兴锐署理闽浙总督时，派遣15名留日学生，其中12名学习速成师范，3名学习法政速成科和理化。闽浙总督魏光焘，选派了留日学生40名，其中30人学习的是速成师范，只有10人学习完全师范。④ 四川总督锡良在1904年选派100名留日学生，全部学习速成师范。⑤ 在日方的鼓励和建议下，各省官费留日生大多选学速成科，更勿用说自费留日生。黄福庆指出日本人的经验与建议，是促成中国人选学速成师范科的"最大动因"。⑥ 杨枢与梅谦次郎在东京法政大学创设法政速成科，以中国游学官绅为接受对象。该速成科以6个月为一学期，学满三个学期就可以毕业。⑦ 在如此速成的风气与环境下，中国留日学生选学速成者超60%，学习普通者

---

① 实藤惠秀『中国人日本留学史』、80頁。
② 黄福庆：《清末留日学生》，第87页。
③ 参见《文牍》，直隶学务处：《教育杂志》第1卷，第9—12页，转引自沈殿成主编《中国人留学日本百年史（1896—1996）》上册，第103—105页。
④ 参见《前闽浙总督魏奏筹款派学生赴日本学习师范专科并请编发教科书折》，《东方杂志》第2卷第3期，1905年3月，"教育"，第47页。
⑤ 参见颜世清辑《约章成案汇览》乙篇，卷32下，第49页。
⑥ 黄福庆：《清末留日学生》，第88页。
⑦ 《出使日本大臣杨枢请仿效日本设法政速成科学折》（1905年1月9日），陈学恂、田正平编：《中国近代教育史资料汇编·留学教育》，第366页。

不足 30%。①

诚然，速成教育在快速传播新知方面具有积极意义②，但过于速成、过于泛滥则使不少留日学生不仅无法学习系统的科学技术与文化知识，而且容易滋生浮躁和虚假的学风，导致速而无成，浪费家国资财和虚耗青春年华。例如，日本不少私立学校专为中国留学生开设，且随着中国留学生的人数变化，或扩大经营，或关闭歇业。一些规模小的私立学校，甚至是临时搭建，要么雇人授课，要么拼凑数名民工开校，以教育中国留学生谋生。日本官立或公立学校的速成教育期限，大多为一年半以内。然而，有些学校为吸引和竞争留日学生生源，不断压缩留学期限。例如，甲校速成教育期限一年，乙校则减为八个月，丙校减为半年，更有甚者，竟有几个月以至几天的速成科。③在如此"速成"环境下，留日学生是否迟到、早退或旷课完全无人监管，个别人名为留日学生，实则只有入学和考试才到校，其他时间或回国，或游荡在外。有些私立学校干脆以速成名义，干起贩卖文凭的勾当。清政府学部在 1906 年 10 月举办第二次游学毕业生考试，结果留日学生无一"最优等"，即使"优等"也多属留学欧美学生。④这一结果再次证明留日速成教育存在严重问题。

清政府认识到速成教育之弊端，决定停派速成生，且与文部省沟通废止速成教育。清政府学部在 1906 年 8 月 7 日致电驻日公使杨枢，通知：今后选派官费留日学生入学日本高等以上学校和各专门学校，必须具备国内中学毕业之程度，再精通日语，方可派遣。自费生非考试合格，概不咨送。非经本部及各省将军、督抚给咨，公使概不送学；选学速成的，无论官费、自费，全部停派。现在已经

---

① 《杨枢：游学计划书（节录）》（1907 年 7 月 29 日），陈学恂、田正平编：《中国近代教育史资料汇编·留学教育》，第 370 页。
② 参见梅谦次郎「法政速成科ノ冤才雪グ」、『法政誌林』第 7 卷第 10 号、1905 年、39—49 頁。
③ 実藤惠秀『中国人日本留学史』、83 頁。
④ 《本部考取游学毕业生名单》，《学部官报》第 1 册第 4 期，台北"国立"故宫博物院 1980 年版，第 93—94 页。

入学各速成科的学生，学成归国已经足以应付急需，应令他们安心学习，不可中止。① 由此可见，清政府开始抛弃"速成"幻想。1907年，驻日留学生监督处与文部省沟通，商定由文部省指定19所从事中国留学生教育的学校②，组成"中国留学生教育协议会"，发表声明：暂行停止速成科，以及名非速成而实则速成者，但已设立的速成科，仍照常教学，暂不停止，只是以毕业为限，强调普通和师范科的学制年限，应延至三年以上③，正式废止速成教育。虽然仍有部分私立学校继续从事速成教育，但中国留日学生选学速成者日渐减少。

不少私立学校以教育中国留日学生为生，故收取高额费用等似乎可以理解，但日本政府向清政府索要中国留日学生教育经费，首开世界留学教育史上留学生接受国向派遣国索要留学经费的先河。按照留学教育之通例，留学生派遣国大多承担留学生的学费、生活费、住宿费和其他日常杂费，不用也无须负担校舍建设费、教学设备费、教工薪水等，但中国留日学生却要负担这些费用。例如，文部省在1905年8月向清政府发出"照会"，提出随着中国留日学生增多，增加了校舍建设费、教师薪俸、教学设备费和试验费等，而这些是日本政府预算外资金，要求清政府支付。④ 另如，"五校特约"规定清政府必须向特约五校缴纳补助费就是典型一例。再如，文部大臣久保田让先后与外务大臣小村寿太郎、桂太郎沟通，由外务省通过驻华公使内田康哉，向清政府索要校舍建设费⑤，也反映了

---

① 《致驻日本杨大臣游学办法电》，《学部官报》第1册第2期，第49—50页。
② 这19所学校是早稻田大学、明治大学、法政大学、中央大学、东洋大学、宏文学院、经纬学堂、东斌学堂、成城学校、东京同文书院、东京实科学校、大成学堂、东亚公学、大阪高等预备学校、警监学校、东京警务学堂、东京铁道学校、东亚铁道学堂、实践女学校。
③ 《中国留日学生教育协议会会章》，《东方杂志》第4卷第4期，1907年4月，"教育"，第118页。
④ 参见「清国留学生収容に関し第二予備金支出請求照会書」，『在本邦清国留学生関係雑纂/留学生学費之部』，外務省外交史料館、アジア歴史資料センター、レファレンスコード：B12081625400。
⑤ 参见「清国留学生ニ対シ校舎増築ニ関シ清国政府ト交渉ノ件」，『在本邦清国留学生関係雑纂/雑之部』第一卷、外務省外交史料館、アジア歴史資料センター、レファレンスコード：B12081627300。

日本政府向清政府索要教育补助费的事实。

日本的军事院校以提供教官津贴,或者其他名目加收费用,变相向中国留学生征收教育补助费。清政府在1904年5月19日颁布的《选派陆军学生分班游学章程》中,规定由清政府为振武学校的教官发给津贴;至于其他各校的教习,则在每班学生毕业后,由清政府给予优奖。关于津贴数额和奖励规定,由驻日公使与日方商酌办理。① 可见,清政府支付日本教官津贴和奖励的事实。日本军部在1909年6月发布的《清国陆军学生管理规程》中,规定中国留学生入学日本陆军士官学校、宪兵练习所后,其被服费的月额比日本学生增加50%,口粮也增加50%作为定额,取暖费增加1倍,参加演习还要支付特别费用。② 只有图书和应给与物品按实际费用支付,其他大多被加价征收,往往高于日本学生50%或1倍。日本政府和军部这种贪图小利的留学生教育政策,只会增加留日军事学生的反感,很难达到其预期的"亲日"效果。

若言速成教育、变相收费等消极教育措施,是日本政府鉴于中国留日学生人数过多而采取的被动应对策略或求利行为,但对他们的留学专业学习设置障碍、加以限制则是故意为之,反映了日本政府狭隘的留学教育心态。如,日本公立大学藏书甚丰,却经常以缺乏书籍为由,要留日学生随堂抄笔记;学习实用技术的毕业生,由于"工厂不许参观和实习,学工业的人除抱讲义外一无所能"③,难以学到真本领,或者学不能致用。

普通专业学习尚且如此,对于留日学生的军事学习,日本政府更是警惕,故在军事教育中以保密为由处处设防。1903年12月,陆军省规定:在中国留学生教育中,凡属于军事机密,则由各队长酌

---

① 《选派陆军学生分班游学章程》,颜世清辑:《约章成案汇览》乙篇,卷32上,第46—52页。
② 「清、韩学生教育の件」,『壹大日記』明治42年8月、防衛省防衛研究所、アジア歴史資料センター、レファレンスコード:C04014502700。
③ 李儒勉:《留学教育的批评与今后的留学政策》,《中华教育界》第15卷第9期,1926年3月。

情予以取消。① 陆军省在1909年6月又针对中国留学生作出更为严格的规定：一是对中国留学生不得教授任何涉及军事机密的事项，二是在教授中国留学生中涉及军事机密时，应由联队长，或者校长亲自确定其程度和细节，然后请示主任将校决定。② 陆军士官学校原本是中日学生同堂授课，但从第4期开始分开授课。③ 日本军部还限制中国留日学生入学户山学校、炮工学校、野战炮兵射击学校，以及陆军大学等，以免中国留日学生学到先进的军事技术。后经中方多次交涉，日本军部勉强同意在这些院校接受少数中国学生，但约定涉及军事机密时，中国学生要么暂时退堂，要么被谢绝听讲。④ 在此约定下，清政府从1910年每年各派6人入学炮工学校、户山学校，各派3人就读野战炮兵射击学校、骑兵实施学校。清朝灭亡之际，首届学生尚未毕业。⑤

原本不愿接受中国留学生的海军省，经张之洞多次沟通，仅同意接受少量中国学生，但对其教育非常严苛。海军省规定接受的中国留学生，须先到通信省的商船学校接受教育，然后入学海军省的练习所接受专业训练⑥；根据1909年海军省颁布之《帝国海军中清国学生教育规程》《清国海军学生管理规程》⑦，中国留学生不管是否已有海军训练基础，均需经过一系列繁琐的训练阶段，才能登舰演习。即使如此，日本海军各机构还在乘舰训练问题上常常歧视中

---

① 「清国陸軍学生入隊並入校の件」、『壹大日記』明治36年12月、防衛省防衛研究所、アジア歴史資料センター、レファレンスコード：C04013939900。
② 「清、韓学生教育の件」、『壹大日記』明治42年8月、防衛省防衛研究所、アジア歴史資料センター、レファレンスコード：C04014502700。
③ 参见陶菊隐《蒋百里传》，中华书局1985年版，第10页。
④ 参见興亜院政務部編『日本留学中華民国人名調』、東京、興亜院政務部、1940年、707—715頁。
⑤ 黄福庆：《清末留日学生》，第40—41页。
⑥ 「清国海軍留学生商船学校へ入校に関する件」、参见「分割1」、『在本邦清国留学生関係雑纂／海軍学生之部』第一巻、外務省外交史料館、アジア歴史資料センター、レファレンスコード：B12081623900。
⑦ 「帝国海軍に於ける清国学生教育規程」、「清国海軍学生取扱規程」、参见「分割2」、『在本邦清国留学生関係雑纂／海軍学生之部』第一巻、外務省外交史料館、アジア歴史資料センター、レファレンスコード：B12081624000。

国留学生，使他们难以学到真正实用的知识与技术。中国海军学生大多不愿赴日留学，即使勉强入学后也往往被迫"自动"退学。例如，1908年赴日留学的海军学生有61人，而退学者36人，退学率接近60%。清政府从1905年选派海军学生赴日留学，到1909年驻日公使胡惟德以选拔海军留日学生合格者甚少为由，照会日本政府从1911年不再选派海军留日学生，"主动"停派[1]，"知难而退"。

日本学校的防备和限制，社会上的冷漠与歧视，使部分年幼无知或自制力较差的中国留学生在日本荒废学业，散资海外；即使自制力较强或为振兴中华读书者，也只能在日本教育的"夹缝"中发奋自学。对此，实藤惠秀评论说：近代中国确实从日本学习了不少知识，但是日本人并不能也无法因此而自豪，因为日本人总体而言没有诚心诚意地教授中国留学生。他们在日本一方面忍受着日本人的歧视和戒备，一方面发奋读书、自学成才[2]，就反映了近代日本人这种狭隘的教育心态。李儒勉也批判说：留日学生中未尝没有真正的优秀人才，但在千百人中却难得一二。由于许许多多的原因，留日学生比不上留美学生。在这许许多多的原因中，最主要的是日本政府与社会的恶意！买卖文凭、挂名入学，已是公开的秘密。日本政府与社会对中国留日学生毫无诚意，"无怪留日学生多名不副实为国人所轻视。"[3] 指责日本政府和社会对留日学生的敷衍、歧视与限制是留日教育效果不彰的主要原因。

当然，日本也有部分政要和学界名流主张对中国留日学生施以真正的留学教育，并将之视作日本人的"天职"或"责任"。有人告诫说：切忌凭借日本获胜甲午战争之威，将中国留日学生视作战败国的留学生，傲慢甚至粗暴地对待他们，因为那必将引起中国留日学生的厌恶情绪，乃至于不愿前往日本留学。如此既有损日本体

---

[1] 黄福庆：《清末留日学生》，第43—45页。
[2] 实藤惠秀『中国人日本留学史』、519—520页。
[3] 李儒勉：《留学教育的批评与今后的留学政策》，《中华教育界》第15卷第9期，1926年3月。

面，伤害日本名誉，也将玷污日本对中国应尽之"天职"①，反对欺辱中国留日学生。文部省专门学务局局长兼东京帝国大学教授上田万年倡议：我们要高度重视中国留日学生的教育问题，把它视为日本教育界的一个大问题，无论中国国家独立还是中日提携合作，中国留日学生都是一支重要力量，因此"日本帝国必须不惜金钱为清国留学生建立完备设施，以完成彼国委托吾人之大事业。"② 这种相对尊重中国留日学生，改善留学教育条件的呼吁，不仅未受到应有重视，反而被当时日本社会上盛行之"蔑华观"、脱亚入欧论，以及各种侵华扩张叫嚣淹没了。日本对中国留学生管理政策的投机性，便清楚地反映了这一点。

三　投机性管理

鉴于中国留学生事务的复杂性、敏感性和重要性，日本希望清政府设置留学生总监督专司留日学生管理事务，并制定切实可行的管理规程使之有章可循，从而尽量避免自身卷入其中。外务大臣青木周藏在1899年9月与陆军大臣桂太郎沟通后，决定响应清政府的请求，通知接受中国留学生的各学校和教育机构，凡遇有中国留学生事务，要与清政府的驻日留学生监督夏偕复，以及负责湖北和南洋留日学生的钱恂会商办理。③ 于是，中国留日学生认为是清政府在管理他们，凡事与清政府有关；清政府认为日本既尊重自己管理留学生的权力，又配合其管理政策。因而，日本政府不仅在清政府与中国留日学生之间左右逢源，而且避免沦为双方斗争的涉及对象，还可以居中调解，可谓一举多得。

---

① 「清国留学生待遇について」、『教育時論』第478号、1898年7月25日。
② 上田万年「清国留学生に就きて」、『太陽』第4卷第17号、1898年8月。
③ 参见「在本邦清国学生監督者派遣の件」、『壹大日記』明治32年9月、防衛省防衛研究所、アジア歴史資料センター、レファレンスコード：C04013633600。

1902年蔡钧拒绝保送9名自费生入学成城学校事件爆发后，外务大臣小村寿太郎向赴日查办此事的清政府"游历日美专使大臣"载振表示，由于驻日公使工作繁忙，不仅不能随时接见留学生，而且无法查验和督导留学生的学习与生活，自然容易在驻日公使与留日学生之间产生误会，希望清政府选派专人出任驻日留学生总监督，常驻东京，具体负责留日学生事务，既避免类似事件再次发生，又有效监督留日学生的学业情况。[①] 东京高等师范学校校长嘉纳治五郎、驻华公使内田康哉，也向清政府外务部介绍留日学生监管事务，建议清政府派员监督，拟定相关管理章程，从而使留日学生思想纯正，学业有成，成为清政府可用之才[②]，同时希望清政府在东京成立留日学生监督机构，具体负责留日学生的入学、转学、经费、考勤、接见、奖惩等，以及与日本政府、学校和各教育机构的沟通联系，避免此类事件发生。

清政府极为警觉留日学生参加像成城学校入学事件等这样反抗政府的活动，为扼杀留日学生的反清革命思想，将其逐步引入维护清朝统治的轨道上来，深感有必要设立相应的监管机构。驻日公使李盛铎早在1899年6月便以使馆人手不足，以及留日学生入学学校与使馆距离较远，难以兼顾监督留日学生的学习和生活情况为由，提请奏派工部候补主事夏偕复赴日本担任留学生总监督。[③] 清政府当即准奏，委派夏偕复赴日就任，隶属使馆，但无专项经费。夏偕复在1901年2月17日调任使馆随员后，清政府裁撤了该职，各省留日学生仍归本省自行派遣的监督管理。成城学校入学事件后，蔡钧深感留日学生事务复杂，恳请政府派人担任留学生总监督，专管留日学生事务。[④] 内有驻日公使的反复奏请，外有日方人员"情真意

[①] 颜世清辑：《约章成案汇览》乙篇，卷32下，第21页。
[②] 参见《外务部请派员外郎汪大燮为赴日本游学生监督折》，《清光绪朝中日交涉史料》卷66，第38页。
[③] 参见《李盛铎请调主事夏偕复充管理学生总监督片》，《清光绪朝中日交涉史料》卷52，第31页。
[④] 参见《出使日本大臣蔡钧奏陈驻日情形并派科甲大员专管学务折》，《清光绪朝中日交涉史料》卷66，第38页。

切"的劝说①，清政府决定设立驻日留学生监督处。

1902年10月，外务部受命组建驻日留学生监督处后，提请该部员外郎汪大燮出任总监督。外务部提出赏给汪大燮卿衔，由外务部刊给木质关防印章一枚，携带文牍、翻译共两三名，驻扎东京，负责管辖所有官派、自费留日学生，所需工资薪金费用，每年二万两白银，从出使经费内支出。任期三年，期满后再奏请更换，其所随带人员，届时将照出使章程提请奖励②，获得清政府批准。学部在1906年12月2日又奏请扩大监督处的规模，提出驻日公使兼任总监督，并派王克敏出任副总监督，且在监督处下设庶务、通译、文牍、会计等科和编报、监察机构，增加了监督处人员与机构编制。③ 随着中国留日学生人数不断下降，驻日公使胡惟德在1908年建议清政府裁减总监督、副总监督之职，设立专员，根据驻日公使之命办理留日学生事务。④ 清政府在1910年再次压缩监督处编制，裁撤前述庶务、通译、文牍、会计等科，派胡元倓出任监督，下设学务委员7名而已。⑤

日本虽配合清政府管理中国留日学生，但避免直接参入，以赢取留日学生的信赖和支持。例如，在中国留日学生开展"拒俄运动"期间，日本鉴于清政府的强烈要求，解散了中国留日学生组织的"拒俄义勇队"，但在他们更名"体操队"后不仅不再过问，反而称赞中国留日学生爱国之心可敬⑥，拉拢中国留日学生的意图非常明显。于是，一些中国留日学生主导的报刊，对日俄战争期间的日本表示同情与支持。如，《江苏》杂志刊文称：为阻止俄国东扩，发展

---

① 《外务部请派员外郎汪大燮为赴日本游学生监督折》，《清光绪朝中日交涉史料》卷66，第38页。
② 同上书，第38—39页。
③ 参见黄福庆《清末留日学生》，第24页。
④ 参见《奏酌改管理日本游学生监督处章程折》《附奏请派日本游学生监督片》，《学部官报》第2册第69期，台北"国立"故宫博物院1980年版，第48—51页。
⑤ 参见《本部奏章》《奏改订管理游日学生监督处章程折》《又奏改派日本游学生监督片》，《学部官报》第4册第145期，第601—603页。
⑥ 《杂录·留学界记事·拒俄事件》，《浙江潮》1903年第4期。

黄种人的"势力",我们不能不"同情"日本。① 《大陆报》更是呼吁支持日本,大喊:为世界和平与人道幸福,铲除这狰狞兽性的哥萨克者,难道只有这扶桑三岛吗?② 挽救民族危亡,反对列强侵华,高唱推翻清朝统治的《四川》杂志,因经费困难与编辑归国,出版三期之后即难以为继,结果日本警察反而找到杂志负责人廖希贤,咨询他为何久不继刊,并说若要再行出刊,须出具文件,提出申请即可③,以留日学生报刊问题向清政府施压之意图昭然若揭。

日本配合清政府管理留日学生政策时,往往会附加一些条件。例如,清政府在 1903 年 5 月命张之洞筹划留日学生管理之策,以平抑他们的反清革命活动。张商之驻华公使内田康哉,但内田以中日法律不同,办理此事麻烦为由,颇有难办之色。张向内田解释说:若不为留日学生妥筹约束章程,任凭他们浮游废学,犯义干名,甚至陷于罪戾,则从此以后凡有志之士,不再敢到日本留学,即使已在日本努力学习者,也担忧被牵连,废然思返,如此则永无成就通才之日,实在是为害不浅。④ 此番解释一是表达对日本放纵中国留学生不满,二是强调若日本不配合清政府的留学生管理,或将停派乃至召回留学生之意。于是,内田表示若有妥善办法,他愿意通知日本政府赞成清政府拟定之管理政策,只是对于安分用功、学成回国的学生,应确实给予奖励,从而使各学生产生歆羡之心,"使彼国学堂确见中国有劝学求才之实意"⑤,提出了奖励留学生的要求。

张答应了内田的请求,在制订《约束游学生章程》的同时⑥,拟定了《奖励游学毕业生章程》,即视留学生在日所学专业、所获相应之文凭,分别赏赐拔贡、举人、进士、翰林等科举功名,且分别录用,规定若中国留日学生不遵守《约束游学生章程》,即使日本学

---

① 《日俄开战与中国之关系》,《江苏》1904 年第 8 期。
② 《哥萨科患》,《大陆报》第 2 年第 2 号,1904 年 2 月,第 150 页。
③ 参见沈殿成主编《中国人留学日本百年史(1896—1996)》上册,第 275—276 页。
④ 《张文襄公全集》卷 61,奏议 61,第 4163—4164 页。
⑤ 同上书,第 4164 页。
⑥ 参见《张文襄公全集》卷 61,奏议 61,第 4167—4171 页。

校毕业，也不给予本章程所定之奖励。① 即，一是以遵守《约束游学生章程》为前提，恐吓在日留学生"安分守己"，不得参与任何反清革命活动；二是以科举功名赏赐为诱饵，鼓励和刺激中国士人的出国留学；三是在某种程度上满足内田提出的奖励条件。内田遂将《奖励游学毕业生章程》《约束游学生章程》《自行酌办立案章程》呈报外务省，经日本政府与各校校长共同商议，确实与日本法权无碍②，通过文部省、陆军省将前述各章程传达给接受中国留学生的各校与教育机构。③ 日本此举既可限制中国留学生的反清反日活动，又可为他们满意的留日学生谋取更好的归国待遇，从而延伸日本在华势力。

清政府作为当时中国之合法政府，握有中国最高统治权力，而留日学生是影响中国未来走向之潜在势力，故日本既与清政府进行官方交往，以索取在华权益；清政府为换取日本配合留日学生管理，取缔和镇压他们的反清革命活动，往往被迫满足日本的侵略要求；日本获得侵华权益后，大多会"投桃报李"，采取压制中国留学生的政策。文部省在1905年11月2日颁布的《关于准许清国人入学之公私立学校之规程》，某种程度上就体现了日本的这一战略意图。该规程虽重在整顿接受中国留学生的私立学校，提升留日教育成效，但也有管理留日学生的相关规定。故而，在公布之前，日方曾将该规程内容抄送驻日公使杨枢，后者认为这一规程的条文既有整顿学校的，也有间接管理留学生的，并无苛刻规定，"旋即公布"。④ 这表明中日双方在该规程公布前已进行沟通，且意见一致。

不过，该规程公布后却遭致中国留日学生的激烈反对，并引发他们纷纷罢课回国的风潮。他们如此强烈反对的原因主要有四，一

---

① 《张文襄公全集》卷61，奏议61，第4172—4176页。
② 同上书，第4165页。
③ 参见「清国留学生取締並に奨励規則頒布の件」、『壹大日記』明治37年8月、防衛省防衛研究所、アジア歴史資料センター、レファレンスコード：C04013998600。
④ 《出使日本国大臣杨枢奏报学生罢学办理情形折》，《清光绪朝中日交涉史料》卷69，第23页。

是留日学生入学日本之公、私立学校须有清政府驻日公使馆的推荐信，而其转学、退学亦须有其承认书，造成求学不便；二是公、私立学校进行往来书信登记，干涉了留日学生的通信自由和秘密；三是校外住宿的监管和取缔，妨碍了留日学生自由居住，且鉴于日本唯有对娼妓指定居住地点，故此举被认为有辱人格与国格①；四是公、私立学校不得招收被他校以"性行不良"而饬令退学之学生，更使留日学生对"性行不良"一词心生猜疑。他们批评所谓"性行不良"含义模糊，究竟什么是良与不良的标准？是否有广义、狭义之分。如此界定不清，倘若留日学生因有人奉行革命而为清政府忌恨，则可以通知日本，污蔑为"性行不良"，便斩断了留日学生的入学路。留日学生们认为此计非常狠毒，不可思议②，在强烈要求取消这一规程中的相关规定而遭到日本政府拒绝后，纷纷罢课回国，以示抗议。③ 12月8日，陈天华投海自杀，更使罢课回国运动达到高潮。

面对留日学生的大规模罢课回国风潮，日本一方面派文部次官木场贞长出面解释，安抚留日学生，另一方面强硬表态：在1905年12月22日以前，即中日签订《东三省善后事宜条约》之前，日本决无废止该规程之意，甚至强调目前"必须厉行"④，反映了其鲜明的政治意图。为缓和与中国留日学生之间的关系，木场解释说：在众多的留日学生中，确实有不少无法无天之徒，专门入学各式各样的谋利学校。吃喝玩乐、放纵淫靡、忘却学生本分的人，越来越多。

---

① 参见张篁溪《1905年留日学生罢课运动始末》，中国人民政治协商会议全国委员会文史资料研究委员会编《文史资料选编》第33集，北京出版社1988年版，第87页。
② 梁启超：《记东京学界公愤事并述余之意见》一文中所录《学界大多数对于此规则之批评》之七，《新民丛报》1905年第22号，"特别论说"栏，第11页。
③ 李喜所、李来容指出"就'取缔规则'本身来讲，从出台缘由、性质到具体内容，实属正常的教育整顿，旨在进一步规范日本的留学教育"，认为"留日学生对此规则存有诸多的误解与误读，情绪化的激情有余，冷静的客观分析不足"，对此前学界的主流观点——日本与清政府相互勾结的产物，旨在破坏中国留日学生的革命活动提出质疑。参见李喜所、李来容《清末留日学生"取缔规则"事件再解读》，《近代史研究》2009年第4期。
④ 永井算已「所謂清国留学生取締規則事件の性格：清末留日学生の一動向」、『信州大学紀要』第2号、1952年、29頁。

因此，文部省颁布这一规程，目的是一方面严格监督此类学校，另一方面探寻改造那些堕落学生的政策与办法，决非有意束缚或限制中国留日学生的自由。① 文部省在随后的《说明省令旨趣书》中放宽校外住宿的条件，即留日学生若感到寄宿学校不便，可以居住亲朋好友之处，或者自己租房居住，也不抵触该规程；关于"性行不良"，明确规定仅限于品行紊乱、危害社会、触犯刑律等，若中国留日学生平心静气地反映其诉求，不属于"性行不良"②，故请他们不要误解该规程。

不过，日本政府通过打击留日学生中的革命势力，实现了迫使清政府尽快签订《东三省善后事宜条约》的既定目的。日本进步党人士认为经过颁布和厉行"取缔规程"，中国自费留日学生大部分将受到清政府驻日公使馆的"掣肘"，或将失去在日留学的自由，恐怕很难实现留学日本之目的。"③ 由此可见，这一规程某种程度上满足了清政府监控留日学生的要求。同时，在留日学生罢课回国运动中，宋教仁、胡瑛、孙武等人成立留日学生联合会，提出日本政府若不取消该规程，则集体罢课回国，自办学校。汪精卫、胡汉民等人为避免留日学生中的革命分子回国后被清政府一网打尽，响应孙中山的号召，组织了"维持留学界同志会"，主张忍辱负重，继续求学，不可轻言返国。两派的观点针锋相对，不时发生争斗和冲突，导致留日学生革命派的内讧。因此，留日学生革命派经此次"取缔规则"事件，无疑遭受一大打击和严重损失。④ 日本政府送给清政府打击心腹大患的厚礼，清政府也只能投桃报李，在中日交涉和签订《东三省善后事宜条约》中被迫作出更多的让步。

随着清政府通过驻日公使发出复课命令，以及国际舆论对中国

---

① 「留学生問題善後策」、『読売新聞』1905 年 12 月 15 日。
② 李宗棠：《东游纪念第七——劝导留学日记》，光绪年间刊，第 13 页；実藤恵秀『中国人日本留学史』、467 頁。
③ 「総代の進歩党訪問」、『毎日新聞』1905 年 12 月 16 日。
④ 「留学生問題善後策」、『読売新聞』1905 年 12 月 15 日。

留日学生的遭遇深表同情，尤其是美德等国亦企图借机抢夺中国留学生教育权，日本政府在签订《东三省善后事宜条约》后表示暂缓执行"取缔规则"。1906年1月7日，东京的留日学生经过协商，同意在此情况下电告回国同学返日复课。于是，日本政府颁布的"取缔规则"不了了之。但是，反对"取缔规则"运动作为近代中国留日学生与日本政府之间爆发的首次大规模冲突，虽然表面上是抗议日本当局限制他们的居住和求学自由，实则是在日遭受侮辱、歧视和盘剥而致民族主义情绪的总爆发。其中，既有对日本文部省留学教育政策的不满，更有对日本政府、军部、社会上侵华舆论与活动的愤慨，因而表现出了惊人的力量。这对日本政府实施的投机性留日学生管理政策是一个冲击。

日本政府之所以选择投机性的留日学生管理政策，一个重要原因就是通过配合清政府监管留日学生获取在华利益，而通过与留日学生交好间接影响未来中国走向，并试图平衡这两种利益关系，以谋取在华利益的最大化。其实，日本劝告清政府设置留学生监督处、颁布"取缔规则"就是如此，在监管留日学生经营的报刊杂志活动时也是如此。1900—1911年，中国留日学生至少创办83种报刊，其中65种属于革命报刊，占比78.3%。[1] 不过，一些并非革命性的报刊，也经常发表激进的、革命性的文章。因此，这些留日学生经营的报刊遭到清政府忌恨。日本政府面对清政府的查禁请求，既以言论自由为借口，暗中支持中国留日学生经营报刊，骗取留日学生的好感与支持，又以留日学生报刊问题为砝码，向清政府索要侵华权益。日本政府一旦达到目的，便丝毫不顾所谓国际信义与法律尊严，查禁留日学生的报刊。例如，创刊于1906年11月的《河南》杂志，已经出刊至第9期，但在清政府的要求下，日本当局查封该刊，逮捕发行人张钟端。张钟端被释放后，随之被清政府解除了官费生

---

[1] 参见史和、姚福申等《中国近代报刊名录》，福建人民出版社1991年版，第450页；沈殿成主编《中国人留学日本百年史（1896—1996）》上册，第267页。

学籍。①

当然，日本政府可以对中国留学生实施投机性管理，除了清政府和留日学生都有求于其的强势地位外，还在于其通过各种途径对留日学生的调查与监控，使之清楚地掌握着他们的动向。如，甲午战后，中国人赴日留学主要有五条途径：1. 清朝中央政府的官派，包括学部、商部、陆军部、京师大学堂等中央单位的派遣；2. 地方省县政府的官派；3. 各地工商矿局、商会、学校及民间团体的公派；4. 自费留学；5. 受日本人推荐或被携带去日本的留学者。不管何种类型的留日学生都会受到日本政府的关注。

一般说来，日本驻华使领馆在中国学生赴日留学之前，便将他们的个人履历与赴日计划调查的非常清楚，然后报外务省，经后者转告内务省、文部省、警视厅和学校所属的地方政府，以及各校主要负责人，使日本各机构了解中国学生赴日留学的基本情况。例如，驻汉口领事山崎桂在 1902 年 3 月 25 日致函外务大臣小村寿太郎，报告湖南省选派学生赴日留学的情况和他们准确的赴日时间，且附有《湖南派遣学生人名表》一份。② 外务省接报后即致函文部省或有关各校，通知中国学生留日情况。同年 6 月 12 日，外务大臣小村寿太郎致信宏文学院院长嘉纳治五郎，通知清政府从南京派遣了留日学生，请其准备接受。同时，外务省将接受的留日学生的情况，通报给接受留日学生学校所属之地方政府和警视总监③，一方面是希望地方政府予以他们生活方便和照顾，另一方面亦有监控留日学生的想法吧。内务省、警视厅等及时调查和监控中国留日学生的情况，并随时与外务省沟通，以便后者在对华外交中更加主动。例如，1903 年 7 月，中国留日学生在拒俄运动中组建了军国民教育会，警

---

① 沈殿成主编：《中国人留学日本百年史（1896—1996）》上册，第 276 页。
② 「湖南巡抚派遣の留学生本邦へ向け出発の件」、参见「分割 3」、『在本邦清国留学生関係雑纂/陸海軍外之部』、外務省外交史料館、アジア歴史資料センター、レファレンスコード：B12081623400。
③ 「清国派文学生」、参见「分割 1」、『在本邦清国留学生関係雑纂/陸海軍外之部』、外務省外交史料館、アジア歴史資料センター、レファレンスコード：B12081623200。

视总监大浦兼武立即请示小村寿太郎是否允许解散之，且在获允解散该会后，向小村汇报了这一操作过程。① 内务省警保局局长安立纲之在 7 月 31 日致函外务省政务局局长山座圆次郎，告知警视厅驱逐组织该会中国留日学生的情况。② 可见，外务省、内务省、警视厅等互通信息，时刻监控着中国留日学生的一举一动。

辛亥革命爆发后，日本各地政府及时向外务省、内务省等报告本地中国留学生的动向。长崎县知事安藤谦介在 1911 年 10 月 23 日致函外务大臣内田康哉，报告当地有个别中国留学生搜集情报，充当"间谍"。③ 海军次官财部彪在 10 月 31 日通报外务次官石井菊次郎，称海军炮术学校的中国留学生出现"不稳"状况，一个表现是不少人准备返回中国参加革命。④ 宫城县警察部详细调查了该县中国留日学生的籍贯、年龄、学籍等，制作了《在留清国人名簿之件》，由宫城县知事寺田祐一于 11 月 1 日呈报内田康哉。石川县知事李家隆介在 11 月先后多次致函原敬内务大臣，报告该县境内中国留学生与其他地方的中国留学生之间的串联活动。⑤ 神奈川县知事周布公平、冈山县知事大山纲昌等纷纷致函原敬，报告所辖县境中国留学生成立红十字团体，准备回国救助革命军伤病员的情况。⑥ 由此可

---

① 「清国留学生の会合」、「軍国民教育会解散式に関する件」、参见「在本邦清国留学生挙動報告」、『在本邦清国留学生関係雑纂/雑之部』第一巻、外務省外交史料館、アジア歴史資料センター、レファレンスコード：B12081626300。
② 「軍国民教育会解散式に関する件」、参见「在本邦清国留学生挙動報告」、『在本邦清国留学生関係雑纂/雑之部』第一巻、外務省外交史料館、アジア歴史資料センター、レファレンスコード：B12081626300。
③ 「清国留学生に関する件」、参见「分割 1」、『清国革命動乱ノ際在本邦同国留学生ノ動静取調一件（陸海外ノ部）』、外務省外交史料館、アジア歴史資料センター、レファレンスコード：B12081652000。
④ 「清国留学生の行動」、参见「分割 1」、『清国革命動乱ノ際在本邦同国留学生ノ動静取調一件（陸海外ノ部）』、外務省外交史料館、アジア歴史資料センター、レファレンスコード：B12081652000。
⑤ 「清国学生上京の件」、「清国留学生の行動に関する件」、「清国留学生の行動報告」、参见「分割 2」、『清国革命動乱ノ際在本邦同国留学生ノ動静取調一件（陸海外ノ部）』、外務省外交史料館、アジア歴史資料センター、レファレンスコード：B12081652100。
⑥ 「電報」、「清国留学生より成る紅十字団体出発の件」、参见「分割 2」、『清国革命動乱ノ際在本邦同国留学生ノ動静取調一件（陸海外ノ部）』、外務省外交史料館、アジア歴史資料センター、レファレンスコード：B12081652100。

见，外务省、文部省、内务省、警视厅、陆军者、海军省，以及日本各地政府与学校等相互配合，初步建成了针对中国留日学生的监控体系，且在此后不断完善，一直沿用至第二次世界大战结束①，可以说与近代中国留日运动相始终。

清末留日学生出身各异，年龄悬殊，知识背景不同，思想观念也是千差万别，政治上更是分属不同派系，客观上为日本对中国留学生的投机性管理政策提供了可乘之机。清末留日学生中，有些人支持维新改良、立宪救国，有些人主张暴力革命、推翻清朝，有些人则是"墙上草"，摇摆不定、闻风而动。清政府虽有心监管，却无能为力，需要日本的配合。日本政府遂在留日学生和清政府之间，以及留日学生各派各系之间，纵横捭阖，施展两面手法——既纵容留日学生的改良维新之举与反清革命活动，骗取留日学生的信任，甚至使之幻想来自日本政府的支持；又以驱逐留日学生改良派、取缔留日学生革命派的活动为"筹码"，向清政府施压，企图讹诈侵华权益。当时在中国留日学生各派各系中，均有不少日本人在活动，甚至个别日本人活跃于多个派系之间。② 如，日后曾任首相的犬养毅，既与改良派关系密切，也与革命派交集甚多，经常在与两派留日学生的交往中获得各方消息。③ 日本对中国留学生的投机性管理政策，既在相当程度上配合其侵华行动与战略，也使有留日背景的中国各派政治势力，在近代对日本大多抱有不切实际的幻想，并在政治斗争中将之引为外援，进一步加剧了近代中国的政治乱局与军阀混战，进一步延伸了日本在华势力。

---

① 关于近代日本对中国留日学生的监控体系，参见徐志民《九一八事变后日本政府对中国留日学生监控政策述略》，《抗战史料研究》2012 年第 1 辑。

② [美] 任达：《新政革命与日本——中国，1898—1912》，李仲贤译，江苏人民出版社 1998 年版，第 34—36 页。

③ 改良派留日学生、革命派留日学生，以及同一派系中不同主张的留日学生的复杂情况，参见实藤惠秀『中国人日本留学史』；陈占标《新发现的梁启超致犬养毅函》，《学术研究》1988 年第 1 期；张家康《梁启超孙中山合作的一段史事》，《文史月刊》2004 年第 10 期；桑兵《保皇会的宗旨歧变与组织离合》，《近代史研究》2002 年第 3 期。

四　小结

　　日本政府对清末留日学生的相关政策、法令与措施，虽然主要颁行于清朝的最后十几年，但一些政策和措施，例如速成教育、"取缔规则"等出台或运行不久即被废止；另一些政策和措施，例如特别入学规程、教学保密、投机性管理政策、留日学生监控体系等，在民国时期随着中日关系的起起伏伏而"历久弥坚"，即使面对留日学生的反抗和国民政府的强硬交涉也不改"初衷"。由此可见，日本的清末留日学生政策不仅是此后留日学生政策的基础，而且在其制定之初就反映了日本政府对华外交战略意图，已不仅仅是纯粹的文化教育交流政策。这也是日本在短期内就建立中国留日学生接受体系的重要原因。若言速成教育尚有近代日本培养外国留学生政策的"青涩"成分，那么"学业限制"则是其对留学教育宗旨的"明知故犯"，反映了日本政府与社会保守、狭隘、自私的留学教育心态，结果不仅造成近代留日生不如留美生的片面印象[1]，而且也使留学生难以对日本产生好感，至民国初年始有"留美者亲美，留日者反日"的议论。[2] 其实，这种保守、狭隘、自私的留学教育心态的根源，正是近代日本向大陆不断扩张的政策与行动。日本的清末留日学生管理政策，完全以谋取在华利益为目的，无视教育强国的国际责任与义务，实际上等于自我放弃展示文化教育"软实力"的绝佳机会。不过，这也是近代日本过度迷信武力的结果。

---

[1]　参见李儒勉《留学教育的批评与今后的留学政策》，《中华教育界》第 15 卷第 9 期，1926 年 3 月。

[2]　「第四十四議会/4 支那共和国留学生ニ関スル質問主意書〔及び答弁書〕」，『帝国議会関係雑纂/質問答弁』第七卷、外務省外交史料館、アジア歴史資料センター、レファレンスコード：B03041441400。

第 三 章
放任自流与优待主义（1912—1917）

在近代中国的留日学生研究方面，清末留日学生是重点，民国时期的留日学生研究较为薄弱，即使名为"清末民初"的留日学生研究成果也往往以清末为主，介绍民国初年留日学生的研究成果较少。为数不多的涉及民初留日学生的学术成果，主要集中在三个方面：一是稽勋留学生，但以中央的稽勋留学生为主，甚少关注地方的稽勋留学生[1]；二是北京政府时期的留日经费与留日借款[2]；三是民国初年的留日学生群体与留日教育政策。[3] 不过，随着民国初年留日运动的再兴，在1914年前后形成了近代中国的第二次留日高潮。日本面对蜂拥而来的民国留学生，是沿用放任自流的清末留日学生

---

[1] 参见孙峥《民国初年的稽勋留学生》，《民国春秋》1995年第3期；李少军、卢勇《民国初年的稽勋留学生述论》，《湖北社会科学》2005年第7期；赖淑卿《民初稽勋局与稽勋留学生的派遣（1912—1913）》，台北《"国史馆"馆刊》2009年第22期；姜新《辛亥革命与稽勋留学》，《民国研究》2014年春季号；李永《1912—1913年民国稽勋留学生派遣始末》，《兰台世界》2015年第13期，等。

[2] 参见刘功君、沈世培《北洋政府时期留日经费筹措考察》，《历史档案》2009年第1期；孙璐《北京政府时期的留日学费借款》，硕士学位论文，东北师范大学，2014年，等。

[3] 参见黄新宪《1912年至1927年的留学教育述略》，《湖南大学学报》1990年第6期；元青《北洋政府统治时期的留学派遣政策》，《广东社会科学》2005年第6期；魏善玲《民国前期出国留学生的结构分析》，《华南农业大学学报》2012年第1期；王艳芝《试析民国初年的留学教育政策》，《郑州航空工业管理学院学报》2012年第3期；孙璐《民国初年中国留学生群体考析——以1912—1925年留学生群体为对象》，《学术界》2014年第3期；薛冰《民国时期留学教育政策研究——基于政策文本的分析》，硕士学位论文，东北师范大学，2015年，等。

政策[1]，还是"优待"民国留学生而有所改善呢？笔者以亚洲历史资料中心的史料为依据，重点梳理日本政府对民国初期留日学生的各项政策与措施，分析其实施效果与本质目的，既弥补这一时段的留日学生研究薄弱的缺憾，又重点探讨留学教育在中日两国"转折时代"的地位与影响，以史为鉴，关照当前中国与世界方兴未艾的留学运动和文化交流。

一 来者不拒与留日高潮

1911年10月10日，辛亥革命爆发，日本政府和军方密切关注中国局势，近在咫尺的中国驻日公使馆、中国留日学生和华人华侨的反应与动向自然首当其冲[2]，尤其是面对留日学生经费中断之困境，认可涩泽荣一、山本条太郎、高桥是清、白岩龙平等组织成立的"中国留学生同情会"。当时，中国留日学生无论回国参战，还是因恐慌思归，经常聚集驻日公使馆，索要归国川资或救济金，但驻日公使馆从日本各银行筹借的资金，远不足用。日本富豪岩崎等人，慷慨捐助，资助大多数学生回国，不过仍有数百名学生愿意留在日本继续求学。高桥是清、涩泽荣一等人，为鼓励和资助这些安心留学的学生，发动三菱合资会社、三井合名会社、日本银行、南满洲铁道株式会社、日本邮船株式会社、大仓组等捐款4.6万日元，建立"中国留学生同情会"，与中国留学生接受各校商定资助留学生的方法，规定"归国者"与"不上课者"不能接受资助[3]，意在稳定或挽留部分留日学生。

---

[1] 徐志民：《日本政府的清末留日学生政策》，《史林》2016年第5期。
[2] 张昭军：《武昌首义后中国在日留学生的不同反应——基于日本外交档案的考察》，《近代史研究》2013年第6期。
[3] 参见『清国革命動乱ノ際本邦有志者ニ於テ支那留学生同情会組織並同会事業状況関係雑纂』、外務省外交史料館、アジア歴史資料センター、レファレンスコード：B12081641600。

从 1911 年 12 月至 1912 年 6 月，中国留学生同情会资助不少留日学生，既赢得部分留学生与中国各界的肯定，也获得日本政府的关注与支持。据该会所定的规则，凡有学校管理者开具就学证明，即可领取补助，且从 1911 年 12 月开始领取，当时每人每月 10 日元，此后每月 20 日元，暂定发放补助 6 个月。据统计，1911 年 12 月资助 236 人，1912 年 1 月增至 255 人，2 月达 263 人，3 月有 255 人，4 月是 235 人，5 月为 219 人，6 月落至 211 人，反映随着民国建立与各地秩序陆续恢复，留日学生或获得家人接济，或留学经费有所保障。中国留学生同情会暂停发放补助，实现了既定资助目的。一是留日学生大多向该会表示感谢。二是 1912 年 6 月 22 日时任临时政府教育总长蔡元培，特别致信该会干事山本条太郎，称赞该会此举是"义薄云天"，表达临时政府和中国学界的钦佩与感激，且表示待中国时局稳定，即全数返还这些资助。三是中国舆论也对此予以肯定与赞扬。日本驻中国各地的一些领事馆，就收集了不少当地对中国留学生同情会表示"好感"的报道与评论。山本条太郎也将该会成立经过、资助活动和蔡元培来信，及时报告外务省政务局局长仓知铁吉。[①]

外务省一方面与中国留学生同情会保持密切联络，另一方面对因辛亥革命回国的留日学生在民国建立后重返日本也无任何"芥蒂"，甚至可以说是来者不拒。驻日公使汪大燮在 1913 年 5 月致函外务大臣牧野伸显，提出因辛亥革命归国的 25 名第四届留日学习轮机的学生拟重返日本学习，且从中挑选数名改学军需专科。对此，牧野转商海军大臣斋藤实，并获后者允准。临时代理外交代表马廷亮在 9 月 20 日又致函牧野，表示前述 25 名学生减至 15 名。牧野乃转商斋藤，再次获得后者同意。然而到 11 月 8 日，马廷亮却告知牧野，中国海军部军务司的司长刘华式带领 19 名第四届留日海军学生

---

① 参见『清国革命動乱ノ際本邦有志者ニ於テ支那留学生同情会組織並同会事業状況関係雑纂』、外務省外交史料館、アジア歴史資料センター、レファレンスコード：B12081641600。

于昨日抵达东京。先后三次人数变更，且幅度较大，以致牧野不得不向马廷亮咨询原因，而马廷亮也只是含混地回复是海军部的电令，并未详细解释。不过，当牧野转告斋藤后，后者仍批准了海军炮术学校接受这些学生。马廷亮在 11 月 19 日再次致函牧野，提出另有一名学生余际唐，因家住四川而路途遥远，故刚刚赶到东京，希望牧野转商海军省，准他入学海军炮术学校，最后也被批准，这批留日海军学生增至 20 人。① 如此频繁的人数变更，甚至是学生迟到，均未遭拒，反映了此时海军省对接受中国留学生的积极态度。

陆军省对因辛亥革命回国的中国留学生再度赴日留学，以及比留日海军学生人数变动更加频繁的中国留日陆军学生，基本上也是不厌其烦，予以接受。马廷亮在 1913 年 12 月 27 日致函牧野，提出第十、十一、十二期的留日陆军学生未毕业者，希望继续赴日留学，且将第十二期留日学生的名册送交外务省，请外务省转商陆军省，以分别将各期学生送入联队实习，获得同意。马廷亮于 1914 年 1 月 15 日又照会牧野，提出 3 项请求：一是将 3 名已返回东京的陆军士官学校第九期学生送校学习；二是 33 名已入联队实习的振武学校第十一期毕业生，事后请送入陆军士官学校学习；三是续补 3 名学生到联队实习。② 3 项要求均被接受。马廷亮在 2 月 27 日又请牧野转商陆军省，提出将陆军士官学校第九期的学生王镜澈、张维圣、伍毓瑞三人，与振武学校第十一期的学生夏绍虞补送入学陆军士官学校，以及振武学校第十二期的学生周骏补送进入联队实习。3 月 13 日，这 5 名学生入校入队。刚刚 20 天，时任驻日公使陆宗舆却在 4 月 3 日通知牧野，请将这 5 名留日学生撤回中国。陆军省在 4 月 11 日同意这批留日学生退校退队③，显示来去自由的留学接受态度。

---

① 参见「分割 4」、『在本邦清国留学生関係雑纂／海軍学生之部』第一巻、外務省外交史料館、アジア歴史資料センター、レファレンスコード：B12081624200。
② 参见「分割 1」、『在本邦清国留学生関係雑纂／陸軍学生之部』第五巻、外務省外交史料館、アジア歴史資料センター、レファレンスコード：B12081619600。
③ 参见「分割 2」、『在本邦清国留学生関係雑纂／陸軍学生之部』第五巻、外務省外交史料館、アジア歴史資料センター、レファレンスコード：B12081619700。

中国留日学习陆军的学生种类繁多，但陆军省基本上是"照单全收"。1. 接受学习宪兵的学生入学宪兵练习所。陆宗舆在1914年4月21日致函外务大臣加藤高明，提出中国选派12名宪兵赴日留学，请他转商陆军省。陆军大臣冈市之助表示"允许"，同意这批宪兵留学生在5月11日到宪兵练习所学习。2. 接受中国军官留学陆军经理学校。陆宗舆于5月15日致函加藤，为中国陆军步兵少校闻春荣希望入学日本陆军经理学校一事，请他转牒陆军省，且于5月30日获得批准。3. 接受中国陆军军医到日本陆军军医学校学习。陆宗舆在1916年3月20日照会外务大臣石井菊次郎，为陆军第六师的军医处处长俞树棻到日本陆军军医学校留学提出申请，获得陆军大臣大岛健一的"许可"。4. 接受中国将校军官到日本陆军大学学习。章宗祥在1917年3月23日函请本野一郎，请他转知陆军省与参谋本部，中国将选派覃师范、陈仪、黄慕松等将校军官8名（其中中将1名、少将4名、上校2名、中校1名，均为日本陆军士官学校毕业生）到日本陆军大学留学，也获得批准。[1] 不过，到日本陆军士官学校、陆军各联队及军需工厂等留学的陆军学生更多[2]，这也反映了陆军省接受中国各类军事学生的积极态度。

日本政府也颇为关注民国政府的留日学生政策，毕竟这事关留日运动的兴衰。驻华公使山座圆次郎在1913年12月电令驻天津总领事洼田文三，指出根据驻吉林领事林久治郎的报告，民国政府将训令各省停派留日学生，请他在天津密切关注，并详查汇报。洼田于1914年1月23日复命山座，汇报所谓将停派留日学生的"训令"，一是吉林因财政困难而假借中央训令，拟定暂不派遣留日学生，且欲在日留学者期满毕业后全部撤回；二是民国政府派人调查留日学生和二次革命之间的关系，认为继续派遣留日学生可能于己

---

[1] 参见「分割2」、『在本邦清国留学生関係雑纂/陸軍学生之部』第五卷、外務省外交史料館、アジア歴史資料センター、レファレンスコード：B12081619700。

[2] 参见「分割3」、『在本邦清国留学生関係雑纂/陸軍学生之部』第五卷、外務省外交史料館、アジア歴史資料センター、レファレンスコード：B12081619800。

不利；三是民国政府正制定新的留日学生政策，而此刻按既有政策派遣留日学生，或有不便，且随函附送了教育总长汪大燮在1914年1月17日签发的《管理留学日本自费生暂行规程》《经理留学日本学生事务暂行规程》两份文件。山座汇总各类消息后，在3月23日致函外务大臣牧野伸显，报告中国停派留日学生"消息"的两个原因，一是因财政困难所致，二是留日学生的过激言行为民国政府所担忧。他指出中国从中央到地方均有人呼吁取消非高等学校及其以下程度的官派留日学生，或停止选派新的留日学生，其中湖南都督汤化龙提出取消所有官费生。山座提醒注意这是民国政府限制留日学生的先兆。[1]

日本驻华使领馆鉴于此种动向，及时向外务省报告民国政府及各地方的留日学生政策的风吹草动。山座在1914年5月14日致函外务大臣加藤高明，报告民国政府驻日公使上书北京，提请教育部尽快确定留日学生方针，以免因各省汇款不济而惹出交涉事端。北京政府将该建议批转教育部后，新任教育总长汤化龙以前任总长汪大燮长期担任驻日公使、对留日事务颇为熟悉，且已颁布前述两份规程为由进行反驳。袁世凯只能表示留日教育重要，请教育部和驻日公使协商办理。驻吉林领事林久治郎在9月22日致函加藤，汇报了吉林省的教育顾问峰籏良充建议汤化龙，应提高留日学生的资格、强化在中国境内的日语教育与培训等意见。驻吉林领事森田宽藏在1915年12月2日致电外务大臣石井菊次郎，报告说目前的吉林留日学生喜好商科，但当地却需要农业、工业人才，希望日本工业、农业方面的学校在明年多接受该地的留日学生。驻掏鹿分馆主任吉原大藏在1917年7月19日致电外务大臣本野一郎，报告说奉天省省长已命令每县选拔2名赴日学习实业者，在其馆区内的3个县共选拔了6名。驻牛庄代理领事三宅一郎在12月11日报告本野：辽

---

[1] 参见「分割1」、『在本邦清国留学生関係雑纂/雑之部』第二巻、外務省外交史料館、アジア歴史資料センター、レファレンスコード：B12081629700。

沈道的22县选拔了官费生41名和自费生5名，已于11日从营口出发，经朝鲜赴东京，准备到专门学校的实业科进行5年左右的学习，指出由于满铁为他们提供路费和便利等而获得当地各界的广泛"好感"。①

中朝相邻的中方地区的留日学生政策，也是日本驻朝殖民统治机关的关注范围。朝鲜宪兵机关在1918年1月14日向朝鲜总督、总务局局长、政务总监、参谋总长、陆军大臣、关东都督、师团长、军司令官、宪兵司令官、拓殖局长官、内阁书记官长、外务次官、关东警务总长、安东领事等，报送了鸭绿江对岸的中国辑安县公署选拔赴日留学生的文件。该文件提出选拔留日学生的目的是培养实业人才，方式是从18岁至25岁的中学、师范本科，或者各专门学校的毕业生中，选拔2名学生准备留学日本，规定考试时间是1918年1月10日，考试科目共计六科，分别是数学、国文、英文、理化、历史、博物；选拔合格者，派赴日本学习两年，留日期间每名学生每月支给25元，一年300元，申请报名时限为1917年12月26日至1918年1月9日，地点是县公署教育科。② 可见，日本各机构时刻关注着中国留日学生的政策和动向，目的是尽量维持留日学生的人数稳定。

但是，民国初期的动荡与战乱，以及第一次世界大战期间日本的物价腾贵，都是影响留日学生生活与人数的重要因素。中国留学生同情会资助留日学生的时限为半年，并在中日汇款接续后终止。③ 不过，民国时期的留日经费多被挪作军费，留日学生的家人接济时断时续，而日本物价飞涨，留日学生的生活困苦不堪，以致有人被迫辍学回国。中华民国的《政府公报》第20号，发表了《各省欠解

---

① 参见「分割2」、『在本邦清国留学生関係雑纂/雑之部』第二卷、外務省外交史料館、アジア歴史資料センター、レファレンスコード：B12081629800。

② 同上。

③ 参见「清国革命動乱ノ際本邦有志者ニ於テ支那留学生同情会組織並同会事業状況関係雑纂」、外務省外交史料館、アジア歴史資料センター、レファレンスコード：B12081641600。

日本游学辛亥年下学期经费数目清单》，其中拖欠留日经费在 1 万元以上的有直隶、浙江、河南、江西、湖北、安徽、湖南、广东、四川、云南、福建等十余省。各省留日经费的汇款在二次革命爆发后，更是竟有数月未至者。湖南省的经理员受命携带 1 万元到东京资助留日学生，结果该省的每名留日学生仅仅分得 26 元①，真是杯水车薪，无法从根本上缓解留日学生经费难题，以致已就读于高等专门学校甚至大学的留日学生，虽临近毕业但也不得不辍学回国。② 民国政府教育部面对财政困难，也被迫同意压减留日学生人数，特别是湖南、广东等省因财政困难，拟裁减留日官费生的申请报送教育部后，教育部也只得"核定办法分别执行"③，反映了因财政困难而压缩留日官费生的事实。

鉴于此，日本政府也逐渐改变态度，从放任自流、漠然视之，转向为中国驻日公使馆、留学生监督处斡旋留日经费的贷款事宜。如，中国驻日公使馆在 1916 年 4 月派员拜访外务省，表示中国留日学生经费至少需要 5 万元，但因现今时局而实收不过 2 万元；那些原本依靠家人汇款的自费生，由于汇款断绝而多次向公使馆借款，若不借贷则容易导致不稳状况，故希望外务省协斡旋，帮助公使馆贷款 20 万元。外交总长曹汝霖也拜访日本驻华公使日置益，请其在留日学费贷款事宜上提供帮助。外务大臣石井菊次郎在 4 月 29 日分别致电驻云南的堀领事、驻肇庆的太田领事，请他们向当地政府解释，以免在南北对峙时期导致南方政府的"误会"，即日本鉴于中国留日经费困难，拟向北京政府就此项费用贷款。太田于 5 月 2 日复电石井，报告他已就此通报参加护国运动的梁启超，且经梁启超和护国军务院的副抚军长岑春煊协商表示同意，只是提出要派代表参

---

① 参见「分割 1」、『在本邦清国留学生関係雑纂/雑之部』第二巻、外務省外交史料館、アジア歴史資料センター、レファレンスコード：B12081629700。
② 参见孙安石「『経費は遊学の母なり』——清末——九三〇年代の中国留学生の留学経費と生活調査について」、大里浩秋、孙安石編『中国人日本留学史研究の現段階』、176 頁。
③ 「第二号/〇在本邦支那留学生問題」、『外事彙報大正 3 年度』、外務省外交史料館、アジア歴史資料センター、レファレンスコード：B02130341900。

加留日经费分配。堀在 5 月 7 日复电石井,报告云南方面也对日本此举"表示欢迎"。① 至此,外务省完成了这次为留日经费贷款斡旋的准备工作。

外务省小村第一课长在 1916 年 5 月 9 日约见三菱银行部副部长山室宗文,提出外务省鉴于中国政府请求斡旋留日经费贷款,虽先与正金银行商谈,但因中国南北对峙而需要谨慎处理,故请三菱银行部按惯例办理这次贷款。同日,山室宗文与中国驻日留学生监督言微,以及担保人、驻日公使陆宗舆办理此次贷款 6 万元。该笔贷款约定还款时间是 7 月 15 日。7 月 10 日,代理公使刘宗杰申请还款延期,且在 7 月 23 日全部还清,三菱银行部为此向外务省表示感谢。② 据统计,北京政府的留日经费借款,分为四个阶段,一是袁世凯时期,系初期借款;二是皖系时期,为借款高潮;三是直系时期,是借款继续;四是奉系时期,属于借款末期,共借款 28 笔,金额共计 2185600 元③,每笔借款多有日本政府的斡旋。日本政府帮助驻日公使馆、留学生监督处借款,一方面是因为中国政府的请求,另一方面也为缓解留日学生的生活困难,以维持留日学生的人数与规模,企图通过培养他们来进一步扩张日本在华力。

故而,日本更为关注辛亥革命参加者和中国各实力派子弟的赴日学习。驻广东总领事赤塚正助在 1912 年 7 月 12 日致函外务大臣内田康哉,汇报了三个情况。1. 留日学生在辛亥革命后成功占据广东军政府关键部门的一些重要位置,为日本人提供了便利,他正联系其中的实力派,拟成立留日学生会,以资日本在粤扩张。2. 中国其他各地的留日学生也同广东的情况一样,故建议日本政府改变对中国留日学生的放任自流政策,对他们给予亲切保护和提供便利,

---

① 参见「9. 在本邦支那留学生ノ学资正金银行ヨリ借入並ニ宿料不払留学生ノ件」、『袁世凯帝制計画一件(極秘)/反袁動乱雑件ノ部』第三卷、外務省外交史料館、アジア歴史資料センター、レファレンスコード:B03050738400。

② 同上。

③ 孙璐:《北京政府时期的留日学费借款》,硕士学位论文,东北师范大学,2014 年。

尤其是对有声望的那些实力者，帮助他们租住合适的家庭，使他们直接学习日本的"优点"，等他们归国获得相应地位后，便会努力化解中日"误会"，推进"日中亲善"。3. 广东军政府接续支付清朝选派的广东留日学生（45 名）之官费，且新派官费留学生 150 名，其中赴日留学 100 名。在这 100 名中有 70 名参与辛亥革命，或与之有关，被统称为"稽勋留学生"，提请日本政府给予他们特别便利。[①] 原本留日中途回国参加革命者，在民国成立后希望重返日本完成学业；还有部分抱定"功成身退"的革命党人，也在民国建立后决定出国留学；以及一些对革命有功者在民国建立后虽欲谋求一官半职，但官职有限，故临时政府将出国留学也作为一种封赏形式。

外有日本政府愿意提供方便，内有稽勋留学生之政策，于是稽勋留日兴起。一是临时政府的稽勋留日生。民国稽勋局的首任局长是冯自由，他拟定了分期选派稽勋留学生的顺序，即首先是曾在国外留学，因辛亥革命而中止学业回国效力者；其次在革命有功者中，确实具有高等学识程度，意在研究，并愿意学成为国效力者，这两类先行派遣，其他人员等下期再酌量办理。[②] 首批稽勋留学生 25 名在 1912 年 10 月 26 日乘船出国，其中有 9 名留日。[③] 随后，稽勋局先后选派三批稽勋留学生，但只有第二批 53 名实际成行，其中有 6 名留日。[④] 由此可知，中央层级的稽勋留日学生不多。二是省级的稽勋留日学生。黄兴在 1912 年 9 月致函谭延闿，提出辛亥革命以来，青年学子纷纷联袂弃学，不顾一己牺牲，而图民国之成立。对于他们的热心毅力，深表钦佩。现今民国已经成立，凡是建功立业者，政府皆有稽勋之典，但是这些不求权利、不要荣誉的革命志士，若

[①] 参见「32. 雑/分割 2」、『在本邦清国留学生関係雑纂/雑之部』第一卷、外務省外交史料館、アジア歴史資料センター、レファレンスコード：B12081625700。
[②] 刘真主编，王焕琛编著：《留学教育》，台北"国立"编译馆 1980 年版，第 989 页。
[③] 参见陈学恂、田正平编《中国近代教育史资料汇编·留学教育》，第 34 页。
[④] 参见李永《1912—1913 年民国稽勋留学生派遣始末》，《兰台世界》2015 年第 13 期。

使他们废时失学，绝非奖掖后学和论功赏酬之道。闻湖南都督谭延闿素有教育人才之宏愿，必定有所筹谋。湖南的同志多年奔走国事，那些留学日本或就读内地高等专门学校者，大多可以直接受教，请拟定名单，通过教育部门，按照他们的外语程度分送各国留学。[①] 谭延闿收到黄兴来信后，便在湖南选拔参加辛亥革命的青年才俊，给予官费出国留学，到 1913 年底，仅留日学生就达 470 名。其实，不仅湖南一省，各省都在陆续派遣，其中广东省人数最多。[②] 据说，仅仅黄兴的部下就有 600 名被选送留学日本[③]，革命党势力因此受到削弱，也是二次革命很快失败的原因之一。

不少革命青年在二次革命失败后流亡日本，追随孙中山、黄兴继续革命[④]，入学在日本各界支持下建立的一些学校。孙中山等人于 1913 年 12 月 1 日在东京郊外创办了浩然庐，主要从事革命教育与军事训练。黄兴给该校的题词是："汉贼不两立"，"大盗窃国、吾辈之责"。[⑤] 该校主要接受革命青年和一些普通学生，延聘日本的预备役军人担任教学工作与日常军事训练指导，培养继续革命的军事人才。孙、黄在日本原外务大臣林权助、原驻华公使伊集院彦吉，以及犬养毅、安川敬一郎、头山满、部分实业家等各界名流支持下于 1914 年 2 月创办政法学校，聘请寺尾亨博士担任校长，培养政法类的革命人才。1914 年 7 月，孙中山在东京组建中华革命党，继续开展新的反袁斗争。因此，袁世凯以孙中山、黄兴在日妨碍中日关系和蛊惑留日学生为由，要求日本政府将孙中山、黄兴等革命党要人驱离日本。[⑥] 外交总长孙宝琦和驻日公使陆宗舆分别于 7 月 17 日、9 月 9 日照会日方，请日本严惩在日的革命党人，严防他们与部分日

[①] 《致谭延闿书二件》（1912 年 9 月中旬），《长沙时报》1912 年 9 月 24 日，转引自刘泱泱编《黄兴集》（二），湖南人民出版社 2008 年版，第 505—506 页。
[②] 毛注青编著：《黄兴年谱长编》，中华书局 1991 年版，第 336 页。
[③] 杨正光、平野日出雄：《松本龟次郎传》，时事出版社 1985 年版，第 122 页。
[④] 参见実藤恵秀『中国人日本留学史』、111 頁。
[⑤] 《在日本题浩然庐匾额二件》（1914 年初春），刘泱泱编：《黄兴集》（二），第 687 页。
[⑥] 毛注青编著：《黄兴年谱长编》，第 407—408 页。

本浪人的"合谋"。① 日本一方面向袁世凯政府表示劝说孙、黄等"即速离日",且对革命党人"严加管束"②;另一方面又默许革命党人在日继续活动,既以此作为"筹码",向袁世凯政府讹诈侵华权益,又拉拢革命党人,伺机渔利。

　　日本的这种庇护与接受,以及改变放任自流、漠然视之的政策,支持中国留学生同情会资助中国留学生,为驻日公使馆、留学生监督处斡旋贷款等,虽有其政治目的,但客观上确实为民国初期留日热潮的出现提供了条件。随着民国成立后返日继续学业者、稽勋留学生、政治流亡者、出国避乱者、一心求知者的东渡留学,1913—1914年间出现了中国近代历史上的第二次留日高潮。据日本学者统计,1914年的中国留日学生有3796名③,周一川从总体上也认可该统计。④ 松本龟次郎根据从事留日学生教育的经历,估计从1913年到1914年间的中国留日学生至少也有五六千人。⑤ 虽然这一估计人数或许有所夸大,但基本反映了民国初期仅次于清末留日高潮的盛况。此后,留日学生虽因反对"二十一条"要求出现回国潮,但从1917年秋以来,东渡留学者再次快速增加,当时东京神田地区为中国留日学生提供住宿的营业繁荣就说明了这一点。⑥ 据统计,到1918年中国留日学生又增至3724名。⑦ 面对起起落落的留日学潮,如何培养这些留日学生,也是日本政府需要认真思考和解决的一大问题。

---

　　① 《革命党人在日从事反袁活动情报》,中国社会科学院近代史研究所《近代史资料》编译室:《近代史资料》第61号,中国社会科学出版社1986年版,第158—159页。
　　② 毛注青编著:《黄兴年谱长编》,第407页。
　　③ 参见二見剛史、佐藤尚子「〈附〉中国人日本留学史関係統計」、国立教育研究所『国立教育研究所紀要第94集:アジアにおける教育交流——アジア人日本留学の歴史と現状』、1978年3月、101頁。
　　④ 参见周一川《近代中国留日学生人数考辨》,《文史哲》2008年第2期。
　　⑤ 松本龟次郎『中華留学生教育小史』、69頁。
　　⑥ 「分割2」、『在本邦清国留学生関係雑纂/雑之部』第二巻、外務省外交史料館、アジア歴史資料センター、レファレンスコード:B12081629800。
　　⑦ 参见周一川《近代中国留日学生人数考辨》,《文史哲》2008年第2期。

二 消极教育与优待主义

日本虽对民国初年的留日学生来者不拒，但未随之创办相应的接受学校，以弥补速成教育停办和留日"降温"后私立学校的倒闭潮，以致这些新的留日学生被迫寻找新的接受机构和预备教育机构。民国初期，当时日本仅有长泽孝享创办的高等日语学堂，且只有一个教学班，接受人数有限。于是，这些留日学生请求1909年停校的宏文学院的老师，希望他们重新开校。松下大三郎在1912年响应留日学生的呼吁，开办日华学院，主要从事日语培训，因无场地，只得租借神田数理学院的教室办学。松本龟次郎此时担任东京府立第一中学的语文教师，他先是在业余时间到中华基督教青年会馆办的户塚补习班教授日语，然后到留日学生租借教室设立的日语班授课。[①] 这些既无固定校舍，又容纳人数有限的日语班，无法满足留日学生的基本学习需求。

在此背景下，从事留学生预备教育的学校再次开校，例如成城学校、东京同文书院重新开班，最具代表性的学校是松本龟次郎在1914年创办的"日华同人共立东亚高等预备学校"，即"东亚高等预备学校"。曾在宏文学院留学的曾横海向松本龟次郎提供积极帮助，吉泽嘉寿之助、杉荣三郎等也大力支持。曾任东京高等师范学校校长，也是宏文学院创始人的嘉纳治五郎，向东亚高等预备学校转借宏文学院的教材、教具、仪器设备等。翌年，即1915年，伊集院彦吉、涩泽荣一等联络与中国有关的日本企业与个人捐助该校。松本龟次郎在1919年获得实业家门野重九郎的资助，购买紧邻该校的一片土地，增建校舍，扩大校区。此时的东亚高等预备学校已不仅仅进行日语培训，而且开设了英语、物理、数学、绘图、化学等

---

① 参见杨正光、平野日出雄《松本龟次郎传》，第121—122页。

科目，可以使留日学生在该校接受与日本学生同等程度的预备教育，从而便于他们毕业时考入日本的大学。① 由于该校在留日学生中享有盛誉，且确实办学认真，因而即使留日学生几次回国潮，也未对其造成太大冲击。

日本政府对私立学校接受留日学生的情况乐见其成，顺其自然，但在官立或公立学校继续向留日学生征收教育补助费。驻广东总领事赤塚正助在1913年12月25日致函外务大臣牧野伸显，报告了根据"五校特约"由中国政府继续向五校支付教育补助费的情况，其中广东留日学生有25名考入指定学校，其中4名入学高等师范学校，12名入学高等学校，7名入学东京高等工业学校，2名入学千叶医学专门学校。根据"五校特约"规定，广东省的1914年度教育补助费为5055日元，换算成中国货币为6027元。② 这仅仅是广东一省的教育补助费。中国一年的"特约"教育补助费究竟是多少？当然，这也与每年入学各校的人数有关。1918年6月，据外务省统计，部分官立学校当年收缴的留日学生学费和补助费如下：东京高等工业学校是5万余日元；东京高等师范学校是3000余日元；第一高等学校是2万余日元；第二高等学校是4600余日元；第三高等学校是4800余日元；第四高等学校是3000余日元；第五高等学校是4400余日元；第六高等学校是3400余日元；第七高等学校是3000余日元；第八高等学校是2000余日元。③ 各校收取的学费和教育补助费虽不同，但此时无论对财政困难的民国政府与经常借贷运营的留学生监督处而言，还是对留日学生来说，仍是一笔不小开支，或者说是一项负担。

日本政府既对普通的留日学生收取教育补助费，也对留日的军

---

① 杨正光、平野日出雄：《松本龟次郎传》，第124—128页。
② 参见「分割1」、『在本邦清国留学生関係雑纂／雑之部』第二卷、外務省外交史料館、アジア歴史資料センター、レファレンスコード：B12081629700。
③ 参见「支那人本邦留学情況改善案」、『支那政見雑纂』第三卷、外務省外交史料館、アジア歴史資料センター、レファレンスコード：B03030276600。

事学生收取相关费用。海军教育本部在 1913 年 9 月 23 日训令海军炮术学校,指出该校预定 10 月 20 日接受中国的海军机关科学生,但由此导致该校的兵舍附属浴室、下水、厕所、电灯、水道等增扩修缮,相关费用 998 日元。[①] 笔者目前未见日方向中国索要前述款项的史料,但根据《帝国海军中清国学生教育规程》,以及《清国海军学生管理规程》的相关规定[②],估计中方将支付这些费用。陆军省通过外务省通知中国驻日公使的留日条件,某种程度上也说明了这一点。陆军大臣大岛健一在 1917 年 2 月 23 日致函外务大臣本野一郎,请他通知中国驻日公使:中国选派学生赴日学习陆军的费用由中方负担,且规定相应的具体细则。[③] 由此可知,日本军事院校无论接受多少中国学生,也不会给学校和日本政府增加负担,相反还会有所创收,并借机培养亲日分子和扩大在华势力,实在是一举多得。或许这才是日本积极中国留学生的重要原因。

留日学习军事的学生不同于普通留日学生,而迷信武力的日本军阀,担忧自己培养的中国留学生反成为其侵华的潜在"障碍",故在教育中处处保密或采取限制措施。陆宗舆在 1916 年 3 月 20 日照会石井菊次郎,为俞树棻入学日本陆军军医学校,请他转商大岛健一,准许俞入学该校。大岛在 4 月 14 日复函石井,同意俞从当月入学该校实习两年,但在实习期间,凡涉及秘密事项,将被"谢绝听讲",并请外务省将此条件通知俞本人,且转告中国驻日公使。大岛在 1917 年 2 月 23 日致函时任外务大臣本野一郎,请外务省将日本军方培养中国赴日留学的陆军将校学生,以及将校候补学生的相关条件与限制措施转告中方,其中规定凡是教育中涉及机密,中国学

---

① 参见「暹国、支那留学生(1)」、『大正 2 年 公文備考 巻 16 学事 1』、防衛省防衛研究所、アジア歴史資料センター、レファレンスコード:C08020252300。
② 参见「分割 2」、『在本邦清国留学生関係雑纂/海軍学生之部』第一卷、外務省外交史料館、アジア歴史資料センター、レファレンスコード:B12081624000。
③ 「分割 2」、『在本邦清国留学生関係雑纂/陸軍学生之部』第五卷、外務省外交史料館、アジア歴史資料センター、レファレンスコード:B12081619700。

生将停止上课，或者从课堂、演习场等退出。① 这与清末对中国留学生的"教学保密"并无不同。

《泰晤士报》驻北京记者、袁世凯的政治顾问乔·厄·莫理循（G. E. Morrison），在1916年对日本狭隘的留学教育评论道：中国学生在日本接受的留学教育比日本人的教育是差一等的……给他们讲授的知识，特别是军事学校，与给日本人讲授的知识，其实大不相同。② 莫理循的评论反映了日本教育当局和各学校不仅对留日学习军事的中国学生，而且对所有的中国留学生都有所保留，以免他们学到先进的技术与文化知识，特别是军事理论与技术，成为日本侵华道路上的威胁或对手。事实上，日本及各校的学业限制、教学保密、知识封闭等，既违背了留学传播人类文明与知识的宗旨和规律，也使留日学生难以形成亲近、信赖的日本情感。这与日本借助培养留日学生来增进"日中亲善"的愿望背道而驰。不过，对此浑然不觉的日本政府及相关院校，仍然认为这是最符合日本利益和他们自身利益的教育模式。

日本军事院校的军纪严格，除必要的学业限制与教学保密外，其他大致按照日本学生的同等程度施教。总体而言，外务省根据中方的相应请求，分别转商陆军省，或者海军省，将接受之中国学生分送相关的学校学习，或到联队实习，由各校或各联队根据相关规定进行培养或训练。1917年2月，陆军省经外务省转告中方，提出日本陆军各校、各联队接受和培训中国留学的陆军将校学生、候补将校学生的"须知"，一是必须品性高洁、才干突出、堪当大任，应有普通学、日语、军事学的素养，且身体强健；二是学习期限、课程和管理，将采取与日本将校学生、士官候补生的相同标准；三是遵守日本陆军的各项法规条例，服从教育与管理；四是规定中国将

---

① 「分割2」、『在本邦清国留学生関係雑纂/陸軍学生之部』第五巻、外務省外交史料館、アジア歴史資料センター、レファレンスコード：B12081619700。

② 骆惠敏编：《清末民初政情内幕——乔·厄·莫理循书信集》，知识出版社1986年版，第545页。

校学生身着中国陆军制服,而将校候补学生则身着日本陆军规定的制服等;五是根据个人自愿选择退学;六是若因病无法留学或确有退学必要,由陆军省先行告知中国驻日公使后,再命其退学;七是中方认为有必要退学的,则由中国公使与陆军省交涉,然后由陆军省下令命其退学。[①] 这是陆军省对民国初年留日学习陆军的学生作出的统一规定。

陆军省此后不断调整与细化对中国留学生的教学内容及相关规定。陆军大臣大岛健一在1917年4月5日致函外务大臣本野一郎,关于覃师范等8名中国的将校学生到日本陆军大学学习事宜,请他向中国驻日公使通知该校的教学条件与教学内容。1. 陆军大学校舍不足,中国留学生的自习室与教室合二为一。2. 教学科目根据学生的希望与授课是否方便,除国法、外语、数学公共课外,中国留学生与日本学生一起学习兵器学、交通学、筑城学、陆军经理学、野外测量、陆军卫生学、马学、国际公法、统计学、马术、西洋史;此外,中国留学生单设一班,主要学习战术、战史、兵棋、兵要地学、参谋要务、要塞战术和队伍勤务。大岛强调凡到日本陆军大学学习的中国将校学生,无论他们的官阶高低,都要身穿中尉制服,且按中尉教育进行管理。[②] 从这些教学科目、教学内容与相关规定中,可以明显感觉中国留学生比日本学生接受一些更基础的知识与训练,但那些与日本学生同堂学习的内容,也确实使他们学习一些现代化的军事知识与技术。

日本海军方面对民国初年赴日学习海军的学生的教育,也与其对清末留日学生的教育具有某种延续关系。例如,最明显的是接受第四届中国留日学习海军的学生返日继续学业。他们在辛亥革命前已于日本商船学校毕业,此次重返日本,主要是在海军工机学校学

[①] 参见「分割2」、『在本邦清国留学生関係雑纂/陸軍学生之部』第五巻、外務省外交史料館、アジア歴史資料センター、レファレンスコード:B12081619700。

[②] 参见「分割3」、『在本邦清国留学生関係雑纂/陸軍学生之部』第五巻、外務省外交史料館、アジア歴史資料センター、レファレンスコード:B12081619800。

习电机术、机关术与杂务，到海军水雷学校学习水雷术，到海军炮术学校学习炮术和铳队教育。海军省副官谷口尚真在1914年3月10日致函陆军省副官奈良武次，主要是协商这批留日学生到日本陆军士官学校的参观学习，13日获得批准。海军教育本部长吉松茂太郎在3月24日致函海军大臣斋藤实，报告中国留日的海军学生在修完学校课程后，将登上"津轻"练习舰，从横须贺至佐世保进行航行训练，提出由这批学生的日本教官、海军机关大尉坂西又八，带领他们沿途考察与参观。25日，斋藤批准了该申请，且由海军次官致函此次航行沿途的川崎、三菱造船所的所长，请他们为中国留日学生的参观与学习提供便利。①

这批中国留学生于1914年3月31日从横须贺出发，开始他们留日海军学习最后的一个阶段："修学旅行"与"实务练习"。翌日，他们到达大阪，上午前往住友工场参观，下午向神户进发，当夜住宿神户。4月2日上午，他们考察川崎造船所，下午离开神户，3日下午抵达博多。4日上午，他们离开博多，下午到达长崎，5日上午考察三菱造船所，下午离开长崎，当夜停泊佐世保。6日，他们开始返程。所谓"修学旅行"不过是一次登舰训练的近海航行，他们沿途考察住友、川崎、长崎各造船厂与重工业工场。② 日本海军方面如此安排的目的，就是使他们感受日本海军生产能力、军工实力的雄厚与强大，进行亲日与崇日教育。此后，他们的海上实际训练一直持续到7月。新任海军大臣八代六郎在7月3日通知外务大臣加藤高明：在这批留学生完成乘舰实务训练后，预定7月15日在横须贺的"津轻"舰上为他们举行毕业典礼，请他转知中国驻日公使和日本驻华公使。③

---

① 参见「支那海軍学生（1）」、『大正3年　公文備考　巻13　学事1』、防衛省防衛研究所、アジア歴史資料センター、レファレンスコード：C08020397100。
② 同上。
③ 参见「分割4」、『在本邦清国留学生関係雑纂/海軍学生之部』第一巻、外務省外交史料館、アジア歴史資料センター、レファレンスコード：B12081624200。

陆军省和海军省还根据中国留学生接受院校与军队的报告，将他们的学习成绩通报外务省，并由后者转告中方。陆军次官冈市之助在1912年12月3日致函外务次官仓知铁吉，请他向驻日公使汪大燮转送在陆军骑兵实施学校留学的玉琪的学习成绩，后者在同月6日转送。[①] 海军教育本部长在1914年4月7日向海军大臣斋藤实呈报分别在日本商船学校、水雷学校、炮术学校、工机学校留学的中国学生的成绩单。前述四校的科目总分是2500分，中国留学生的平均分是1925.63分，按百分制是平均77.02分；其中炮术专业是平均89.2分，水雷术是平均80.23分，机关术与电机术是平均71.8分。学业考课还有体格、判断力、理解力、应用力、勤怠等，每栏由学校点评。[②] 当加藤高明将中国留学生的成绩转送陆宗舆后，后者于4月23日复函加藤，表示将函达中国海军部，同时专函奉复，向加藤表示感谢。[③] 总体而言，由于日本军事院校管理严格，保证了中国留学生相对规律的学习与日常生活，使他们的学习成绩普遍优于普通留学生。

日本政府与各校对普通留学生的教育、学习，大多是例行公事，持放任自流态度，采取"不干涉主义"。中国留学生既无本国之有效监督，又无日本学校的严格管理，不少人自然越来越散漫、放纵。《留东外史》的作者、当年的留日学生向恺然，将留日学生分为四种：一是拿着公费或自费在日本真心求学的；二是带着资本在日本经商的；三是领着国家公费在日本既不经商，也不学习，而是专门吃喝嫖赌的；四是在二次革命失败后流亡日本的。前两种每天都要学习或者经商，无法自由行动。第三种饱食终日、无所事事，心安理得地虚耗国家资产。第四种是"亡命客"，凡逃亡日本的，大多有

[①] 参见「分割1」、『在本邦清国留学生関係雑纂/陸軍学生之部』第五卷、外務省外交史料館、アジア歴史資料センター、レファレンスコード：B12081619600。

[②] 参见「支那海軍学生（1）」、『大正3年　公文備考　卷13　学事1』、防衛省防衛研究所、アジア歴史資料センター、レファレンスコード：C08020397100。

[③] 「分割4」、『在本邦清国留学生関係雑纂/海軍学生之部』第一卷、外務省外交史料館、アジア歴史資料センター、レファレンスコード：B12081624200。

卷来的款项，人也比清末多了好几倍。于是，这些人之中"贤愚杂出"，不少人每天丰衣足食、惹是生非。特别是首次来日本的，既不懂日语，又爱出风头，遍尝各种新鲜滋味，遂致分赃起诉，或是吃醋挥拳，这些丑事不时见于报端①，某种程度上反映了普通留学生的生活环境与学习状况。

吉林省教育顾问峰籏良充带领该省教育官员和师范学生前往日本考察教育期间，就见证了日本学校的这种"不干涉主义"。他指出少数优秀学校的中国留学生的教育较为良好，但即使如此中国学生和日本学生的教育也不相同，主要表现为"优待"中国学生。所谓"优待"其实就是采取"不干涉主义"；私立学校、日语预备学校对中国学生监管不严；中国学生的日常生活极不规律，他们每日游玩怠惰、吃喝玩乐，虽在日本留学四五年，却不懂日语，甚至不入学校，只是徒有留日学生的虚名，即使他们每次考试不合格，学校也对他们大多数默认合格。他建议中国政府与日本当局，特别是日本教育家协商，延聘日本教育者出任中国留学生的指导员，或者在接受中国留学生的学校的教师中，选拔部分教师担任中国留学生的指导老师，既指导中国学生，也与留学生监督处经常联络，希望提升中国学生留日教育的质量和效果，希望日本为东亚文明的共同进步作出贡献。②

日本的一些开明官员也深感这种"不干涉"与"优待"，无法换来中国学生的"亲日"倾向，必须真正改善对中国学生的待遇与教育方法。驻广东总领事赤塚正助在1912年7月12日致函外务大臣内田康哉，认为中国留日学生反日、留美学生亲美的重要原因，是日美两国给中国留学生的待遇不同，建议日本各校为中国留学生的住宿、生活和学习提供便利。③ 外务次官仓知铁吉在1913年9月

---

① 不肖生：《留东外史》（上），花山文艺出版社2013年版，第1页。
② 参见「分割2」，『在本邦清国留学生関係雑纂/雑之部』第二卷、外務省外交史料館、アジア歴史資料センター、レファレンスコード：B12081629800。
③ 参见「32. 雑/分割2」、『在本邦清国留学生関係雑纂/雑之部』第一卷、外務省外交史料館、アジア歴史資料センター、レファレンスコード：B12081625700。

26 日向海军次官财部彪转交了一份改善留日学生设施案。该案认为留日学生归国后未有"亲日"感情的原因之一，是他们在日本留学期间没有受到优待，建议日方为他们提供相应的留学教育设施，且提出三种建议案：1. 成立日中俱乐部，促进中日学生之间的亲睦友好；2. 建设留日学生宿舍，选派负责之监督，使他们在日本感受家庭般的温暖；3. 设立类似中华基督教青年会馆的辅助机构。[①] 这些建议显然具有政治目的，但即使如此在当时也无实现的客观环境，只能说明日本内部已出现改善中国留学生政策的动向。

民国初年，日本政府既延续对清末留日学生的消极政策，如收取高额教育补助费，实施教学保密，对中国留学生放任自流等，又企图培养他们的"亲日"感情而试图有所改善。关东都督府的陆军参谋长西川虎次郎在 1915 年 9 月 29 日致函外务次官松井庆四郎，指出：美、德、意等国常常"优待"中国留学生，例如给予考试合格、允许升级等，使他们非常高兴且愿意继续努力。但是，日本学校对中国留学生的教育往往与日本学生采取"同样要求"与"同样分数"，使他们深受其苦。不过，中国留学生不会反思自己的问题，反而产生"恨"学校，乃至"恨"日本的情绪，以致多年后，他们仍不忘留学时期的"恨"。根据现在中国的现实，今天是留日学生，但转瞬即成明日的高官。他们若怀着对日"恨意"，决不会有益于日本，故建议对中国留日学生也采取"优待主义"。[②] 这种所谓"优待主义"虽非为他们提供住宿和学习便利，但也反映了即使日本军方也认为需要调整日本对中国留日学生的消极教育政策，成为大正民主运动时期日本政府改善中国留日学生教育，以及不断强化留日学生监管的一个量变要素。

---

① 参见「暹国、支那留学生（1）」、『大正 2 年　公文備考　巻 16　学事 1』、防衛省防衛研究所、アジア歴史資料センター、レファレンスコード：C08020252300。
② 参见「分割 2」、『在本邦清国留学生関係雑纂/雑之部』第二卷、外務省外交史料館、アジア歴史資料センター、レファレンスコード：B12081629800。

三　秘密监控与配合管理

其实，无论日本政府的放任自流与"不干涉主义"，还是其试图诱导中国留学生"亲日"感情的"优待主义"，某种程度上似乎都与强化中国留学生的监管自相矛盾。然而，"留日者反日"的事实，以及中方希望日本协助监管留日学生的不断请求，使日本从扩大在华利益的侵略需要与留学生接受国的国际规则出发，不得不表示配合中方的留日学生监管政策。因此，日本以侵华利益最大化为根本目标，不仅暗中调查和秘密监控中国留学生中的政治势力、政治活动等，严防他们秘密的反日活动，而且采取选择性监管，游走于中国留日学生和北京政府之间。

日本政府对民国初年留日学生的监控，集中在以下几个方面。一是暗中监控中国在日留学生中的政治派别。外务省在1912年8月9日收到密报，即由黎元洪担任理事长，以张謇、伍廷芳、郡彦国三人任理事的共和党①，在东京建立了通信所。该所成员包括田佐汉、王瑢、彭世躬、孙乃湛四名留日学生。外务省在12月2日再次收到密报，内称中国国民党也在东京设立了支部，且派遣夏重民在此活动，具体情况是11月27日在牛込区的清风亭召开了支部成立大会，百余人参会，并经过数轮演讲，分别选举冯裕芳和黄真民担任正、副部长，余祥辉为干事长。外务省在12月9日又接到密报，主要内容是中国国民党的东京支部，召集各省代表60余名到清风亭开会，主要讨论关于《俄蒙协约》的对策与方针。② 外务省在1914

---

① 理事远不止3人，是秘密调查有误，特此说明。关于共和党人事构成、组织结构及其派系，此处不再赘述。参见穆为坤《民初共和党的形成、组织及其派系》，《近代史研究》1986年第3期。
② 参见「32. 雑/分割2」、『在本邦清国留学生関係雑纂/雑之部』第一卷，外務省外交史料館、アジア歴史資料センター、レファレンスコード：B12081625700。

年1月28日接到密报：来自明治大学的留学生薛国仁和常蕴春等人，从1913年开始在神田区猿乐町成立中国公民党的东京支部，现有1名支部长，1名副支部长，1名谋议长，若干名参事、干事、谋议员。① 可见，日本对中国各政治派别在留日学生中建立的组织、发展的成员和开展的活动了如指掌，严密监视。

二是秘密调查在日留学生的政治活动。外务省在1912年9月30日接报，约有30名中国留学生齐集驻日公使馆，求见汪大燮公使，但馆方声称汪公使不在公使馆内，这些留学生便聚集在馆内等待，后经商议将原本准备质问公使对辛亥革命纪念日如何表示的字条挂于馆内后离开。11月10日，四川留日学生在东京牛込区举办川省独立纪念活动，对革命时曾任四川总督的夏之时赴日表示欢迎，杨尚荃还在会上报告各省留日学生正协商重建中国留日学生总会馆。当天，出身广东省香山县的留日学生30名，在神田区召开联欢会，宣布成立同乡会，决定在孙中山赴日本时举行盛大的欢迎仪式。外务省在这些活动后第三天就完全清楚地掌握了他们活动的经过。11月18日，外务省接报，中国在日留学生于昨天下午1时，在牛込区的高等演艺馆召开了中华民国留日学生总会的成立大会，500多人参加，决议建立留日学生总会馆，不过在总会馆建成前，于神田区的今川小路第67号的千代田馆，暂设临时总会事务所。大会选举黄申蒴为理事长，随后黄申蒴、余祥辉、闵星台等发表演讲，主要是反对列强侵略，批判袁世凯卖国，高唱再次革命②，可以说已先于国内开启反袁革命的斗争。

三是伺机刺探中国情报与留日学生关于中日关系的态度。二次革命爆发后，时刻关注中国政局走向的日本政府，一方面从中国

---

① 参见「分割1」、『在本邦清国留学生関係雑纂/雑之部』第二卷、外務省外交史料館、アジア歴史資料センター、レファレンスコード：B12081629700。关于公民党情况，参见陈长河《梁士诒与公民党》，《历史档案》1992年第3期。

② 参见「32. 雑/分割2」、『在本邦清国留学生関係雑纂/雑之部』第一卷、外務省外交史料館、アジア歴史資料センター、レファレンスコード：B12081625700。

境内搜集情报，另一方面就近向留日学生派遣特务，刺探他们对二次革命与中日关系的态度。以新闻记者身份为掩护的日本特务在 1913 年 7 月 11 日向外务省密报，经接触日本高等商业学校留学生、孙中山支持者冯裕芳，摸清了他对中国南北对峙与中日关系的观点：1. 中日可谓唇齿相依，必须真正友好合作；2. 他主张日本政治家不能以十年前的中国观认识当今中国，认可山座圆次郎担任驻华公使；3. 中国的南北战争与各省所谓独立，只是分别坚持新旧思想的孙中山、黄兴与袁世凯之间的冲突，纯属思想之争，不会导致国家分裂。日本特务在 7 月 18 日向外务省密报，法政大学的留日学生何维模，原属保皇党，但在辛亥革命后改属宗社党，将很快毕业回国，他企图谋划复辟，逼迫袁世凯退隐，再次拥立宣统帝，改民国为立宪政体。[①] 这些特务以各种身份作掩护，在留日学生中四处活动，将刺探到的各种消息与情报及时报送外务省及相关部门。

四是严密监视中国在日留学生和驻日公使馆的一举一动。日本特务在北洋军与讨袁军激战期间，天天向外务省报告中国留学生的动向。例如，数名留日学生于 7 月 21 日聚集驻日公使馆，求见汪大燮公使未遂，改由许士熊参赞代为接见。中国留学生提出由于国内战争，请求发给回国旅费，许士熊答应只能尽力筹措回国船票。中国留学生于 22 日在神田区的青年会馆开会，700 余人参会，马伯援、余祥辉等发表演说，抨击袁世凯专制，高呼维持共和政体，决议要求袁世凯退位。江西留日学生于 23 日在清风亭召开同乡会，决议：1. 成立回国救援团，2. 要求对 300 名江西留日学生按每人 50 日元标准发放回国旅费，3. 致电中国的参众两院和江西都督李烈钧，请他们指导。各省留日学生在 24 日又陆续赴公使馆，要求面见汪公使，但后者在馆内闭门谢客，仍由许士熊代替接见，而其他馆员负

---

① 参见「32. 雑/分割 2」、『在本邦清国留学生関係雑纂/雑之部』第一巻、外務省外交史料館、アジア歴史資料センター、レファレンスコード：B12081625700。

责处理日常事务。①

五是对中国在日留学生的普遍调查和重点监控。内务次官小野于1914年2月25日致函外务次官松井，转送东京警视厅与各县相关机构在1月10日开展调查的结果——中国留学生"调查表"。② 内务省和文部省按照出身省别、官自费别、学校类别、性别等，在5月又调查了日本各地官私立学校和文部省直辖学校的留日学生。外务大臣加藤高明在5月28日根据内务省与文部省所制的中国留学生调查表拟定函电，将该表发送至驻华各使领馆，以便这些机构掌握留日学生的情况。熊本县知事川上亲晴于5月29日致函内务大臣大隈重信与外务大臣加藤高明，以及长崎、福冈、佐贺县知事，通报就读于第五高等学校的中国留日学生刘展超，于本月21日前往长崎，与在该地租居渡濑家的中国革命者林某共同居住，据说他们将在6月一起乘船回上海。③ 由这些事例可见，日本各机关既普遍调查所有留日学生的情况，又对个别的留日学生高度警惕。

日本政府与学校虽对中国留日学生的各项政治活动了如指掌，但为培养其"亲日"感情和在留日学生各派中"渔利"，大多不愿监管，为留日学生开展政治活动创造了适宜环境。中国政局在民国初期愈加动荡，日本更是浑水摸鱼，进一步加剧侵华活动，以致有的留日学生发现：或许由于近些年中国留日学生所受刺激远比以前更加猛烈，故无论对内对外更加情绪化，例如要求驻日公使馆支持10月10日的国庆大会，根据石井的所谓东亚门罗主义成立对倭同志会、诛汉奸会等，虽属爱国之举，但这些愤慨之情，实际上于事无补，因而在佩服他们的爱国热情之余，也颇为遗憾。遗憾的是他们空怀爱国心，未能学到真正救国救民的知识和本领，甚至不少留日

---

① 参见「32. 雑/分割2」、『在本邦清国留学生関係雑纂/雑之部』第一卷、外務省外交史料館、アジア歴史資料センター、レファレンスコード：B12081625700。
② 参见「分割1」、『在本邦清国留学生関係雑纂/雑之部』第二卷、外務省外交史料館、アジア歴史資料センター、レファレンスコード：B12081629700。
③ 参见「分割2」、『在本邦清国留学生関係雑纂/雑之部』第二卷、外務省外交史料館、アジア歴史資料センター、レファレンスコード：B12081629800。

学生徒挂留学虚名，实则吃喝玩乐、散资海外。峰籏良充就建议中央统一管理留日学生，改中央经理员为总监督，并在总监督下设各类学校各科专属的管理员，以及由总监督委任宿舍管理员监督留日学生的日常生活和经费开支，联络日本当局及学校、教师等共同管理中国留学生。① 当然，北京政府要敦促日本配合其监管留日学生的政治活动。②

日本政府出于在华利益的现实考虑，某种程度上也配合北京政府的请求。二次革命失败后，日本政府既试图阻止孙中山、黄兴"逃亡"日本，且在孙、黄抵日后劝告他们尽速离日赴美；又命相关各县警察机构监视孙、黄等在日活动，指示驻华公使山座圆次郎向北京政府解释：日本不希望二次革命有关者流亡日本，不希望中国动乱，已命相关机构监视这些流亡日本者，并研究处理办法，请中方放心。③ 实际上，日本政府不仅未阻止浩然庐、政法学校的继续招生与培养留日革命人才④，而且也未限制留日学生的各种反袁革命活动，只有军事院校的一些留日学生受到影响。例如，原驻湖北第八镇的标统祁国钧、参谋汤瀚等53人因武昌起义之功被黎元洪送往日本学习陆军。陆军总长段祺瑞兼湖北都督后，在1914年1月7日以祁国钧、汤瀚等人在二次革命期间潜回国内，勾结湖北军人，参加江西军队，企图作乱为名，电令驻日公使转知日方，取消他们留学日本的资格。不过，据驻汉口总领事高桥新治的报告，这是段祺瑞以"谋反"为借口消除黎元洪势力⑤，但日本政府仍予以配合。

---

① 参见「分割2」、『在本邦清国留学生関係雑纂/雑之部』第二卷、外務省外交史料館、アジア歴史資料センター、レファレンスコード：B12081629800。
② 参见毛注青编著《黄兴年谱长编》，第407—408页；「分割1」、『在本邦清国留学生関係雑纂/雑之部』第二卷、外務省外交史料館、アジア歴史資料センター、レファレンスコード：B12081629700。
③ 参见毛注青编著《黄兴年谱长编》，第404—412页。
④ 参见《在日本题浩然庐匾额二件》（1914年初春）、《政法学校招生广告二件》（1914年7月），刘泱泱编《黄兴集》（二），第687、735—738页。
⑤ 参见「分割1」、『在本邦清国留学生関係雑纂/陸軍学生之部』第五卷、外務省外交史料館、アジア歴史資料センター、レファレンスコード：B12081619600。

第三章 放任自流与优待主义（1912—1917）

日本政府根据中国驻日公使的照会，开除留日学习海军的学生余际唐也是一例。余际唐在二次革命失败后，潜入第四届学习海军的留日学生队伍之中。驻日代理公使马廷亮在1913年11月19日致函外务大臣牧野伸显，一方面感谢他将第四届留日学习海军的学生送入海军炮术学校，另一方面提出余际唐因路途遥远而迟到，请将他补录该校学习。经牧野斡旋，海军方面同意接受。然而，尚不足半年，驻日公使陆宗舆在1914年4月7日致函牧野，表示余际唐参与二次革命已经查实，希望日本海军"立即斥革"余际唐，以严肃军纪。牧野在4月8日致函斋藤，通报了陆宗舆的前述请求。海军次官财部彪在10日复函外务次官松井庆四郎，通报已于昨日开除余际唐，命他从佐世保港的津轻舰离开。牧野在18日致函陆宗舆，一方面通报此事，另一方面表达不满，强调日本高度重视中日之间的特殊关系，不宜经常性地严惩即将留学归国的中国学生，希望中方慎重选拔与考察，避免类似事件。①

日本政府对北京政府的留日学生选拔工作虽有不满，但对冒名顶替、骗取入学事件则严肃处理。陆宗舆在1914年6月19日致函加藤高明，提出留日士官生、联队学生殷同、王柏龄、陈宗器、王文英经查，均与二次革命有关，但殷同、王柏龄已被特赦，并递交"悔过书"，故仍允许他们安心留学。王文英、陈宗器是振武学校留学生李振球、曹善继冒名顶冒，且李、曹二人在中国陆军军官学校期间曾因屡犯军纪，已被革退。他们退学后投考振武学校，与王文英、陈宗器是同班同学，在补送士官生时，他们探得王文英、陈宗器不在东京，便分别假冒王、陈之名成为士官生。学监吴宗煌对此失察，且假冒王文英之名的李振球、假冒陈宗器之名的曹善继，在中国屡犯法纪，已非普通的政治过失犯，故请外务省、陆军省，将冒名的王文英、陈宗器"迅为斥革"。无论李、曹是否如陆宗舆所言

---

① 参见「分割4」、『在本邦清国留学生関係雑纂/海軍学生之部』第一卷、外務省外交史料館、アジア歴史資料センター、レファレンスコード：B12081624200。

不堪，但日本决不容许冒名入学之事。加藤在 6 月 23 日致函陆军大臣冈市之助，通报陆宗舆的请求。冈市之助在 7 月 6 日复函加藤，请其他通知陆宗舆，日本军方已开除冒名的王文英、陈宗器。①

日本在留日学生违反校规，或身患重病而无法留学时，就会开除或者命令其退学。陆军次官大岛健一在 1915 年 2 月 23 日告知外务次官松井庆四郎，决定开除屡次违反日本陆军士官学校校规的中国留学生梁志修，请他通知中国驻日公使。加藤高明于 2 月 25 日通知陆宗舆。陆宗舆在 27 日复函加藤，表示报告国内。大岛在 8 月 18 日再次致函松井，指出在陆军经理学校留学的中国学生金世荫，因病无法修学，故命其退学，请他转知中国驻日公使。外务大臣大隈重信于 21 日致函陆宗舆，告知陆军省的决定。陆宗舆在 27 日复函大隈，表示理解。② 陆军大臣大岛健一于 1917 年 5 月 8 日通报外务大臣本野一郎：在日本陆军大学留学的中国学生李祖植，因病难以继续留学，故命其退学，请本野通知中国驻日公使。驻日公使章宗祥接此通知后复函本野，提出根据中国参谋本部的电令，选派周亚卫接替李祖植继续留学，请他们转商陆军省与参谋本部，且在 27 日获得允准。③ 日本对中国留学生虽积极接受、消极教育，但对学习军事的留学生的监管更为严格。④

因此，日本对民国初年留日学生并非绝"不干涉"，所谓"优待主义"也具有明显的功利性。驻广东总领事赤塚正助不仅尝到民国成立后身居要职的留日学生为在华日本人提供便利的好处，而且深感中国留美学生"亲美"、留日学生"反日"导致的严重后果，

---

① 参见「分割 2」、『在本邦清国留学生関係雑纂/陸軍学生之部』第五卷、外務省外交史料館、アジア歴史資料センター、レファレンスコード：B12081619700。
② 「分割 2」、『在本邦清国留学生関係雑纂/陸軍学生之部』第五卷、外務省外交史料館、アジア歴史資料センター、レファレンスコード：B12081619700。
③ 参见「分割 3」、『在本邦清国留学生関係雑纂/陸軍学生之部』第五卷、外務省外交史料館、アジア歴史資料センター、レファレンスコード：B12081619800。
④ 参见「分割 2」、『在本邦清国留学生関係雑纂/陸軍学生之部』第五卷、外務省外交史料館、アジア歴史資料センター、レファレンスコード：B12081619700。

建议日本政府改善留日学生的教育与待遇。日本政府也高度关注回国留日学生的发展，将他们视作一种重要的战略资源。驻局子街分馆主任岩勇觉重于1913年1月11日向外务大臣桂太郎报告，1912年11月中国司法部向148人颁发律师资格证，其中45人是留日毕业生[①]，体现了留日学生在中国法律界占有相当地位与影响。日本海军于1913年12月调查了中国在日学习海军学生回国后的职务和活动[②]，努力寻找他日以资利用之人。驻华代理公使小幡酉吉于1916年7月27日向外务大臣石井菊次郎，呈报了北京基督教青年会编印的《北京东西洋留学会员录》，据该会员录统计：北京政府各部院中有留日出身者522名，留美出身者154名，留学其他国家出身者254名。[③] 由此可见，北京政府人员的留学出身者中留日学生最多，不仅反映了他们关心政治、参与政治的现实，而且预示着他们将在中国政治上发挥越来越重要的作用。这也是日本对中国留日学生采取选择性监管与"优待主义"的关键原因所在。

四 小结

民国初年，中国从封建帝制走向民主共和，而日本也从明治时代进入大正民主运动时期，在中日风云激荡的转折年代，日本虽继承与沿用对清末留日学生的接受、教育和管理政策，但鉴于民国初期留日学生的经费中断、生活困难等，尤其在日本侵华加剧的背景下，日本对中国留日学生政策的负面效果更加突出。如，原本留日学生与日本政府的个别矛盾与冲突，到民国初年已变为更加普遍的

---

① 参见「32.雜／分割2」、『在本邦清国留学生関係雑纂／雑之部』第一卷、外務省外交史料館、アジア歴史資料センター、レファレンスコード：B12081625700。

② 参见「分割4」、『在本邦清国留学生関係雑纂／海軍学生之部』第一卷、外務省外交史料館、アジア歴史資料センター、レファレンスコード：B12081624200。

③ 参见「分割2」、『在本邦清国留学生関係雑纂／雑之部』第二卷、外務省外交史料館、アジア歴史資料センター、レファレンスコード：B12081629800。

"留日者反日"的"悲剧"。一些日本人已经意识到日本的中国留日学生政策的弊端和问题，希望改变放任自流、漠然视之的"不干涉主义"，支持改善中国留日学生待遇，建议为他们提供学习便利与良好的住宿环境，但在大正初期并无落实的现实环境，只能成为此后改善中国留学生政策的一个量变积累。实际上，无论采取"优待主义"，还是调整与"改善"对待中国留学生的具体政策，甚少涉及对留学生的接受与监管政策，大多集中于教育设施与日常生活的物质层面，以此诱导与培养中国留学生的"亲日"感情，希望他们服务于日本的侵华扩张政策，结果可想而知——留日学生与日本政府的冲突愈演愈烈，不断加剧。这说明包含政治阴谋的留学政策，无论怎么调整和改善，无论怎样包装和宣传，都将事与愿违。

第 四 章

留日学生政策的改善（1918—1926）

随着日本侵华加剧，中国留日学生的反日运动愈演愈烈，且有离开日本，将目光转向欧美等留学环境相对宽松的国家之势，故留日运动似有日趋萧条的迹象。日本一些人士对此深表忧虑，建议日本政府调整与改善中国留学生政策。在大正中后期（1918—1926），日本政府支持日华学会，颁布改善中国留学生待遇的一系列法案，增建中国留日学生宿舍，甚至退还部分庚款，以资助中国留日学生等，目的是借此培养留日学生的"亲日"倾向，为培植亲日势力和扩大侵华行动创造条件。目前，中日学者虽在庚款补给生制度、东方文化事业、留日预科教育和中国留学生待遇等方面上有所研究[①]，但日本对中国留日学生究竟有哪些调整与改善政策，这些政策与措施的效果如何，对留日学生的学习、生活，乃至中日关系产生了什么影响等，均值得继续探讨与深入研究。本章在既有研究成果的基础上，重点阐述日本政府在大正中后期调整与改善中国留日学

---

① 参见二見剛史「戦前日本における中国人留学生予備教育の成立と展開」国立教育研究所『国立教育研究所紀要第94集：アジアにおける教育交流——アジア人日本留学の歴史と現状』、1978年3月；阿部洋『「対支文化事業」の研究——戦前期日中教育文化交流の展開と挫折』；孙颖《20世纪上半叶中日文化关系的一个片断——"东方文化事业"留学生学费补给制度考略》，《贵州民族学院学报》2006年第2期；酒井順一郎「1920年代から1930年代に於ける中国人日本留学生政策」、『留学生教育』第9号、2004年12月；韩立冬《近代日本的中国留学生预备教育》，北京语言大学出版社2015年版。

生待遇的政策、措施，并分析其原因、效果与特点。

一　改善的政策与措施

　　日本政府在大正中后期改善中国留日学生的主要政策和措施，包括支持成立主要"关照"中国留日学生的日华学会，颁布改善中国留日学生待遇的一系列法案，以及利用退还部分庚款建立庚款补给生制度等，相比清末的速成留日教育和特约学校收取的教育补助费，以及对留日学生的经费中断与生活困难放任自流、漠然视之的政策，作出了相应的调整，甚至可以说是"改善"。

　　首先，支持成立援助中国留日学生的日华学会。早在1905年底的中国留日学生反对"取缔规则"运动中，日本政府为平息这一罢课回国风潮，就支持中日学生成立了"日华学生会"，主要目的是动员日本学生善待中国留日学生，开展中日两国学生之间的交流，结果是该会成立后没有开展过任何交流活动。[①] 故而，该会某种程度上只是标榜善待中国留日学生的一个符号而已，并无实际意义。此后至明治末年，日本没有官方机构或民间团体组织过对中国留日学生的援助活动。直到1911年辛亥革命爆发，大批中国留日学生纷纷回国，如前章所述，部分与中国关系密切的各界人士与企业，在日本政府默许和支持下，募捐款项，成立了"中国留学生同情会"，通过文部省、中国驻日公使馆、留学生就读学校等，或资助部分留日学生回国革命，或资助他们在日继续留学。[②] 该会此举符合日本表面"中立"，秘密支持革命党人，暗中分裂中国的战略意图。

　　中华民国成立后，教育部向中国留学生同情会偿还了这笔款项，但由于中国留学生同情会已不再开展活动，故有人建议将这笔资金

---

① 参见実藤恵秀『中国人日本留学史』、490—493頁。
② 参见実藤恵秀『中国人日本留学史』、117頁。

用于资助中国留学生的相关事业。于是，以此款为基础，加上该会余款37534.59日元，以及内藤久宽的捐款1万日元，在1918年4月成立了日华学会，选举日本枢密院副议长、前文部大臣小松原英太郎出任会长。① 可见，中国留学生同情会与日华学会不仅有资金存续关系，而且作为该会主要发起人的涩泽荣一、白岩龙平、山本条太郎等，也被聘为日华学会的评议员或顾问，某种程度上还有人事重合。

日华学会按照其规定的宗旨，一是对中国留日学生聊表薄意，二是稍减中国留学生在日本求学之不便，三是为中国人赴日观光考察提供帮助。② 其实，该会最主要的工作还是为留日学生的学习和生活提供方便，具体而言包括：推荐他们入学，斡旋他们必要的转学、退学，为中国留学生介绍实习、参观之场所，收集他们阅览与研究的必要之图书，为他们的体育活动提供便利，加强中国留日学生与就读学校、教育者之间的联系，帮助他们选择宿舍，以及为那些参观实习的中国人赴日提供方便等。③ 日华学会从成立后确实也接待了不少赴日的中国留学生，安排他们在日的入学、转校，或者为他们介绍实习、参观的单位，以及代之寻找宿舍，或请求日本政府拨款增建留学生宿舍等。对此，该会在年度工作报告中均有记载，使之成为以援助中国留日学生为主要对象的法人团体，且获得日本官方的肯定与支持。

其次，颁布改善中国留学生待遇的一系列法案。1918年6月，外务省颁布《中国留日学生状况改善案》，是近代日本第一份专门以改善中国留日学生待遇为主的法案，某种程度上标志着日本开启了改善中国留日学生政策的工作。外务省在该法案中提出亟需开展的5项重点工作：一是招收优秀的中国学生赴日留学；二是对中国留日学生废除歧视性待遇；三是务必使中国人获得留日实效；四是中日

---

① 参见砂田実『日華学会二十年史』、東京、日華学会、1939年、11—12頁。
② 砂田実『日華学会二十年史』、5頁。
③ 参见砂田実『日華学会二十年史』、5—6頁。

合作办学，但中方取名而日方握有实权；五是日本官民合作，共同推进改善中国留日学生待遇。① 即企图通过招收优秀中国学生、改变歧视他们的态度与合作办学等，提升中国留日学生待遇，从而消除中国留日学生的反日情绪，引导他们安心留学。

该改善案为此还制定了具体的执行方案，分为在日本的改善措施、在中国的主要工作、资金分配比例三部分。

第一，在日本国内的主要改善措施，包括以下14项：

（一）制定优秀中国留日学生的奖励办法。根据培养优秀学生的宗旨颁发奖学金，给予研究高等专门学科者提供便利和资助。

（二）废除官立诸学校的补助费制度。该制度使中国留日学生对日本产生恶感，即使从日中两国的"国交大义"考虑，也极有必要废除补助费制度。

（三）增进日本教师与中国留日学生之间的亲睦。日本教师应亲切地对待远道而来的中国留学生，尽可能地提供便利，在日常生活中要举办各种恳亲会等，加强友好交流。

（四）减少私立学校之监督。

（五）资助接受中国留学生的学校，助力此类学校发展。

（六）制定关于外国人教育的视学官制度。

（七）肃清政治煽动者的言论。反日言行在留日学生中影响"恶劣"，东京警视厅应对持有此种言行的留日学生高度警惕，严加取缔，必要时将他们驱逐出境。

（八）建立中日交流的社交机关。

（九）增建留日学生宿舍，改善他们的生活状况。

（十）利用新闻报刊进行友好宣传。

（十一）改善日本小学教材内容。例如，在日本小学教科书中，插入像"日中两国亲善提携是必要的"这样的话语，使学生从小就

---

① 参见「支那人本邦留学情况改善案」、『支那政見雑纂』第三卷、外務省外交史料館、アジア歴史資料センター、レファレンスコード：B03030276600。

形成中日提携是两国宿命的深刻印象，谨防轻辱中国人的言行。

（十二）资金关系。无论中国留日官费生还是自费生，因国内混战而汇款中断，不少人向中国驻日公使馆、留学生监督处申请资助。日本与这两处中方机构"合作"，准备在照顾其情感的前提下提供相应的帮助。

（十三）成立中国人教育事务研究会。为此，该改善案提出了三种方案。第一种方案，在文部省内设立外国人教育事务委员会，其编制如下：委员长由文部次官担任，委员包括文部省高等官2名，外务省高等官1名，内务省高等官1名，帝国大学教授1名，高等工业学校教授1名，高等商业学校教授1名，高等学校教授1名，私立大学教授2名，高等专任官2名，书记3名。第二种方案，创办完全独立的机关——外国人教育事务委员会，聘请对中国人教育事务感兴趣的知名人士担任委员长，其他同第一种方案。第三种方案，返还部分庚子赔款以资"日中亲善"，设立机构同设立第一种方案的委员会。外国人教育事务委员会的具体工作如下：1. 管理在本国官公私立学校的外国留学生，并调查其成绩。2. 研究教育外国人的方法及其机构改善政策。3. 对外国人教育的一般性监督。4. 调查外国留学生的生活状况，研究相应的改善政策。

（十四）支持留学生监督处，为解决其经费困难提供帮助。①

这14项措施既有改善中国留日学生的居住与学习环境的措施，也有对日本各界特别是教育界的要求；既涉及中国留日学生的日常生活，也有日本政府对中国留日学生政策的制度层面的改革，内容丰富，涉及面广，变更力度看似不小。这也是日本政府调整中国留日学生政策、改善中国留日学生待遇的重点，但其中也明确规定取缔中国留日学生的反日言行，必要时不惜将他们驱逐出国，体现了日本此举的政治用意，那就是培养中国留日学生的"亲日"感情，

---

① 参见「支那人本邦留学情况改善案」、『支那政见雑纂』第三卷、外務省外交史料館、アジア歴史資料センター、レファレンスコード：B03030276600。

培植在华势力和代言人。

第二，在中国的主要工作，包括以下 4 项：

（一）建立预备学校。

（二）推行日本学校的入学考试制度。在北京、天津、奉天、上海、汉口、广东等，举行日本高等学校、著名大学的入学考试，且奖励成绩优等者，以此吸引中国学生。这样不仅有利于提高留日学生的学力，而且有助于在中国形成学习日语的风气。

（三）设立学校，并提供经费资助。在中国一些重要地方建立大学、中学、小学，以及实业学校等，且给予相当的资金支持，帮助这些学校建设与发展。详细计划是：1. 北京、上海、济南、天津、福州、汉口、广东设立中学，各招收 100 名学生，给予每校 3 万日元经费。2. 在北京、上海建立大学，给予每校 50 万日元经费。3. 每地设立一所小学，各招收 25 名学生，给予每校每年 8000 日元经费。4. 在北京、上海、天津、福州、济南建立实业学校，给予每校每年 10 万日元经费。因为本项所需经费较多，所以先建立几所中学或实业学校作为试点。

（四）探求普及日语的方法。为此，设法争取在中国的中学和师范学校内将日语列为必修科，但在其更高一级的学校通过教授日语或发放日语出版物等普及日语。①

这 4 项是通过在中国设立学校、加强预备教育、普及日语等方法，使中国学生抵日后尽快适应日本生活，避免语言障碍，从而开展有效地学习。

第三，根据所谓各界人士的意见，决定的资金分配比例与每年之预算情况如下：

（一）优秀学生鼓励费 3000 日元。

（二）废除补助费制度的所需费用 10 万日元。

---

① 参见「支那人本邦留学情况改善案」、『支那政見雑纂』第三卷、外務省外交史料館、アジア歴史資料センター、レファレンスコード：B03030276600。

（三）资助日本老师和中国学生交往费 5000 日元。

（四）裁减私立学校各位监督的费用 3 万日元。

（五）资助接受中国留学生学校的发展费，一般是 2 万日元，但临时费为 8 万日元。

（六）制订外国人教育的视学官制度费 5000 日元。

（七）取缔反日言行费 3000 日元。

（八）中日社交机关费，一般为 2 万日元；但临时费是 10 万日元。

（九）增建留学生宿舍和改善其待遇费，一般是 1 万日元；但临时费为 5 万日元。

（十）控制报纸舆论费 5 万日元。

（十一）资金关系活动费 1 万日元。

（十二）中国人教育事务研究会费 2 万日元。

（十三）帮助留学生监督处工作费 3000 日元。

（十四）在中国推行日本学校的入学考试费 3000 日元。

（十五）在中国设立学校和资助其经费，一般是 5 万日元；但临时费为 20 万日元。

（十六）普及日语费 1 万日元。①

这 16 项资金预算的每年总额是 34.2 万日元，每年的临时性经费总计 43 万日元。该预算资金数目不小，但相当比例资金用于支持日本学校、日本留学教育制度建设，以及加强对中国留日学生的监控与管理，真正资助留日学生学习与生活的并不多。

1918 年，外务省制定了《在本邦中国留学生培养待遇法改善案》，实施以改善中国留学生居住状况为主的政策。外务省认为日本学校的校舍不足，大部分中国留日学生被迫在校外租居，处于无人监管状态，从而使那些年轻气盛、自制力较弱者在外吃喝玩乐、沾

---

① 参见「支那人本邦留学情况改善案」、『支那政见雑纂』第三卷、外務省外交史料館、アジア歴史資料センター、レファレンスコード：B03030276600。

花惹草，虽耗资甚巨，却成绩低下，甚至是一无所学、素行不修，无法达成其留学目标和日本政府的培养目的。因此，在《在本邦中国留学生培养待遇法改善案》中，外务省向国会提请批准临时费3万至5万日元，在神田、牛込、本乡、小石川等中国留日学生集中租居的地方，增建10所留学生宿舍，平均每所接受留学生30名，并为每所宿舍提供经费预算每年5000日元，10所合计每年5万日元，以维持这些留日学生宿舍的日常开支。① 据此，日本确实增建了部分专门接受中国留学生的宿舍，解决了少数中国留日学生的居住难题。

最后，日本退还部分庚款，建立庚款补给生制度。如前所述，改善中国留学生待遇需要巨额资金支持，经日本政府多次酝酿与讨论，1923年3月召开的第46届国会通过了《对华文化事业特别会计法案》②，决定退还部分庚款，主要用于资助中国留日学生教育事业，推进中日文化教育交流。该法案主要内容如下：一是规定了对华文化事业经费的来源，包括庚子赔款，以及解决山东"悬案"、胶济铁路的"赎金"等来自中国的资金，可谓"羊毛出在羊身上"；二是明确了补助中国留日学生是其事业的重要内容之一；三是制定了退还庚款的每年使用的最高限额与使用程序，将对华文化事业的经费管理纳入日本政府的财政预算与决算，暂且不论其是否属于"退还"，至少相当程度上为该项资金的使用提供了财政保障。

为实施《对华文化事业特别会计法案》，日本需要中方与留日学生配合，希望通过与北京政府谈判，签署具体落实的办法。北京政府也寄希望于中日谈判来保证掌握日本退还庚款之使用权，虽然双方的诉求存在分歧，但都希望通过谈判达成协议，从速开展资助中国留日学生事宜。从1923年底到1924年初，外务省亚洲局局长兼

---

① 参见『在本邦支那留学生養成待遇法改善案』、外務省外交史料館、アジア歴史資料センター、レファレンスコード：B10070303600。
② 参见「義和団事件賠償金還付ニ関スル建議案」、『東方文化事業部関係会計雑件』第一巻、外務省外交史料館、アジア歴史資料センター、レファレンスコード：B05015062700。

对华文化事业局局长出渊胜次、事务官冈部长景等，与中方代表参议院议员朱念祖、教育部参事陈延龄、驻日公使汪荣宝等，就日本对华文化事业的实施办法在东京进行数次会谈，暂时达成《日本对华文化事业计划之决定》，明确了日本退还庚款资助的对华文化事业范围、资金使用办法、资助中国留学生学费办法，以及实施中应当注意的事项。① 另外，中日双方尚有一些具体细节，待各自审查与讨论后再进一步交流。出渊胜次与汪荣宝于1924年2月就此重开谈判，最后签署《对华文化事业非正式协议会备忘录》，也就是《日本对华文化事业协定》②，其中规定了日本退还庚款资助中国留日学生的具体人数、开始时间、选拔方式、月额、支付途径和惩罚准则。③ 这是建立庚款补助中国留日学生制度的基础性文件。

据此，北京政府教育部于1924年3月6日颁布了《日本对华文化事业留学生学费补助分配办法》。该办法的主要内容如下：一是补助中国留日学生的总数为320名，根据中国各省在众议院的议员人数，以及各省负担的庚款数额，作为名额分配的标准（各省具体分配名额从略）；二是获得资助的中国留日学生，每人每月发给日币70元；三是每省获得补助的学生人数，官费生与自费生相等，当名额为奇数时，自费生多一名；四是将中国留日学生在日就读的学校分为5个层级，按照自上而下的顺序决定获得补助的学生（学校排序从略）；五是获得资助的学生排序，按照学生的资格相同时，以年

---

① 参见杨晓《中日近代教育关系史》，人民教育出版社2004年版，第403—404页；王桂主编《中日教育关系史》，山东教育出版社1993年版，第400页。

② 亦称《汪—出渊协定》《中日文化事业协定》或《中日文化协定》，中日双方约定共同遵守。1925年5月4日，由中国外交总长沈瑞麟与日本驻华公使芳泽谦吉交换公文，再次确认。参见李嘉冬《日本的东方文化事业之发端研究》，王建朗、栾景河主编《近代中国：政治与外交》（下卷），社会科学文献出版社2010年版，第670—674页；徐志民《从合作到对抗：中国人眼中的"东方文化事业"（1923—1931）》，《社会科学研究》2017年第4期。

③ 日本外务省记录『日支共同委员会关系一件　汪—出渊协定』（大正十三年二月六日）；转引自阿部洋「『对支文化事业』下的中国人留学生受け入れ問题」，浙江大学日本文化研究所、神奈川大学人文研究所编：《中日文化论丛——1999》，北京图书馆出版社2001年版，第27—28页。

级的高下定之；当年级相同时，以成绩的优劣定之；当成绩相同，或存有疑义时，由学务处举办临时的考试确定；六是各省若合格的学生不足时，由学务处考察该省在前项指定学校外的官公私立大学、专门学校学生的成绩，由最优者递补之；七是在各省定额外所余11名，由中国的国立大学、高等专门学校，选拔合格人员赴日研究。[①]北京政府以该办法为基础，初步建立了利用日本所谓退还庚款补助中国留日学生的制度，与日方事后推出的利用庚款补助中国留日学生的制度相比，被日方称作"一般补给生制度"。

支持日华学会、颁布改善中国留学生待遇的系列法案和退还庚款建立一般补给生制度，均属于从日本政府层面推出的调整或改善中国留学生政策的重要措施。其实，当时日本国会也有关于中国留日学生待遇的讨论与建议案，甚至部分从事中国留学生教育的相关者，以及个别驻华的外交官，也提出改善中国留学生的在日学习、日常生活与教育环境，但这些并非日本改善中国留日学生待遇或调整中国留学生政策的本身，只是促使日本政府进行调整与改善中国留日学生政策的内部因素。

二　改善的原因之剖析

日本政府在大正中后期调整与改善中国留日学生政策，确实是受到国际与国内双重压力的反应。从国际上而言，中国留日学生日益剧烈的反日斗争此起彼伏，欧美列强趁机招揽中国留学生，抢夺中国留学生的教育权；从日本国内看，各界人士特别是从事中国留日学生教育者呼吁改善中国留日学生待遇，甚至日本驻华使领馆人员乃至军人，都建议调整与改善中国留日学生政策。

[①]《教育公报》第11年第4期；转引自陈学恂、田正平编《中国近代教育史资料汇编·留学教育》，第409—414页。

首先，大正时期在日中国留学生的反日斗争愈演愈烈，给日本的对华外交和留日学生政策造成了相当冲击。驻华公使日置益在1915年1月18日晚向袁世凯提出了"二十一条"要求，企图独霸中国，彻底打碎了中国留日学生对日本残存的一点点幻想，彻底揭露了日本所谓"保护"与"亲善"的谎言，日本这个曾经亚洲各国精英争相学习的"楷模"瞬间沦为留日学生强烈反对的"公敌"。1915年2月11日，是日本纪元节假日，中国留日学生3000多名群集东京，召开大会，决议致电北京政府拒绝日人要求，同时散发传单，通电全国揭批日本阴谋。① 会上，中国留学生决定成立中国留日学生总会，选举沈定一为干事长。会后，大会选出学生代表17名，准备回国活动。其中，刘文岛、陈仁、万钧、桂念祖4名作为请愿代表前去北京，萧汝霖等13名代表，为唤醒舆论而前往上海。他们均在2月底抵达，开始相应的活动。② 中国留日学生为反对日本的"二十一条"要求开展的罢课回国运动，虽未能从根本上阻止日本的侵华行动，但使之也有所顾忌。

日本与北京政府于1918年5月签订操控中国军事指挥权的《中日陆军共同防敌军事协定》及《中日海军共同防敌军事协定》期间，对中国留日学生高度警惕。5月6日，侦知该消息的中国留日学生在神田的"维新号"中国饭店秘密开会，46名参会者均为各省各校的留日学生代表，他们主要商讨反对"中日共同防敌军事协定"的对策与办法。早已获悉的日本警察突袭会场，残酷殴打且逮捕所有学生，至翌日拂晓才予以释放。不甘受辱的中国留日学生身负家仇国恨，决计罢课回国，以示强烈抗议。《朝日新闻》对此进行报道：中国留日学生最近回国者非常多。11日，有180名从横滨出发回国，大约70名在12日回国；不仅东京市内，而且日本其他各地的中国留学生也打算归国。位于仙台的东北理科大学和第二高等学

---

① 参见《中日交涉中之留日学生大会》，《时报》1915年2月20日。
② 参见《留东学生代表回国情形》，《时事新报》（上海）1915年3月5日。

校的 24 名中国留学生从 7 日一起罢课，与东京方面的留学生相互联络，约定一起归国，决定不再重返日本①，反映了他们怒而回国的悲愤心情。

这些回国的留日学生在上海成立留日学生救国团本部，在其他各省和北京设立支部，一方面开展反日宣传，另一方面争取各界支持，以取消"中日共同防敌军事协定"。阮湘、王希天、龚德伯等领导返回北京的留日学生，联络北京大学、北京高等工业专门学校、北京高等师范学校等高校爱国学生 2000 余人，于 1918 年 5 月 21 日向北京政府大总统冯国璋游行请愿，请求取消"中日共同防敌军事协定"。中国东北地区，例如安东、间岛、辽阳、珲春等，也有留日学生的类似活动。他们甚至向当时处于日军控制下的西伯利亚地区的华侨散发传单。② 由此可见，留日学生救国团的活动范围非常广泛，并持续到 1919 年五四运动爆发。

日本在巴黎和会上勾结其他列强，不顾中国战胜国的地位，妄图继承德国在山东的殖民权益，激起留日学生更大规模的反日运动。彭湃、谢介眉、黄霖生等于 1919 年 4 月 11 日带领愤怒的留日学生 300 多人，准备前往东京火车站袭击回国的章宗祥。归国的留日学生加入前述之留日学生救国团，通电各省议会、商会、教育会、各团体、农会、各报馆等，抨击日本恃强横行，欺凌中国，在巴黎和会上要求中日自行解决山东问题，试图继承德国在山东殖民权益的野心昭然若揭，中外共晓；呼吁中国参加巴黎和会的专使抗争于外，广大国民在国内响应，誓死力争；强调中国宁可退出巴黎和会，也决不会签字承认日本的野蛮要求，希望各省召开国民大会，商讨办法，始终坚持，拒不对日让步，以挽主权。③ 中国留日学生在 5 月 4

---

① 「帰国する支那留学生四百人達す　関係学校は休校同様」、『朝日新聞』1918 年 5 月 11 日。
② 参见小野信尔《救国十人团运动研究》，殷叙彝、张允侯译，中央编译出版社 1994 年版，第 8 页。
③ 訾盦：《学界风潮纪》，中国社会科学院近代史研究所《近代史资料》编译室：《五四爱国运动》（上册），中国社会科学出版社 1979 年版，第 401—402 页。

日惊闻巴黎和会上中国外交失败，遂以留日学生救国团之名义分别致电南北两政府：请中国专使拒绝签字，强调宁可决裂，决不屈服，留日学生等誓死为中国外交之后盾。① 同时，他们致电巴黎和会的中国谈判代表：请他们不要签字，尽速退出和会，宁为列强攘夺，决不可自行断送，否则咎由自取，恐怕国人难以饶恕诸位②，表达了他们坚定的爱国主义立场。5月7日，也是中国"国耻"三周年的纪念日，中国在日留学生分两组，向各国驻日使馆发起游行请愿运动。不过，请愿队伍遭日本军警的阻拦和围攻，导致29人受伤、36人被捕③，激起留日学生的更大愤慨，不少人因此罢课回国。

日本的有识之士也纷纷指责日本警察镇压中国留日学生的残暴行为，认为这必将恶化未来之中日关系。寺尾亨博士批判道：日本警察把中国留日学生当作暴民镇压，这是非常遗憾的，这些留日学生是中国的精英，日后将会成为中国的中央或各地之要员，尤其是最近逮捕的大多是中国各界名流的子女。这些人怀着愤恨回国，最终结果如何，不言自明。这实在是非常寒心的事。昨日，我与头山满商谈，谋求今后的善后之策……今天东亚高等预备学校的松本龟次郎校长来访，告诉我该校1000多名中国留学生，无一人到校上课，可见此次事件的恶化，这已不仅仅是教育界的问题，希望各位有识之士共谋良策，联合舆论，极力促成日本政府"反省"。④ 寺尾亨博士呼吁日本各界联合敦促日本政府调整中国留日学生政策，改善对待中国留日学生的方法与措施。

中国留日学生日渐恶化的日本观，特别是其愈演愈烈的反日斗

---

① 彭明：《五四运动史》，人民出版社1984年版，第359页。
② 訚盦：《学界风潮纪》，中国社会科学院近代史研究所《近代史资料》编译室：《五四爱国运动》（上册），第402页。
③ 参见沈殿成主编《中国人留学日本百年史（1896—1996）》上册，第403页；而王拱璧在《东游挥汗录》之《八年"五七"之巷战》第13页称："嗣后查得受伤者二十七人……被捕者四十二人。其中七人由警察厅起诉。经东京地方审判厅判决杜中以下五人判处徒刑，缓期执行；胡俊判处徒刑十月；赵云章判处徒刑六月。"二者记载略有差异，但判刑情况一致。
④ 「帰国する支那留学生四百人達す　関係学校は休校同様」、『朝日新聞』1918年5月11日。

争,从根本上触动了原本培养他们"亲日"感情的日本政府。日本政府从中国留学欧美的学生大多成为亲欧美论者,而留日学生大多成了反日论者的现实中,也不得不反思其留日学生政策。

其次,欧美各国与日本抢夺中国留学生的教育权,也是日本政府反省留日学生政策的一个压力。清末、民国初年的留日热潮,使欧美各国甚感焦虑与嫉妒,于是各显神通,以种种优惠措施吸引中国学生前去留学。美国率先决定"退还"庚款,以此资助中国学生赴美留学。美国政府在1908年7月通知清政府外务部:决定从1909年至1940年,将美国获得的庚款的一半,即10785286美元"退还"中国,并由中美两国人士联合组成董事会,共同管理这笔经费,专门用于选派留美学生与中美文化、科技交流。[①] 清政府于1909年6月设立游美学务处,在1911年4月26日成立清华学堂,负责甄别、考选留美学生,以及对他们的预备教育,成为近代中国庚款留美运动大规模开始的标志。中国留美学生的人数此后逐年增加,例如1912年是594名,1914年夏留美中国学生会的会员为1300人,1915年11月的留美学生人数是1416名,1917年超过1500名,1924年达1637人[②],成为仅次于留日学生的中国第二大留学生群体。

民国初期,法国也是中国人出洋留学的目的地之一。1912年,吴稚晖、李石曾、汪精卫等在北京成立留法俭学会,宣传与鼓动中国青年赴法国进行半工半读,这为经济条件不太宽裕的有为青年提供了一条可以出国留学的道路。第一次世界大战爆发后,法国青年学生奔赴前线,不少学校的教学资源闲置,一些工厂也因缺少工人而被迫停产,部分农田由于无人耕种日渐荒芜,法国政府与实业界决定从中国招聘华工,以解决因战争造成的劳动力危机。蔡元培等

---

① 参见程新国《庚款留学百年》,中国出版集团·东方出版中心2005年版,第16页。
② 文中所述各年留美学生的人数,分别依据刘伯骥的《美国华侨史》续编,台北黎明文化事业股份有限公司1981年版,第419页;《华人留学美洲之今昔》《留美中国学生会小史》,《东方杂志》第14卷第12期;《留美中国学生之调查》,《教育杂志》第17卷第3期;留美学生联合会编《留美学生录》,转引自舒新城《近代中国留学史》,中华书局1927年版,第136页,注释3;王奇生:《中国留学生的历史轨迹:1872—1949》,湖北教育出版社1992年版,第22—23页。

也于1915年组织勤工俭学会，鼓励中国学生赴法国勤工俭学。第一次世界大战结束后，法国因为长达四年的战争损失了数百万的青壮劳力，所以对中国劳工的需求依然旺盛。法国政府一方面鼓励建立中法友好协会，支持创办与建设里昂中法大学；另一方面对接受中国劳工与勤工俭学者表现了积极态度。如此环境既使一些战时劳工愿意继续留在法国半工半读，也吸引着不少中国青年远渡重洋、赴法勤工俭学，形成了近代中国历史上的大规模赴法勤工俭学运动，著名的中共领导人周恩来、邓小平等就是该运动中的代表性成员。①

1917年"十月革命"的伟大胜利，给当时面临民族危亡、军阀混战的中国人，给四处碰壁、坚持奋斗的中国人，以极大的鼓舞，从此使学习和探索俄国革命的成功道路，成为不少寻求救国救民真理的中国青年最为向往的事情。苏维埃政权成立后，面对国内白俄势力的反扑和国际上帝国主义列强的武装干涉，为打破国际孤立，寻找东方战线的合作伙伴，苏联向孙中山及其领导的南方革命政府伸出友谊之手，一方面积极接受孙中山及革命政府派遣的留学人员，另一方面在中国青年中寻找和培养共产主义事业的革命者。1921年7月中国共产党成立前后，就有不少同志前往苏联留学，接受社会主义革命的教育与培训，学习苏联革命与斗争的经验。第一次世界大战期间在苏联服务的"东线劳工"，以及由于战争从德国、西欧等国辗转至苏联的中国劳工或留学生中，也有人进入苏联的各类学校学习，造就了20世纪20年代著名的"留苏热"。② 例如，赵世炎、陈乔年、陈延年、刘伯坚、王若飞、聂荣臻、蔡畅等，皆是当时留苏学生的代表人物。

中国学生将留学目光转向欧美各国，而赴日留学者日渐减少，自然也相应地降低了日本对中国教育的影响力与控制力。北京政府

---

① 关于近代中国的留法勤工俭学运动，参见［法］王枫初（Nora Wang）《移民与政治——中国留法勤工俭学生（1919—1925）》，安延、刘敏、纪俊男译，北京大学出版社2016年版。
② 关于近代中国的留苏运动和留苏学生，参见张泽宇《留学与革命——20世纪20年代留学苏联热潮研究》，人民出版社2009年版。

教育部于1920年12月13日决定在五校特约到1922年期满后废止该约。[①] 同年，北京政府教育部决定，在教育体制改革中效仿美国的六三三学制。这些都反映了美国对中国教育影响日渐增强的趋势。加之，留日学生渐少而留美学生剧增，导致日本各界人士对留日教育产生了某种危机感，建议日本政府反省对中国留日学生的各项政策。

再次，日本国会议员的质问和建议，也迫使日本政府作出调整与改善中国留日学生政策的承诺。长期从事留日学生教育的服部美佐雄、松本龟次郎等教育界人士，鉴于中国留日学生人数持续减少的现实，反复建议日本当局改善中国留日学生的教育环境、教学设施、生活条件。[②] 他们的呼吁逐渐获得日本政界一些人士的支持，将中国留日学生的问题列入了国会的议事日程。

日本第40届国会在1918年3月通过两项改善中国留日学生待遇的议案，某种程度上反映了这一问题已引起日本社会的关注。高桥本吉等5名议员在1918年3月20日提交了《关于中国人教育的建议案》，提出了三项建议：一是为中国留日学生修建宿舍或其他教育设施，二是组织开展日本上流社会和中国留日学生之间的接触、交往与亲睦，三是为中国留日学生提供参观实习的便利，呼吁日本政府重视国民呼声，从速制定切实可行的适当措施。关和知又联络4名议员在3月23日提交了《关于日中文化设施的建议案》，表达了他们关于日本对中国教育影响减弱的担忧，希望通过留学教育改善中国人的对日感情。日本成立了以头本元贞为首的专门委员会研究前述两项提案，并于3月26日向国会提出了解决建议：一是为中国留日学生提供更加便利的教育设施及生活条件，二是日中合作在中国建立高等教育相关设施，三是以某种适当的方法促

---

① 参见陈学恂、田正平编《中国近代教育史资料汇编·留学教育》，第346—347页。
② 参见「第四十四議会／7 支那留学生ニ対スル建議案提出ノ件」，『帝国議会関係雑纂／質問答弁』第七卷、外務省外交史料館、アジア歴史資料センター、レファレンスコード：B03041441700。

进中国人的日语学习。① 这些建议获得国会通过，成为日本政府改善中国留日学生政策的契机。

在第43、44、45届连续三届国会上，有越来越多的国会议员向日本政府提出咨询或建议，希望或敦促日本政府就调整或改善中国留日学生待遇与政策，作出相应的承诺或提出解决的办法。身为众议院议员的清水留三郎联合33名议员，在1920年7月19日的第43届国会上，质问文部大臣中桥德五郎将采取何种措施来改变中国留日学生大多变成反日论者，而中国留美学生却往往成为亲美论者的现实。② 翌年2月9日，他又在30名议员支持下，向第44届国会提交了《关于中华民国留日学生的质问注意书》，再次质问日本政府今后对这种现象有何计划与对策？③ 文部大臣中桥德五郎、外务大臣内田康哉、内务大臣床次竹二郎在同月22日联名答辩，表示日本长期关注中国在日留学生的生活现状，且命相关机构研究改善的方法④，答应今后将逐步改善他们的生活待遇。

一宫房治郎议员在1921年3月24日向国会提交了《关于中华民国留日学生教育之建议案》。其中，他提出的具体建议有以下五项：一是为中国在日留学生提供经济资助；二是各校对中国学生放开门户，删除繁琐呆板的管理规定，简化他们的入学手续；三是奖励或保护那些专门招收中国学生和为他们提供以日语为主的预备教育的私立学校，对办学成绩突出者补充设备，资助发展；四是中日坦诚交涉，签订永久的四校特约，尽量增加招收中国官费生的名额，甚至要制定广泛的接受计划；五是研究中国在日留学生的生活实况，

---

① 参见高桥本吉「支那人教育の施設に関する建議案」（1918年3月20日）、関和知等「日支文化の施設に関する建議案」（1918年3月23日）、『大日本帝国議会誌』第40議会；実藤恵秀『中国人日本留学史』、119—121頁。

② 参见清水留三郎等「支那共和国留学生に関する質問主意書」（1920年7月19日）、『大日本帝国議会誌』第43議会；実藤恵秀『中国人日本留学史』、121—122頁。

③ 参见「1. 第四十四議会/4 支那共和国留学生ニ関スル質問主意書〔及び答弁書〕」、『帝国議会関係雑纂/質問答弁』第七巻、外務省外交史料館、アジア歴史資料センター、レファレンスコード：B03041441400。

④ 同上。

善加指导，使他们真正了解日本的国情，实现其预定的留学教育主旨，使之没有遗憾，故建议成立由精通中国事情的各界人士参加的、类似中国留学生教育调查会的机关。① 日本国会在 3 月 26 日通过该项建议案。

调整与改善中国留日学生政策问题，也是第 45 届国会关注的焦点。松本龟次郎联合其他 6 人在 1922 年 3 月 14 日向国会递交了《关于中华民国留日学生教育之请愿书》。② 他们在请愿书中介绍了每天都有中国留日学生从日本转学欧美，以及因绝望而回国的情况，认为日本政府若不采取切实对策与挽救措施，估计留日学生人数将会急剧下降，甚至数年之后在日本难以见到留日学生的踪影，那么"日中亲善"与"共荣"则更堪忧虑，故建议日本政府与中国续订"五校特约"，放宽中国学生入学日本各校的资格，将收缴中国留学生的教育补助费纳入日本年度财政预算，提供或增设中国留学生教育相关的教学设施。这些建议获得国会接受。荒川五郎联合 11 名议员在 3 月 24 日向国会递交了《关于退还庚子赔款的建议案》，建议日本政府将一部分庚款充作资助中国留日学生的经费。同日，山本条太郎与 6 名议员联合提出《关于对华文化事业设施的建议》，也提请日本政府以所获庚款之一部，作为招徕与教育中国留学生之经费。为此，日本国会专门成立了以岛田俊雄为首的委员会研究此事，于同月 25 日在国会中通过了这两项议案③，为第 46 届国会通过《对华文化事业特别会计法案》准备了条件。

最后，驻华使领馆的官员在给外务省的报告中，也建议政府调

---

① 参见「第四十四議会/7 支那留学生ニ対スル建議案提出ノ件」、『帝国議会関係雑纂/質問答弁』第七巻、外務省外交史料館、アジア歴史資料センター、レファレンスコード：B03041441700。

② 参见松本亀次郎等「支那共和国留学生教育に関する請願書」（1922 年 3 月 14 日）、『大日本帝国議会誌』第 45 議会；実藤恵秀『中国人日本留学史』、123—124 頁；「第四十四議会/7 支那留学生ニ対スル建議案提出ノ件」、『帝国議会関係雑纂/質問答弁』第七巻、外務省外交史料館、アジア歴史資料センター、レファレンスコード：B03041441700。

③ 参见「義和団事件賠償金還付ニ関スル建議案」、『東方文化事業部関係会計雑件』第一巻、外務省外交史料館、アジア歴史資料センター、レファレンスコード：B05015062700。

第四章　留日学生政策的改善（1918—1926）

整与改善中国留日学生政策，使日本最终下定改善中国留日学生政策的决心。驻华使领馆的工作人员在中国切身体会到美国率先退还庚款和资助留美学生的巨大收益，即美国不仅借此开辟了优秀生源，而且改善了中国人的美国观，故建议日本政府在这方面效法美国——"退款兴学"，如此既可以消弭中国留日学生的反日情绪，培养他们的"亲日"倾向，又可以改善中国人的对日观。驻华公使林权助在1918年2月24日致函外务大臣本野一郎，报告了美国通过"退款兴学"所取得的成效，认为中国留美学生不仅"亲美"，而且相互提携、联合同志，活跃于中国各界，而留学出身中人数最多的留日学生，不但没有建立团结、强大的团体，反而对培养自己的日本抱有"恶感"，甚至成为反日运动的领导者。其原因何在？林权助没有从日本侵华政策与行动上找原因，而是从留日学生教育政策与措施上找到部分原因，即日本没有为中国留学生建立系统的教育设施，且接受中国留学生的各校往往有营利之观念。他指出鉴于中国留日学生在当前及未来的中日关系中发挥着特殊作用和具有重要地位，建议日本政府利用减免庚款或其他方法，为中国留学生建立系统、完备的教育设施。[①] 林权助以日美的中国留学生政策差别所导致截然相反之结果，呼吁外务省和日本当局完善中国留学生教育设施，调整中国留日学生政策，平息或消弭他们的反日情绪。

第一次世界大战期间，日本因战争影响而物价飞涨，不少中国留日学生因资金难以应付留学与生活所需而陷入困境，甚至不得不辍学回国。在东京留学的中国官费生，于1920年4月15日因日本物价飞涨而选派3名代表回国，向北京政府陈述留学生活困难的实况[②]，请求政府增补学费。东京警视厅经过调查中国留日学生的生活，指出帝国大学留学的中国学生在1920年时的补助是62日元，

[①] 外务省记录『外国へ派遣の清国留学生関係雑纂』、参见阿部洋「戦前日本の『対支文化事業』と中国人留学生——以学费补给问题を中心に」、国立教育研究所『国立教育研究所紀要第121集：戦前日本のアジアへの教育関与』、1992年3月、166頁。

[②] 耿申等：《北京近代教育记事》，北京教育出版社1991年版，第126页。

在其他专门学校留学的中国学生的补助是 56 日元，即使他们加上从家人或亲属获得的资助，仍然难以应付在日本的留学生活。① 既然官费生都难以维持留学生活，那么自费生更是难上加难。陈新宪回忆说那些革命失败后流亡到日本的留学生，在未能考取官费生之前，基本上都是依靠借贷度日，即使在国民革命军中任过团长的彭梦庚、李涛，以及在总政治部当过主任的李一氓等，都过着极其艰苦的日子。那些流亡到日本的文艺界的同志的生活更加困苦。据说当时在东京大冈山的中国饭店，不少中国穷苦留学生欠债未还。② 由于无法发放留日经费和解决留日学生的生活困难，结果江庸、林鹍翔、金之铮这三位留学生监督在 1920 年相继被迫辞职。③ 1922 年 6 月、1923 年 6 月，中国留日学生因经费问题先后两次包围驻日公使馆④，在中日社会引起震动。

日本驻华使领馆的部分人员，根据在日见闻和同留日学生的接触，从日本在华长远利益出发，关注中国在日留学生的生活困难，建议日本政府以适当的方式予以改善。驻华公使馆武官东乙彦在 1921 年 2 月 21 日向军部报送了《中国人教育私见》，指出东京的部分教育机构与宿舍大肆盘剥与欺诈中国留学生，是导致他们反日的重要原因，建议日本政府明确规定只有官方，或者官方认可的学校，才能接受中国留学生；只有官方或公立的，或者确由实业家建立的宿舍，才能接受中国留学生的入住⑤，以改善他们的留学生活与学习环境。驻杭州代理领事清野长太郎于 1922 年 7 月 19 日报告外务大

---

① 孙安石「『経費は遊学の母なり』——清末—一九三〇年代の中国留学生の留学経費と生活調査について」、大里浩秋、孙安石编『中国人日本留学史研究の現段階』、181 頁。
② 陈新宪：《留东杂忆》，中国人民政治协商会议全国委员会文史资料研究委员会编：《邵阳文史资料》第 7 辑，1987 年印，第 176—177 页。
③ 参见孙安石「『経費は遊学の母なり』——清末—一九三〇年代の中国留学生の留学経費と生活調査について」、大里浩秋、孙安石编『中国人日本留学史研究の現段階』、181 頁。
④ 参见「留学生が支那の公使館を包囲」、『報知新聞』1923 年 6 月 27 日。
⑤ 参见支那在勤帝国公使館附武官東乙彦「支那人教育私見」、『密大日記』大正 10 年、6 冊の内第 6 冊、防衛省防衛研究所、アジア歴史資料センター、レファレンスコード：C03022584500。

臣内田康哉，指出原本富庶的浙江的留日学生中，也有因无力支付学费而被学校勒令退学，无力支付住宿费用而被迫转宿的现象，建议日本政府帮助这些陷入困境的中国留日学生。上海总领事船津辰一郎在 1922 年 8 月 9 日致函外务大臣内田康哉，建议日本以部分关税充作教育基金，或将部分庚款用作教育经费，资助部分勤奋好学的中国留日学生，缓解因留学经费不足而不断减少的中国留日学生。[①] 这些建议直接推动了日本调整与改善中国留日学生政策的进度，其中部分内容也间接转化为资助中国留日学生的政策。

日本政府和军部在民国初期强力推进大陆政策，提出"二十一条"要求，签署"中日共同防敌军事协定"，企图继承德国在山东的殖民权益等，将其独霸中国、称雄世界的野心暴露无遗。身处日本的中国留日学生洞若观火，对日本政府、军部和部分军国主义分子侵华狂热愤恨不已。他们一边忍受物价暴涨带来的生活困境，一边遭受日本社会的歧视和祖国被日本欺凌的心理煎熬，遂在欧美各国的招徕下将留学目光再次转学西方。留日学生人数持续减少，对日本各界精英造成了不小冲击。他们建议日本政府尽快调整中国留日学生政策，促使日本政府不得不反省或思考此前中国留日学生政策的问题与弊端，并尽量作出一些调整，或者至少显示改善的姿态。

三 改善的效果及特点

如何评判日本调整与改善中国留学生政策的成效，可以从日本政府、中国留日学生各自对调整与改善留学生政策的预期目标考察。日本政府的主要目的，是希望以此缓解中国留日学生的反日活动，改善中国人不断恶化的对日感情，培育中国人尤其是中国留日学生

---

① 参见孙安石「『経費は遊学の母なり』——清末——九三〇年代の中国留学生の留学経費と生活调查について」、大里浩秋、孙安石编『中国人日本留学史研究の現段階』、185、188 頁。

的"亲日"感情，服务于其侵华扩张政策；中国留日学生的主要想法，是减轻因日本通货膨胀带来的经济压力，改善他们的学习条件与生活环境。根据日本政府、留日学生的各自诉求，结合日本政府调整与改善的具体措施，进行具体分析。

首先，日华学会成立后围绕中国留日学生开展一些活动，既为日本政府安抚与监控中国留日学生提供了民间身份的重要支撑，也在相当程度上为部分中国留日学生提供了学习与生活便利。日本政府也在反思为何回国的留日学生大多有反日思想，认为一是留日学生对日本不理解，二是日本对他们的照顾措施有缺陷，提出要把中国留日学生问题视为一个重要的国际性问题进行处理[1]，支持日华学会就是一项重要措施。从日华学会成立的时间与中国留日学生救国团的反日运动联系起来，更容易明白日本政府支持日华学会的用意所在。

日华学会通过在留日学生中的长期活动，逐渐打消了部分中国留日学生的怀疑与抵制，赢得了他们的信任，成为日本怀柔留日学生的重要团体。文部省在1921年5月给日华学会一次补助15万日元，资助其修建和经营留日学生宿舍，6月赋予其财团法人的地位。有人指出以对华文化事业经费为主要活动经费的日华学会，实际上发挥着接受中国留学生的官方机构作用。[2] 关东大地震后，外务省为掌握中国留日学生的状况与动态，在1923年10月命日华学会调查他们的情况，包括他们的姓名、籍贯、官私费别、学费状况、性格、各科成绩、勤惰、性行、思想、爱好、宗教及健康情况等。[3] 日华学

---

[1] 河路由佳「戦時体制下の在日留学生教育——政策とその教育現場における現れ」、河路由佳、淵野雄二郎、野本京子『戦時体制下の農業教育と中国人留学生：1935—1944年の東京高等農林学校』、東京、農林統計協会、2003年、28頁。

[2] 参见河路由佳「戦時体制下の在日留学生教育——政策とその教育現場における現れ」、河路由佳、淵野雄二郎、野本京子『戦時体制下の農業教育と中国人留学生：1935—1944年の東京高等農林学校』、28頁。

[3] 参见「1./分割1」、『在本邦留学生関係雑件』第一巻、外務省外交史料館、アジア歴史資料センター、レファレンスコード：B05015396300。

会"不辱使命",在东京对中国留日学生进行排查登记,曾在 1925 年 1 月、11 月向外务省两次提交《东京在住中华民国留学生名簿》①,获得后者肯定与鼓励。

鉴于此,日本出资重建在震灾中遭受毁坏的日华学会,且极力推动灾后重建的东亚高等预备学校和日华学会合并,既增强日华学会的力量,也利用东亚高等预备学校进一步扩大日华学会对中国留日学生的影响。松本龟次郎及东亚高等预备学校面对重建中的资金短缺,确实需要资助。外务省答应提供重建资金,但建议该校与日华学会合并。经外务省与文部省的运作与"批准",东亚高等预备学校并入日华学会,东京都知事在 1925 年 5 月 25 日对此予以认可。因为松本龟次郎及东亚高等预备学校在中国留日学生中具有广泛影响,所以日华学会决定不改校名,只是接收其所有业务、人事、资产。日华学会的会长细川护立亲自兼任东亚高等预备学校的校长。文部省推荐负责学校行政事务的学监 1 名,成立由文部省、外务省高级官员,以及东京高等师范学校、第一高等学校相关人员担任评议员的评议会②,具体负责学校的日常教学与重大事务之决策。由此亦可见,日华学会与文部省、外务省之间的关系非常密切。

日华学会一方面通过经营宿舍、为留日学生斡旋入学等,确实为部分中国人赴日留学提供了相对便利的条件;另一方面开展中国留日学生调查,虽服务于日本政府对中国留日学生监控的政治意图,但在客观上也为日本政府调整和改善中国留日学生政策提供参考。1923 年日本国会以各界关于改善中国留日学生政策的建议案为基础,结合日华学会的相关调查资料,通过了《对华文化事业特别会计法案》。

---

① 参见孙安石「『経費は遊学の母なり』——清末—一九三〇年代の中国留学生の留学経費と生活調査について」,大里浩秋、孙安石编『中国人日本留学史研究の現段階』,190 頁,「表 10 中国留学生に関する各種調査統計」。

② 参见深殿成主编《中国人留学日本百年史(1896—1996)》上册,第 462 页;「4. 東亜学校開校十週年紀念会」,『東亜学校関係雑件』第一巻,外務省外交史料館,アジア歴史資料センター、レファレンスコード:B05015386800。

其次，日本政府调整与改善中国留学生政策的系列法案，虽改善了部分留日学生的生活与学习条件，但由于资金不足而落实困难，不仅未达到日本政府的目标与愿望，而且也未从根本上改变留日学生生活困窘的状况，可谓"雷声大雨点小"。日本政府在1918年6月设计《中国留日学生状况改善案》的资金来源，主要有三种途径。一是私人捐赠。日本政府认为在日本国内提倡"日中亲善"者不少，且大多愿意出资，以合适的办法可以募集15万日元。同时，采取中日合办等方式，向中国人募捐。二是利用庚款。截至1918年1月，日本所获庚款的本息合计达7200万日元，若将其中之一部分资助留日学生和留日教育事业，则留学教育经费相当充足。三是中国政府的资助。日本政府因为北京政府每年为留美学生支付5万日元，所以相信随着日本"退款兴学"，北京政府出于面子的考虑也会出资支持留日学生，至少可以通过交涉让其支付少量资金。① 其实，北京政府此时已无力支付留日经费，以致于留学生监督处不得不借贷度日，更无力赞助日本的这一方案。"退款兴学"的计划，虽获得日本国会通过，但这是1923年即5年之后的事情。

日本政府耗资巨大、涉及面甚广的所谓改善中国留日学生待遇的计划案，由于资金迟迟无法到位而在执行中大打折扣。修建中国留日学生宿舍之事更是进展缓慢，即使建成之宿舍对于人数众多的中国留日学生而言，也是杯水车薪，难以满足他们的住宿需求。据时人统计，在《中国留日学生状况改善案》提出8年后，即1926年，能够入住学校宿舍的中国留日学生仍不足其总人数的10%。② 由此可见，改善中国在日留学生的住宿环境，仍一个比较突出的问题。

---

① 参见「支那人本邦留学情况改善案」、『支那政見雑纂』第三卷、外務省外交史料館、アジア歴史資料センター、レファレンスコード：B03030276600。
② 参见瀧浦文彌『寄宿舎と青年の教育』、1926年；孫安石「『経費は遊学の母なり』——清末——九三〇年代の中国留学生の留学経費と生活調査について」、大里浩秋、孫安石編『中国人日本留学史研究の現段階』、179—180頁。

第四章 留日学生政策的改善（1918—1926）

中国留日学生、驻日公使馆都希望日本政府不仅提出所谓改善政策、提高培养待遇等方案，而且拿出解决他们经济困难的实际行动。中国留日学生在1920年9月直接请求日本政府，在免除入学文部省直辖学校者的入学费与上课费之外，再免除以所谓培养费，或者特别讲课费为由而收取的费用。驻日代理公使庄璟珂于1921年6月请外务省和大藏省协商，斡旋为其从日本兴业银行借贷四五万日元，以解驻日公使馆的燃眉之急。驻日公使胡惟德在同年10月致函外务省，提出日本物价暴涨，留日学生生活困苦，请他们考虑如何帮助陷入困境的中国留日学生。[①] 这亦说明留日学生的经济状况并未因日本调整与改善中国留日学生政策而有所改变。

东京警视厅也在同时期向日本政府报告了中国留日学生的经济困难情况。警视总监在1920年4月底致函外务省财务局，通报警保局调查后制作的《在京中国留学生概况》，其中介绍了因日本物价暴涨而中国留日学生的生活困苦及其混乱状况。东京警视厅外事课在1922年6月15日调查制作了《中国相关事务概要》，介绍与分析了中国留日学生面临的经济困境，提请日本政府注意。外务省鉴于这种情况也深感解决中国留日学生的留学经费与生活困难的重要性，推动国会尽快通过"退款兴学"的议案。

最后，与北京政府合作建立庚款补给生的制度[②]，资助部分中国留日学生的学费，改善了他们学习与生活的条件，但由于中日合作未能满足日本政府完全掌控庚款补给事务的大权，遂有其后日本多次交涉修改庚款补给生制度之举。这引发了中国各界的不满与留日学生的怀疑与抵制。

日本国会酝酿、讨论《对华文化事业特别会计法案》和决定"退还"部分庚款资助中国留日学生之初，中国各界和留日学生对此

[①] 参见孙安石「『経費は遊学の母なり』——清末——九三〇年代の中国留学生の留学経費と生活調査について」，大里浩秋、孙安石编『中国人日本留学史研究の現段階』，183、184頁。

[②] 补给，日语词，补助、资助之意。

表示欢迎①，甚至建议中日共同推行"东方文化事业"。例如，北京大学专门组织临时委员会具体研究庚款，教育部派遣汤中负责办理日本退还庚款相关事宜。北京大学校长蒋梦麟提出将"对支文化事业"的名称改为"东方学术事业"②，驻日公使汪荣宝则建议将其改为"东方文化事业"③，以积极合作的态度，试图通过中日共同努力，发扬东方文化。中国留日学生在1923年初听闻日本国会讨论《对华文化事业特别会计法案》，且或将通过之事，非常兴奋，认为日本只要将从中国获得庚款2000万元为本金，以其年利息充作中国留日学生的费用……中日之间所有的误会皆可消除，从此之后的中国反日运动，也将因此而烟消云散。④ 这种想法虽反映了中国留日学生兴奋的心情，但太过于乐观了。

事实上，《对华文化事业特别会计法案》颁布不久，中国留日学生对该法案便从期待转为批评。他们指责该法案完全由日本政府单方面决定，且其中之救恤金、资助医院等并非文化事业，特别是以庚款资助日本在中国设立学校，暗藏日本文化侵略的野心。⑤ 中国留日学生总会在1923年6月26日发表宣言，拒绝接受日本"退还"庚款的补助。⑥ 他们在7月散发《中华民国留日学生关于排日问题之宣言》，抨击日本的对华文化事业目的是在"中日友好"的旗号上涂脂抹粉，以此责怪所谓"反日者"的忘恩负义，认为这是完全无视中国人诉求的文化事业，充其量不过是日本侵华扩张的"前驱"或者"附属事业"，形象地将此事比作中元节赠送他人礼物，却又强迫他人以田宅交换，表示诸如此类的所谓"恩惠"或"友好"，中

---

① 王树槐：《庚子赔款》，台北"中央研究院"近代史研究所1974年版，第491页。
② 《北京大学对于日本以庚子赔款在中国举办学术事业意见书》，《北京大学日刊》第1455号，1924年4月26日。
③ 阿部洋『「対支文化事業」の研究——戦前期日中教育文化交流の展開と挫折』、223頁。
④ 王树槐：《庚子赔款》，第497页。
⑤ 参见阿部洋『「対支文化事業」の研究——戦前期日中教育文化交流の展開と挫折』、227—228頁。
⑥ 参见実藤恵秀『中国人日本留学史』、124頁。

国留日学生是无论如何都不会接受的。① 他们指出日本政府推行对华文化事业目的有二,一是以此批评中国人特别是留日学生的反日行动,二是伺机推行文化扩张,配合日本侵华扩张战略,故由最初的欢迎转向此后的反对。

但是,在中日达成《日本对华文化事业协定》与建立庚款补给生制度后,原本表示拒绝接受补助的留日学生,反为获取补助发生了内讧。早稻田大学、明治大学等校的自费留日生,指出官费生既然接受了官费,再接受日本对华文化事业补给即成"双重"补助,强烈主张取消官费生接受日本对华文化事业补助的权利,且利用在留日学生总会的人数优势,试图通过召开总会实现自己的要求。以东京高等师范学校等公立学校为中心的官费生,组织总会反对派,成立各省联合会,要求获得日本对文化事业补助的权利。此后至1925年前半年,围绕日本对华文化事业补助的学费分配问题,中国留日学生总会长期处于混乱状态。② 一部分留日学生大闹驻日公使馆与留学生监督处,要求北京政府教育部修改已颁布的《日本对华文化事业留学生学费补助分配办法》。③ 个别留日学生甚至直接诉之外务省、文部省等日本相关机构④,为日本向北京政府交涉修改学费补助分配办法提供了口实。

日本政府还乘机迫使那些愿意接受补给的留日学生,签署含有如此内容,即勿忘日本政府恩典,致力"日中亲善"的所谓"誓约

---

① 《中华民国留日学生关于排日问题之宣言》(1923年7月),转引自実藤恵秀『中国人日本留学史』、125—126頁。

② 参见「留日学生総会の紛擾」、『在本邦留学生関係雑件』、外務省外交史料館、請求番号:H—5—0—0—1,第2册,转引自孫安石「『経費は遊学の母なり』——清末—一九三〇年代の中国留学生の留学経費と生活調査について」、大里浩秋、孫安石編『中国人日本留学史研究の現段階』、190頁。

③ 修改原因、过程、内容等,参见「2. 文化事業部補助留学生費修正弁法案大正十五年十二月」、『民国政府ノ外国留学ニ対スル諸調査関係雑件』、外務省外交史料館、アジア歴史資料センター、レファレンスコード:B05016089800。

④ 参见孫安石「『経費は遊学の母なり』——清末—一九三〇年代の中国留学生の留学経費と生活調査について」、大里浩秋、孫安石編『中国人日本留学史研究の現段階』、191頁。

书"。留日学生在1925年初纷纷对此表示不满,指责日本对华文化事业补助中国留日学生的规则、手续等,完全由日本政府制订,驻日公使馆类似于日本外务省文化事业部的附设机关,补给生的选拔则由文化事业部决定,如此实在不妥,认为最奇怪的是在发放补助时,每位接受补助者还必须签署各校内容几乎相同的"誓约书",只有根据日本政府的授意,方能如此类似。该誓约书言:勿忘日本政府恩典,致力于"日中亲善",如同日本皇室对其臣下的恩赐一样。虽有明治大学、东京商科大学的中国留学生同意在该誓约书上签字,但像如此侮辱怎么敢称"文化事业"?[1] 反映了他们对日本各校如此无礼要求极其不满。但是,随着一部分留日学生逐渐在"誓约书"上签字,其他接受补助的留日学生也被迫就范。日本政府以补助学费名义,进行经济引诱,安抚与收买个别意志薄弱者,企图培养留日学生的"亲日"感情。

日本政府同时向北京政府交涉修改一般补给生制度。根据《日本对华文化事业留学生学费补助分配办法》(日方称之为"一般补给生规则")的规定,按照中国各省分配所得的补给名额与官费生、自费生对半分配名额的标准,由中方推荐一般补给生,打破了日本随意挑选,以培养留日学生"亲日"感情的根本目的,故日本强烈要求修改这一规则。不过,20世纪20年代中国日益高涨的民族民主运动,以及收回教育权运动的蓬勃发展,使日本不宜贸然行事。但是,按耐不住独自掌控庚款补给留日学生事务的日本政府,于1926年4月、9月,陆续推出"特选留学生制度""选拔留学生制度"。[2] 这两类留学生补给制度,不再以省别与费别为准,而以所谓修学态度、学业成绩等为主要标准,即关键是日本相关机构满意与否;此

---

[1] 「新聞切拔送付ノ件(対支文化事業ニ対スル在東京支那留学生ノ不平)」(大正十四年二月二十四日付)、『在本邦留学生補給実施関係雑件』;参见阿部洋「戦前日本の『対支文化事業』と中国人留学生——以学費補給問題を中心に」、国立教育研究所『国立教育研究所紀要第121集:戦前日本のアジアへの教育関与』、1992年3月、181—182頁、注释(6)。

[2] 参见徐志民《日本政府的庚款补给中国留日学生政策研究》,《抗日战争研究》2012年第3期。

第四章　留日学生政策的改善（1918—1926）　113

类名额由留学生就读学校或机构推荐，直接向文化事业部申请，且由外务省确定人选，完全排除中方参与，体现了日本控制庚款补给生的目的。①

需要说明的是，日本"退款兴学"，确实为少数经济困难的中国留日学生解决了部分困难。例如，日本对华文化事业在1923年度资助中国留日学生的费用，主要用于北京政府、各省的官费生1923年9月的学费，以及他们所欠上课费。日本对华文化事业在1924年度的临时性开支中，主要缴纳1924年3月回国的毕业留学生所欠学校三个月的学费，即1923年12月、1924年1月与2月的学费，以及其他欠费生，特别是自费生的回国旅费，还包括发给自费生的奖学金等。② 这不仅解决了部分中国留日学生的欠费问题，而且为那些穷困潦倒的毕业者提供回国旅费，也算"善事"一件。

日本国会关于改善中国留学生待遇的质问，以及通过的相关建议案，一些还成了日后调整与改善中国留日学生政策的参考依据而变为现实。例如，外务省与文部省以第44届国会通过的《关于中华民国留日学生教育之建议案》为参考，在1925年2月经协商达成《直辖学校中国人预备教育设施计划案》，决定从1926年在东京高等工业学校、第一高等学校、东京高等师范学校、奈良女子高等师范学校、广岛高等师范学校、明治专门学校、长崎高等商业学校，为中国留日学生设立特设预科，重点提高他们的学力。③ 如前所述，第45届国会通过的"退款兴学"建议案，也成为1923年日本"退还"庚款建立补给生制度之基础。可见，日本国会的一些改善中国留日

---

①　参见「特選留学生選定標準及手続修正ニ関スル件　昭和二年二月」、『在本邦特選留学生補給実施関係雑件/方針関係』第二巻；「選抜留学生ノ定員増加ニ関スル件　昭和三年四月」、『在本邦選抜留学生補給実施関係雑件/方針関係』第一巻、外務省外交史料館、アジア歴史資料センター、レファレンスコード：B05015513100、B05015474700。

②　参见「第五十議会帝国議会説明参考資料　大正十四年一月/2 四/1」、『帝国議会関係雑纂/説明資料/対支文化事業』第二巻、外務省外交史料館、アジア歴史資料センター、レファレンスコード：B03041496900。

③　参见酒井順一郎「1920年代から1930年代に於ける中国人日本留学生政策」、『留学生教育』第9号、2004年12月、87頁。

学生待遇的议案，不仅在大正后期变成了现实，而且受日本调整与改善中国留日学生政策之影响，日本社会也增加了一些对留日学生的"善意"。

不过，日本调整与改善中国留日学生政策，是在日本国内国际各种压力下开展的，并非真正遵循留学教育的宗旨与规律，因而第一大特征是过分的功利性。日本政府从支持日华学会成立到颁布一系列调整与改善中国留学生待遇的相关法案，从"退还"庚款筹建留日学生学费补给制度到迫使他们签署勿忘日本政府恩典、致力于"日中亲善"的所谓"誓约书"，无不表明希望缓和中国留日学生的反日活动与反日情绪，培养他们的"亲日"情感，配合日本侵华扩张的现实目的。

第二是日本政府调整与改善中国留日学生政策具有选择性。从日华学会的宗旨到各项改善留日学生待遇法案的内容，从国会关于中国留日学生相关待遇的讨论到日本驻华使领馆的"退款兴学"建议，从减免或停收教育补助费到通过《对华文化事业特别会计法案》，从增建中国留日学生宿舍到建立庚款补给生制度等，可知日本调整与改善留日学生政策的重点是经济与生活方面。日本调整与改善的相关政策，还包含对中国留日学生的选择，如在规模庞大的中国留日学生群体中，日华学会的援助对象、改善法案之适用范围、接受中国留日学生入住的宿舍，如何挑选特选留学生与选拔留学生等，表面上规定是根据学习成绩、修学态度等，实际上完全由外务省判断，企图以补助学费为诱饵，迫使中国留日学生顺从日本政府的希望与要求。

第三是日本改善中国留日学生待遇具有象征性。日本宣称的改善计划涉及方方面面，貌似规模庞大，耗资甚巨，但实际上又不愿投入过多资金，导致一些改善政策与措施往往无法落实。例如，《中国留日学生状况改善案》提出的改善政策与措施多达18项，每年需要资金至少77.2万日元。但是，这些资金并没有稳定的来源或保障，可以说在日本国会未通过《对华文化事业特别会计法案》前，各项改善政策与措施往往"口惠而实不至",无法落实。该法案在日本国会通过后,也仅仅改变了极少数或个别留日学生的待遇,并不具有普遍性。因此,日本调整与改善中国留日学生政策某种程度上只有象征意义。

第四是日本调整与改善中国留日学生政策的国际性。欧美诸国在20世纪20年代逐渐改变对华政策,而"退还"庚款以促进中外文化交流是重要内容之一。英国政府在1922年12月发表宣言,表示将中国尚未支付的庚款"退给"中国,以此支持与资助中英之间的文化教育交流。美国参众两院于1924年5月21日通过将美国所获之全部庚款余额"退还"中国的决议案,资助中国教育文化事业的发展与进步,拉开了近代美国二次"退还"庚款的序幕。法国政府决定从1925年开始,每年从获得的庚款中提取20万美元,资助中法之间的教育文化和慈善事业。比利时政府决定在中比庚款委员会成立后,比利时"退还"庚款总数的5%,资助中国学生留学比利时。中荷双方经过商谈,决定荷兰"退还"庚款总额的35%用于中荷文化交流事业。可见,"退款兴学",以及资助中外科技、文化、慈善、学术交流等,是西方列强调整对华关系的一项重要内容,具有相当普遍性。日本"退还"一部分庚款,建立庚款补给生制度,只不过是顺应"退还"庚款的国际趋势而已。

四 小结

日本政府鉴于明治时代至大正初期的中国留日学生政策的弊端与问题,在大正中后期进行了相应的调整与改善。这种调整与改善并非出于留学教育本身传播科学文化知识的宗旨与规律,而是在某种程度上不得不顺应第一次世界大战结束后欧美列强重返东亚,以及它们调整对华政策的国际大趋势。当然,缓解中国留日学生不断加剧的反日斗争,培养留日学生的"亲日"感情,服务于日本侵华扩张政策，这是日本政府调整与改善留日学生政策的初衷与根本。从这个层面而言，日本对中国留日学生政策的"调整"与"改善"，只是相较明治末期、大正初期的留日学生政策和部分积极的客观效果而言，就其前述主观目的来说则始终未变，无所谓"改善"。因此，1927年南京国民政府成立后，为提高留日教育质量和争取留日学生补给事务权利，主动向日本交涉留日学生政策诸问题。

第 五 章

留日学生政策与中日交涉
（1927—1931.9）

  1927年4月，南京国民政府成立后，为"刷新外交"和"统一内政"做了一些尝试，反映在留学教育层面特别是留日教育事业上，就是打着"革命外交"的旗帜要求日本"退还"全部庚款，以控制庚款补给留日学生事务。同时，与日本政府交涉普通留日学生入学方案和留日军事学生的招收问题，以提高留学质量和统一军事留学生的派遣权。在艰难的交涉过程中，日本政府虽在具体措施和细节上作了部分让步，但并未改变其控制庚款补给留日学生事务实权和接受留日学生的基本方针，至九一八事变爆发，中日交涉无果而终。目前，中日两国学者侧重于研究国民政府的留学政策、庚款补给生制度、东方文化事业与留日学生，以及日本政府为中国留日学生特设的预科教育等问题。[①] 但是，关于中日交涉庚款补给留学生制度、

---

 ① 代表性成果有，孔凡岭：《1927—1937年南京政府的出国留学政策》，《齐鲁学刊》1999年第1期；孔凡岭：《抗战前南京国民政府的军事留学教育》，《东方论坛》2003年第1期；周一川「国民党政府の留学政策と日本留学の特殊性」，『中国研究月報』第624号、2000年2月；孙颖：《20世纪上半叶中日文化关系的一个片断——"东方文化事业"留学生学费补给制度考略》，《贵州民族学院学报》2006年第2期；二見剛史「戦前日本における中国人留学生予備教育の成立と展開」、国立教育研究所『国立教育研究所紀要第94集：アジアにおける教育交流——アジア人日本留学の歴史と現状』、1978年3月；阿部洋：『「対支文化事業」の研究——戦前期日中教育文化交流の展開と挫折』；酒井順一郎「1920年代から1930年代にをける中国人日本留学生政策」、『留学生教育』第9号、2004年12月；徐志民：《日本政府的庚款补给中国留日学生政策研究》，《抗日战争研究》2012年第3期；韩立冬：《近代日本的中国留学生预备教育》；徐志民：《从合作到对抗：中国人眼中的"东方文化事业"（1923—1931）》，《社会科学研究》2017年第4期。

协商普通留日学生入学方案和留日军事学生招收问题的研究成果甚少，而这些问题与20世纪20年代末30年代初的中日两国政局和中日关系密切相关，是从文化教育交流的视角，探讨与理解中日两国从对抗走向冲突的一个侧面。

一　学费补给制度争议

清末民初，中国官费或公费留日学生的学费补助资金，主要来自中国政府的财政拨款和派遣单位、团体的资助，因而属于中国内部事务。这一时期中日虽有关于中国留日学生经费往来等经济事务，但并非交涉学费补给制度问题。如，在1902年10月清政府驻日留学生监督处成立前，留日学生的学费、生活费等，主要通过日本驻华使领馆转至外务省，然后由外务省经各个学校转发给留日学生。还有文部省和教育机构向清政府索要校舍建筑费、从事中国留日学生教育的教师工资、购置教学设备费，以及试验费等多种教育补助费的事宜。另外，日本政府曾为中国驻日留学生监督处斡旋贷款。据统计，中国驻日留学生监督处从1911年5月至1916年4月五年间，仅从日本正金银行一家就贷款20次，总额39.24万元。[①] 这些涉及留日学生经济事务的往来，主要是中国政府为留日学生学费和各项经费"买单"，日本政府只是充当了中间人的角色，所以当时并不存在需要两国政府交涉的留日学生学费补给制度。

日本国会通过《对华文化事业特别会计法案》后，中日两国政府开始交涉庚款补给留日学生学费制度的相关事项。如前所述，中日双方通过交涉建立了一般补给生制度。[②] 但是，由中国驻日公使馆

[①] 参见「在本邦支那留学生ノ学資正金銀行ヨリ借入並ニ宿料不払留学生ノ件」、『袁世凱帝制計画一件（極秘）/反袁動乱雑件ノ部』第三巻、外務省外交史料館、アジア歴史資料センター、レファレンスコード：B03050738400。

[②] 参见陈学恂、田正平编《中国近代教育史资料汇编·留学教育》，第409—414页。

第五章　留日学生政策与中日交涉（1927—1931.9）　119

推荐留日学生、按省别和官自费别分配名额、发放补助费等，"妨碍"了日本政府挑选留日学生的垄断权。于是，日本政府不断要求修改分配标准、资助金额、官自费生比例、学校的排序等规定，以全面控制补给留日学生事务大权，企图以经济杠杆迫使留日学生走向自己所希望的轨道。因而，在未能通过中日交涉修改一般补给生规则的背景下，日本政府推出了"特选留学生制度"与"选拔留学生制度"。这种以"退还"庚款之名，行控制对华文化事业之实的做法，引起中国各界与留日学生的强烈不满、疑惑与抵制。中国教育界人士与留日学生，纷纷指责庚款补给生制度是中国按照约定选拔获得补给的留日学生，在领取或报销补给费时，则要报名举目，列出清单，如同下属向长官汇报一样[①]，实在有辱国格与人格，反而刺激他们产生更加强烈的反日情绪。北京政府对此亦十分不满，且就中日双方委员组成的"文化事业总委员会"并无实权问题对日提出抗议，宣称若照此下去，则中方似无必要与日本共同推进"文化事业"[②]，反映其对日本完全控制"东方文化事业"的不满和失落。[③]

中国国民党则直接否定"东方文化事业"，指责东方文化事业总委员会实际上是外务省的附属机构，打着退还庚款的名义，从事对华文化侵略的勾当。1927年北伐军攻占上海，国民党的上海市党部发表宣言，批评东方文化事业的总委员会虽据《中日文化协定》建立，但该协定是日本政府与北京政府签订，并非与南方的国民政府签署，且遭到大多数文化教育学术团体的反对，似乎没有存在的价值。该总委员会的中国方面委员，全都属于中国最腐败的研究系。该系种种作为，早已为国人所批评。原因或在于他们勾结帝国主义列强，依附军阀而掌握各国所"退还"之庚款，全用于修建反动教育的设施。我们在北伐顺利进行之际，提醒日本政府有必要重新考

---

① 舒新城：《中国留学小史》，《中华教育界》第15卷第9期，1926年3月。
② 外務省外交史料館『東方文化事業總委員会記録』、1929年8月、124—125頁。
③ 《七零八落之东方文化事业》，《教育杂志》第19卷第2期，1927年2月。

虑。若日本政府不尊重中国大多数文化学术教育团体的主张，停止该委员会的活动，寻找其他正当途径，则必然激起中国人更大的反日运动。[1] 1927 年 4 月，南京国民政府建立后，明确要求日本全数返还庚款和废除《中日文化协定》。

日本政府非但无视南京国民政府的态度与要求，反而趁北伐战争、国共分裂、新军阀混战之机，一方面召开东方会议，推进大陆政策，三次出兵山东，加速侵华扩张步伐；另一方面迫使留学生监督处接受其修改一般补给生规则的既成事实。日本政府于 1927 年 9 月 15 日颁布《发给中国留日学生学费支付手续》，规定外务省在月末发放学费时，直接将资金汇给各校校长（大学是总长，研究所是所长），经他们再转发给留日学生[2]，剥夺了一般补给生规则中由中国驻日公使馆发放学费补助的权力。

日本政府在 1928 年 3 月 20 日颁布《学费支给留学生规程案》，从根本上修改了一般补给生规则的基本原则。该规程案规定：一是一般补给生的选拔范围，包括专门学校和专门学校预科、高等学校高等科、日本大学学部和大学预科、高等师范学校，以及更高级别的学校或在其他机构研究、实习之中国留学生。二是中国补给生的总数 400 名，扣除 25 名需要特别考选外，其他 375 名按如下比例选拔：1. 留学官公立大学的本科生每 3 名补助 1 名（即"三选一"），预科生每 5 名补助 1 名（"五选一"）；2. 留学私立大学的本科生是"四选一"，预科生是"六选一"；3. 留学官立高等学校高等科、高等师范学校、专门学校本科生与预科生为"五选一"；4. 留学私立高等学校、专门学校本科生与预科生为"六选一"。三是文化事业部、文部省、留学生监督处各派一人成立考选委员会，根据各校提供的中国留日学生的类别、姓名、人数，确定补给生在各校之比例，按人品、学业成绩、健康情况选拔补给生。四是补给月额，大学学

---

[1] 《所谓"东方文化事业"之失败与反抗》，《教育杂志》第 19 卷第 1 期，1927 年 1 月。
[2] 参见「学費支給支那留学生給費手続」,『補給留学生規則関係雑件』，外務省外交史料館、アジア歴史資料センター、レファレンスコード：B05015410200。

部的学生或同类毕业生是每月 60 日元,其他是每月 50 日元。[①] 该规程案实际上取消了一般补给生规则的省别定员,以及官费生、自费生对半分配补给名额的基本原则,以日本划分的各校及各学科补给生的比例为基础,按思想状况、学习成绩、健康情况由学校推荐,完全剥夺了中方推荐补给生之权,削弱了留学生监督处、公使馆对各校中国留学生的控制力。在考选委员会内,中日人员 1∶2 的设置使中方无法发挥作用。日本政府此举基本摆脱了中方"掣肘",导致一般补给生规则与制度名存实亡。

日本无视中方的补给名额分配原则与参与权,导致南京政府强烈不满与抗议,决定对日交涉庚款补给留日学生制度。首先,南京政府实施"革命外交",指责日本肆意更改中国留日学生学费补给分配办法,减少了应该支付的金额,垄断选拔学费补给生的权力,违反了所谓"退款兴学"和助力中国文化教育事业的基本精神[②],一方面要求中国派遣代表参与日本的选拔留学生规则制定,另一方面要求日本全部"退还"庚款。南京政府教育部在 1928 年 9 月派姜琦作为留日学生监督,从"确保主权"的立场出发,在学费补给问题上坚持强硬的对日交涉方针。

其次,教育部从舆论和实际行动上采取要求日本"退还"庚款的具体措施。教育部认为所谓中日共同文化事业在日本外务省文化事业部的管辖之下,已成为日本内政的一部分,并指出以下两点理由。一是对日本国内的中国留日学生的学费补助,处于文化事业部的直接监督之下,由驻日留学生监督机关办理;二是在中国国内开展文化及慈善事业时,日本政府派专家处理事务,由中国政府派人协助,取得中国国内的土地使用权与所有权。因此,日本政府打着

---

① 参见「一般留学生選定規則改正打合会　昭和三年五月」、『補給留学生規則関係雑件』、外務省外交史料館、アジア歴史資料センター、レファレンスコード:B05015410300。
② 参见《日本变更庚款资助华生案——留学生监督电部请示》,《晨报》1928 年 3 月 17 日;《日本变更庚款津贴华生原案问题——教部对于选择给费之主权问题颇为注意》,《世界日报》1928 年 3 月 18 日。

"退还"庚子赔款的旗号,实际上服务于对华文化侵略的目的。① 于是,教育部采取如下对策:1. 指责《中日文化协定》是日本对中国文化侵略的工具;2. 指出该协定的"不当"部分,并立案废止,禀请中央政府对日交涉;3. 命令东方文化事业总委员会中的中方委员全部退出该委员会;4. 向驻日留学生监督处发出训令,指示其停止接受外务省文化事业部的学费补助,以显示坚决反对《中日文化协定》的决心。

最后,外交部命驻日公使汪荣宝对日交涉废除《中日文化协定》和要求返还全部庚款。汪荣宝于1930年6月18日致函外务大臣币原喜重郎,提出日本应返还1922年12月以来所有庚款,由中方建立中日庚款委员会独立自主地掌握庚款的使用权,其中1/3直接资助文化教育事业,补给生的补给金额与年限保持不变,留学生监督处具体负责补给生的名额分配、缺额补选,废除日本单独控制的选拔留学生制度等②,表达了南京政府掌握日本退还之庚款的管理、使用、分配大权的强烈要求。

日本政府表示可以通过谈判,在一定的范围内接受中国的意见和要求。币原喜重郎建议重新设立中日联合考选委员会,废止日本控制的选拔留学生制度,将其融入一般补给生制度内。③ 不过,在日本颁布《学费支给留学生规程案》后,考选委员会、一般补给生制度,实际上已形成按照日方意愿运作的机制,此时重提组建考选委员会或终止选拔留学生制度对中国而言并无实际意义。日方看似妥

---

① 参见《废止中日文化协定——教部再请中央向日交涉》,《申报》1930年10月31日。
② 中华民国特命全权公使汪荣宝致币原外相信「日本退還庚款草案」(昭和五年六月十八日付)、『日支共同委員会一件団匪賠償金返還 汪——出淵協定廃止日支委員非公式会見』、参见阿部洋「戦前日本の『対支文化事業』と中国人留学生——以学費補給問題を中心に」、国立教育研究所『国立教育研究所紀要第121集:戦前日本のアジアへの教育関与』、1992年3月、175頁。
③ 幣原外相致汪荣宝公使公函「団匪賠償金返還協定草案ニ関スル件」(昭和五年七月二十六日付)、『日支共同委員会一件団匪賠償金返還 汪——出淵協定廃止日支委員非公式会見』、参见阿部洋「戦前日本の『対支文化事業』と中国人留学生——以学費補給問題を中心に」、国立教育研究所:『国立教育研究所紀要第121集:戦前日本のアジアへの教育関与』、1992年3月、175頁。

协的退让,并未改变日本掌控庚款与留日学生补给事务的实权。

1930年7月,南京政府训令留学生监督处,表示此后不再从留日学生中选拔庚款补给生的候补者,即使已经接受庚款补给的补给生,也将逐渐停止领取补助①,以显示对日交涉全数退还庚款,以及参与庚款补给生事务的决心与强硬态度。受中日艰难交涉的影响,此后的一般补给生日渐减少。

日本决定通过增加选拔留学生,弥补一般补给生的不足。日本政府于1931年8月18日通过《关于选拔留学生定员改正的高裁案》,批评南京政府从1930年7月以停止留日学生接受日方补给为条件,要挟日方全数返还庚款,导致一般补给生比规定人数减少了110名,目前只有210名,预估将来会更少。于是,外务省决定随着一般补给生的减少,逐渐增加选拔留学生名额,在没有一般补给生的情况下,可将选拔留学生增至500名。② 这是日本对留日学生补给制度的又一次变革,将选拔留学生制度提至庚款补给生最主要的制度,某种程度上可以说是废止一般补给生制度的前奏。

日本利用中国军阀割据、政局混乱、政权更替的内乱之际,推出特选留学生制度和选拔留学生制度,修改一般补给生规则,独自掌控庚款补给生事务,中方从最初的配角逐渐沦为完全无权置喙的傀儡。日本由此随意挑选留日学生,给予庚款补给机会,收买个别意志薄弱之徒,培养成"日中亲善"的"模范",效命于日本侵华扩张政策。③ 国民政府自然无法容忍日方在留日学生补给问题上的"为所欲为",在争夺庚款补给留日学生事务大权的同时,也向日

---

① 参见「監督処通告」、「教育部布告」、「教育部訓令」、『日華学報』第17号、1930年10月。

② 「選抜留学生ノ定員改正ニ関スル高裁案」(昭和六年八月十八日決裁)、『在本邦選抜留学生補給実施関係雑件方針関係』、参见阿部洋「戦前日本の『対支文化事業』と中国人留学生——以学費補給問題を中心に」、国立教育研究所『国立教育研究所紀要第121集:戦前日本のアジアへの教育関与』、1992年3月、178頁。

③ 「団匪賠償金処分案」、『東方文化事業部関係会計雑件』第一巻、外務省外交史料館、アジア歴史資料センター、レファレンスコード:B05015064300。

提出交涉新的留日学生入学方案问题。

二 协商留日学生入学方案

从清末至民国，日本政府制定的普通留日学生接受政策中，较少涉及自费留日学生的接受问题，主要针对就读文部省直辖学校的官费留日学生。但是，在官费留日学生的入学方案中存在着特设预科年限过长、中日学制衔接和中国学生入学困难等问题，成为南京政府初期对日交涉普通留日学生新入学方案的重要内容。

其实，早在1922年"五校特约"废止前，一宫房治郎联合多名议员在1921年3月24日向国会递交了《关于中华民国留日学生教育之建议案》，主要是建议日本学校不仅向中国学生开放，而且要简化入学手续、删减各种繁琐的规定；提醒日本政府在五校特约期满后继续与中方续订条约，签订长远的接受中国学生的协议。[①] 3月26日，日本国会通过该项建议案。

1925年2月，日本外务省和文部省以一宫房治郎等人的建议案为基础，拟定《直辖学校中国人预备教育设施计划案》，以改进中国留日学生预备教育。根据该案，从1926年开始在第一高等学校、东京高等师范学校、东京高等工业学校、广岛高等师范学校、长崎高等商业学校、奈良女子高等师范学校、明治专门学校，设置特设预科。[②] 也是从1926年开始，日本政府几乎每年都召开"特设预科会议"，研究各校特设预科的教育内容、经营状况，审计各年度的重要问题。外务省文化事业部部长冈部长景告诫各校代表：中国留日学

---

① 「第四十四議会／7 支那留学生ニ対スル建議案提出ノ件」、『帝国議会関係雑纂／質問答弁』第七巻、外務省外交史料館、アジア歴史資料センター、レファレンスコード：B03041441700。

② 参见酒井順一郎「1920 年代から1930 年代に於ける中国人日本留学生政策」、『留学生教育』第 9 号、2004 年 12 月、87 頁。

生在政治外交中具有重要影响，而他们之中理解日本者仅是极少数人，故勉励日本教育者对他们谆谆诱导，将留学生教育置于国策上的重要地位。① 日本政府重视中国留日学生预科教育的主要目的，就是诱导他们"理解"日本，"亲善"日本，服务于日本对华外交战略需要。

南京政府建立后，希望日本政府取消部分预科教育，准许中国留学生插班学习，从而更快地实现留学目的。然而，明治专门学校、东京高等师范学校等开设特设预科的学校，认为中国学生日语水平太低，理化各科的学力尤为不足，不仅留日学生本人学习很苦，教学上也多有不便，主张延长特设预科的时间。② 为此，姜琦监督召集各省留学生经理员，共同讨论文部省直辖高等专门以上学校及私立各大学接受中国留学生的方案，于1929年11月26日拟定《我国留日学生入学方案（草案）》，主要内容如下：

1. 国内大学毕业生。（一）国省立大学毕业生欲入日本帝国大学大学院或私立大学大学院者，应请日本文部省准予无试验入学。（二）私立大学（以立案者为限）毕业生欲入日本帝国大学大学院或私立大学大学院者，应请日本文部省准予试验入学。

2. 国内大学修业生。此类修业生欲入日本帝国大学或私立大学本科者，应请日本文部省仿照欧美办法，按各该生已经修业年限准予试验入学。

3. 国内高级中学校毕业生。此类毕业生欲入日本官私立各高等学校者，应请各学校按照该生学力之高下，准予插入各校

---

① 参见酒井顺一郎「1920年代から1930年代に於ける中国人日本留学生政策」、『留学生教育』第9号、2004年12月、87頁。
② 参见「1. 文化事業部関係自大正十二年至昭和四年（9） 岡部前部長ヨリ坪上新部長ヘ事業引継内容　昭和四年二月」、『東方文化事業関係雑件』第一巻、外務省外交史料館、アジア歴史資料センター、レファレンスコード：B05015001200。

第三学年或第二学年第一学期，至于有预科之专门学校准予直接入本科。

4. 国内专门学校毕业生。此类毕业生应请日本文部省准予试验入各大学本科第一学年，并得入各专门学校之研究科。

5. 废止现在各校一年制特设预科。今后应请日本文部省废止一高及高师等校所附设之特设预科。

6. 东京工业大学三年制特设预科应改为二年制。此种特设预科暂时照旧存立，但应亦以收容我国高级中学校毕业生为原则，今后应请废止第一学年级，提高程度改至与各高等学校第二部第二学年级同程度办起。①

该方案明确提出废除特设预科和缩短东京工业大学特设预科年限，放宽国内大学毕业生、修业生入学日本公私立大学的条件，以及允许中国高中毕业生插班学习的请求。姜琦以驻日留学生监督处名义将该方案呈请国民政府教育部核示的同时，又以个人名义向日本外务省文化事业部提出《中华民国留日学生入学方案意见书》，说明希望变更留学生入学方案的如下理由。

第一，中国政府已提高自费留日生的资格。1924 年北京政府教育部已规定自费留学资格有两个：一是中学毕业以上者，二是从事教育事业两年以上者，凡此类自费生到东后，均可自由投考各校。1928 年 9 月，国民政府教育部将自费留学生资格修改为（一）高级中学以上学校毕业者，（二）办理教育事业二年以上者。翌年 9 月，再次提升自费留学资格，即一是高中毕业以上者，二是若为旧制中学毕业，需从事教育或有技术职务两年以上，且确有成绩者。② 随着自费留学资格不断提升，一定程度上提高了他们的学力。

---

① 「留日学生入学方案意見書　昭和五年一月」、『参考資料関係雑件　留日学生監督所ヨリ学校取調学生名簿請求関係』、外務省外交史料館、アジア歴史資料センター、レファレンスコード：B05016184000。

② 同上。

第二，日本的特设预科制度，耽误了优秀的中国留日学生的学习时间。姜琦监督指出："查日本文部省规定日本各帝国大学所收容之学生，仅限于各高等学校毕业生。而各高等学校对于我国留学生，向来不许插班，故我国留学生欲升入高等学校者，非从第一学年起不可。况自第一学年起，除极少数有受自由竞争之能力者外，余经东京第一高等学校所附设之特设预科毕业，再经文部省将入各高等学校名额分配后，各高等学校始准收容。"① 这就使大多数中国学生只有先入特设预科，方能进入高等学校学习，延长了中国留日学生的留学时间，延缓了成才速度。实际上，中国学生有能力插班学习，"中国高级中学校毕业生，成绩优秀者即可插入日本高等学校第三学年，成绩平庸者亦可插入第二学年。"② 故姜监督主张废除此类特设预科，允许中国学生插班学习。

第三，中日学制不同，衔接困难。姜监督在意见书中阐述道："我中国政府之所以限制留学生资格，规定自费留学生资格径为高级中学校毕业生者，良以初级中学校毕业生年龄仅达十五岁，对于本国历史之观念及本国公民之知识，尚未充分了解与准备，在一国之教育政策上，决不愿许其任意前往外国留学，不得不加以限制者。故无论日本学制与中国学制有如何不同，及日本现行法令坚决不许高等学校第二三年级收容我国高级中学校毕业生，然极不愿牺牲本国教育政策而将就日本学制，恢复留日自费学生资格为初级中学校毕业生。以上所述，系专指我国高级中学校毕业生与日本高等学校不易相衔接之困难情形而言，其他如中国国内官公私立大学教授或毕业生欲入日本官私立大学大学院研究等等，均咸同样之困难。"③ 一是解释了限制年幼者出国留日的原因，二是说明了中国高中与日

---

① 「留日学生入学方案意見書　昭和五年一月」、『参考資料関係雑件　留日学生監督所ヨリ学校取調学生名簿請求関係』、外務省外交史料館、アジア歴史資料センター、レファレンスコード：B05016184000。

② 同上。

③ 同上。

本高中学制衔接困难，三是强调了中国大学教授或毕业生入学日本官私立大学院同样存在困难的情况。

国民政府教育部鉴于上述原因批准了这一新的留日学生入学方案，并函请驻日公使与日本政府交涉。1930年1月13日，《申报》以《教部批准留日生入学法》为题，报道称："近年以来留日学生日渐增多，但入学介绍法颇感困难，有到日后无校可进，以致进退维谷，现任驻日留学生监督姜琦拟其留日学生入学方案及意见书，呈请教育部核示。昨日教育部已将该方案批准并经函请驻日公使转商日本政府……"① 获知该消息的东方文化事业上海委员会干事堺与三吉，在1月15日致信外务省文化事业部部长坪上贞二，报告中国即将向日本政府交涉新的留日学生入学方案②，请政府做好应对准备。

日本政府获知新入学方案（草案）后，虽未明确表示反对，但仍招收达不到国民政府规定自费留学标准的留学者。他们认为中方提高自费生的留学资格，使无资格而又想留学日本者很难得到中国驻日留学生监督处的介绍，而日本为中国留日学生的预备教育在物质和精神上做了充分准备，不能因中方意见就停止既有之接受计划，且在每次事变后中方往往修改教育方针，重新对日交涉，故将中国驻日留学生监督处的提案暂时搁置，等待以后一并处理。1930年1月9日，吉田茂外务次官致信中川健藏文部次官《关于中国留学生入学申请书受理方法件》，请文部省通知各学校，按照《文部省直辖学校外国人特别入学规程》第一条规定，由外务省介绍或推荐的中国留日学生提出入学申请者，照旧办理其接受事宜。③ 1月27日，

---

① 《教部批准留日生入学法》，《申报》1930年1月13日。
② 参见「留日学生入学弁法ニ関スル件　昭和五年一月」、『民国政府ノ外国留学ニ対スル諸調査関係雑件』、外務省外交史料館、アジア歴史資料センター、レファレンスコード：B05016090700。
③ 参见「支那留学生ノ入学願書受理ニ関スル件　昭和五年一月」、『在本邦留学生関係雑件』第七卷、外務省外交史料館、アジア歴史資料センター、レファレンスコード：B05015401100。

中川文部次官复函吉田外务次官，表示因中国政府提高自费留学生的资格，使不少达不到资格而目前正准备入学考试的中国留学生陷入困境，由外务省介绍或推荐此类学生，是非常适当的措施，各学校将照旧受理此类入学申请。① 如此以来，日本政府在不明确反对中方提案的同时，也未接受中方提高自费留学资格的约束条件。

不过，日本接受了姜琦的另一项请求，即在官立大学学部或大学院、帝国大学增收中国留学生。1930年5月5日，文部省专门学务局致函帝国大学总长和官立大学学长《关于中国国立大学毕业者或在学者入学本国大学院或学部件》，指出："近来中国国立大学毕业者或在学者，希望入学本国大学院或学部的人显著增多，中国政府十分认真地为此类学生请求许可，外务省认为这将在日中亲善上大有作为，希望尽可能地给与其入学机会。"② 根据外务省培养未来"日中亲善"高级人才的目的，指示各帝国大学和官立大学尽可能地接受来自中国国立大学的大学生或毕业生。同时，日本政府也拒不放弃接受未达国民政府规定留日资格的自费生，保证培养各类"亲善"人才的一定基础。因而，日本长期接受来自中国各地政治军事集团、实力人物和日本驻中国使领馆推荐留日军事学生的行动和目的，引起了国民政府警惕。

三　留日军事学生的招收

民国初期，留日军事学生的选派权出多门，打破了清末主要由中央政府统一选派留日军事学生的制度，地方实力派、有权势者等纷纷选派留日军事学生，以扩充各自军事力量。早期留日军事学生

---

① 参见「支那留学生ノ入学願書受理方ニ関スル件　昭和五年一月」、『在本邦留学生関係雑件』第七巻、外務省外交史料館、アジア歴史資料センター、レファレンスコード：B05015401100。

② 「支那国立大学卒業者本邦大学院又ハ学部入学ニ関シ文部省通牒　昭和五年五月」、『在本邦留学生関係雑件』第七巻、外務省外交史料館、アジア歴史資料センター、レファレンスコード：B05015401600。

中既有北京政府派遣的军事留学生，也有追随孙中山、黄兴的革命志士；后来既有蒋介石派遣的军事留学生，也有各地军事集团派遣的留学军官。不同的派遣者不仅希望通过留日军事学生学习先进的军事技术和理论，还希望通过他们加强与日本政府和军方的联系，从而获得日本支持。

这些留日学生也因派遣的政治军事集团或资助者不同，拉帮结伙，派系林立，相互倾轧，实为国内混战在日本的延续。1926年受命赴日本办理东北留学生财务工作的荆有岩回忆说：那时中国在日留学生有三大派系，一是出身奉系军政，以及东北的留日自费生，相对团结；二是国民党派系的留学生，以位于东京神田区的中华基督教青年会为聚会地点，人数虽然较多，但比较分散；三是冯玉祥国民军派系的留学生。[①] 这三派留学生之间相互对立，彼此争斗。1928年8月，国民政府委派陆军大学学生林振雄担任留日陆军学生管理员，因其与冯玉祥派遣的留日陆军学生管理员发生倾轧而被迫辞职，由孙传芳派遣的陆军大学学生、少将张亮清就任。[②] 可见，留日军事学生内部派系斗争之激烈。

日本政府便趁机拉拢各派留日学生，挑拨彼此关系，培养在中国各地、各政治势力的代理人。张学良在1926年初准备选派一批军人留学日本，经坂西利八郎联络，获得大仓喜八郎支持，很快征得陆军省同意，不仅赴日留学手续办理较快，而且也未限制军人留学生的名额[③]，非常热情。驻上海的重藤中佐，得知马伯援将于1927年10月31日率领冯玉祥选派的37名留日学生，唐生智选派的17名留日学生，杨森选派的3名留日学生，同时搭乘上海丸赴日[④]，立刻

[①] 荆有岩：《奉系派遣军事留学生简介》，《辽宁文史资料》第6辑，辽宁人民出版社1981年版，第84页。
[②] 参见「陸軍支那留学生管理員ノ更迭ニ関スル件」、『在本邦中国留学生関係雑件』、外務省外交史料館、アジア歴史資料センター、レファレンスコード：B04011357900。
[③] 荆有岩：《奉系派遣军事留学生简介》，《辽宁文史资料》第6辑，第84页。
[④] 参见「馮玉祥派遣留日学生」、『在本邦中国留学生関係雑件』、外務省外交史料館、アジア歴史資料センター、レファレンスコード：B04011358000。

电告参谋次长,请日本军方注意。1929 年 9 月 18 日,驻奉天总领事冈本武三致函外务大臣币原喜重郎,报告了阎锡山的胞弟阎锡珍、阎锡折及曲宪南、曲宪治等 4 人,已于 9 月 15 日出发赴日留学。① 日本政府和军部高度关注,并乐意接受中国各派系的赴日留学生,其目的是一方面欲扩大日本在华影响,另一方面为中国军阀混战添柴加火②,延续中国混战内乱之局面,以便其从中谋利。

1928 年底,蒋介石在形式上统一全国后,开始编练军队,统一军权,包括军事学生的留日派遣权,切断其他军阀与日本的联系,命汪荣宝与日方交涉此事。汪荣宝于 1928 年 12 月 15 日致函田中义一外务大臣,表示"查敝国派遣贵国留学陆军学生向由公使馆保送,惟近年以来办法颇不一致,有由各省行政长官、各军军长直接保送者,亦有个人自行直接向日本外务省、陆军省、参谋本部报考者,此种行为有妨事权统一,为此函商贵大臣烦请转牒陆军省参谋本部,今后凡属志愿陆海空军中国学生,一律须经公使馆保送方准报考,以归统一而免分歧。"③ 请外务省与军方协商,拟定凡是中国学生报考日本陆海军各学校,须经驻日公使馆统一推荐,以确保军事留日学生的派遣权统一。

留日陆军学生管理员林振雄在汪荣宝公使发函不久,便向其报告了中国留日学生自行投考日本士官学校的情况。一是有几十名中国学生不按国民政府的章程和手续,直接向日本陆军省报名投考。二是东亚高等预备学校率领中国投考日本陆军士官学校的学生,直接到日本陆军省报考并交涉入学事宜。据此,1928 年 12 月 27 日,汪荣宝公使再次致函田中义一,表示这种行为"于本国政府现定陆军留学生章程实相违背,相应函达贵大臣烦请返予转牒陆军省查照,

---

① 参见「閻錫山ノ弟日本留学ノ件」,『在本邦中国留学生関係雑件』,外務省外交史料館、アジア歴史資料センター、レファレンスコード:B04011357800。
② 荆有岩:《奉系派遣军事留学生简介》,《辽宁文史资料》第 6 辑,第 84 页。
③ 「支那陸海空軍派遣学生入学手続ニ関スル件」,『大日記甲輯』昭和 6 年、防衛省防衛研究所、アジア歴史資料センター、レファレンスコード:C01001226700。

非经本公使馆正式公文介绍，即予停止收受，以归划一"①，再次请其转告陆军省停止招收没有公使馆正式公文介绍者。

日本政府和军部毫不理会汪荣宝的外交请求，照旧接受各种不按国民政府章程和程序的报考者。据林振雄报告，截至1929年初，由日本驻中国各使领馆、东京各预备学校，以及个人不按国民政府章程手续，直接向外务省及陆军省保送者，已达100多名。② 这既不尊重汪荣宝公使的外交努力，也严重妨碍了中国留日军事学生派遣权的统一。汪荣宝不得已在1929年1月15日又致函田中义一，声明："业经本公使馆上年十二月间两次函请贵大臣转牒陆军省查照，非经本公使馆正式公文介绍，即予停止收受，以归划一等因在案。"然而，目前中国学生报考日本陆军士官学校的情形"实属有妨事权统一"，恳请"贵省暨陆军省严正设法防止，以免办法纷歧，此次贵国关系陆军留学生事务各机关，其已经接受驻中国日本领事、中国各军民长官及各学校所保送学生姓名、人数事务请开示，以凭酌夺。"③ 并未完全否定已经由日本驻华使领馆、中国地方实力派及各校保送的军事留学生，只是希望将他们单列出来，进行协商后再做决定，要求外务省与陆军省协商，设法避免类似事件发生。

经驻日公使馆的多次催促，外务省咨询陆军省相应的处理意见。外务次官吉田茂在1929年1月22日致函陆军次官阿部信行《关于中国陆海空军派遣留学生的入学手续件》，通报了汪荣宝的请求，咨询军方意见。阿部在2月12日复函吉田，请他向中方转达军方意见：为了中国武官或学生的学习，在清朝时期答应仅接受清政府保送者，入学我陆军军队或学校。民国以后，中国政情发生了很大变化，已无法执行前述手续。鉴于中国各地长官提出希望派遣学生留

---

① 「支那陸海空軍派遣学生入学手続に関する件」、『大日記甲輯』昭和6年、防衛省防衛研究所、アジア歴史資料センター、レファレンスコード：C01001226700。
② 参见「支那陸海空軍派遣学生入学手続に関する件」、『大日記甲輯』昭和6年、防衛省防衛研究所、アジア歴史資料センター、レファレンスコード：C01001226700。
③ 「支那陸海空軍派遣学生入学手続に関する件」、『大日記甲輯』昭和6年、衛省防衛研究所、アジア歴史資料センター、レファレンスコード：C01001226700。

学日本，日本也已答应接受前述各地长官的保送者，截至目前已执行十多年，形成了众所周知的惯例。日本陆军方面对1929年申请入学陆军士官学校者无法拒绝。但是，关于统一留学生保送手续，日本陆军与汪公使的希望是"一致"的，今后着手研究修改保送手续及其他事项。① 以接受中国地方实力派选送军事留学生已成惯例、难以改动为由，拒绝了中方的统一保送要求。其实，日本军方的目的并非如其所言，而是希望继续接受中国各地军政长官或实力派选派的陆军留学生，从而与中国各地实力派保持联系，企图分裂中国或制造地方对抗中央的乱局，服务于其侵华扩张行动。

在外务省与陆军省合伙玩弄阴谋之际，驻日公使汪荣宝于1929年2月9日致函外务大臣田中义一，要求取消不按正规保送途径的中国军事留学生的入学资格。他对日本政府和军部继续允许未经正式手续保送者参加考试的行为表示遗憾，强调这"实与本国政府统一军事计划有所妨碍，特再函请贵大臣转牒陆军省，务希查照本公使屡次函商各节，对于此次不依正规保送之中国学生，虽已通融准其预试，仍一概不加录取，以示限制，此事关系本国军事教育影响甚大，深冀贵政府顾全彼此友谊，谅解本国政府防患未然之意。"② 再次要求外务省通知陆军省，对没有经过中国公使馆保送的中国学生，即使允许其参加考试，也不要录取。他提醒日本政府，这不仅关系到国民政府的军事教育和统一军权计划，而且将影响中日关系的发展。

国民政府为统一留日陆军学生选送，在国内也做了一些努力。如，军事训练总监何应钦创立军事教育行政系统。1929年4月，国民政府颁布《陆海空军留学条例》，规定军事留学生必须由国民政府军事委员会统一选派，地方各省和各派军阀不得私自

---

① 「支那陸海空軍派遣学生入学手続に関する件」、『大日記甲輯』昭和6年、防衛省防衛研究所、アジア歴史資料センター、レファレンスコード：C01001226700。

② 同上。

派遣。① 接着，何应钦令驻日公使对日交涉废除《陆军士官学校入学希望者须知》②，并规定今后留日陆军学生保送应以《陆海空军留学条例》《考送陆军留学规则》为根据，一切经由训练总监部办理，严厉禁止留学申请者本人或保送者，经由日本驻中国各地官署或外务省直接保送。10月19日，国民政府向各地政府、各机关、驻日汪公使及外交部发出上述训令。③

1929年11月29日，接受前述指示的驻日公使汪荣宝致函外务大臣币原喜重郎，再次向日本政府交涉留日军事学生的保送事宜。他一方面重申"自今以后所有志愿留学各外国之陆军学生，一律由中央政府备文保送，各地方政府及其他机关不得保送出洋留学陆军"④，请日本政府协助执行这项规定，停止接纳除由国民政府备文保送者之外的其他机关或个人保送之陆军学生；另一方面，他希望日本政府修改《陆军士官学校入学希望者须知》的第一条第三项及第三条。因为该"须知"的第一条第三项规定招收"有中华民国中央政府或督办省长及具有同等以上地位的地方官宪等推荐保送者。"第三条规定"不便经由驻本国民国公使馆提交前述文件（推荐材料——引者注），可通过比较方便的地方所驻帝国领事官直接提交日本外务省。"⑤ 这些规定与国民政府统一留日军事学生派遣权的规定相抵触，希望日本政府修改之。

陆军省对此推诿拖延，拒不修改。1929年12月21日，阿部信行陆军次官致函吉田茂外务次官，声称："实行如此紧急的修改是极其困难的事情，帝国陆军无法在昭和五年度（1930年）拒绝实施久

---

① 参见「3. 留日学生監督所一覧　昭和四年十月」、『駐日留学生監督所関係雑件』第三巻、外務省外交史料館、アジア歴史資料センター、レファレンスコード：B05015573000。
② 参见『陆军士官学校入学希望者须知』即『大日本帝国陆军士官学校入学希望者须知』、大正15年8月（1926年8月）陆军省印刷，内容共计十条，外加"附记"。
③ 参见「支那陸海空軍派遣学生入学手続に関する件」、『大日記甲輯』昭和6年、防衛省防衛研究所、アジア歴史資料センター、レファレンスコード：C01001226700。
④ 「支那陸海空軍派遣学生入学手続に関する件」、『大日記甲輯』昭和6年、防衛省防衛研究所、アジア歴史資料センター、レファレンスコード：C01001226700。
⑤ 同上。

已成型的习惯,明年度暂取现行制度。同时观察中国政局的演变,告诉中国公使正在研究修改"事宜[①],不惜以谎言敷衍驻日公使,实则拒绝中方的修改要求。

日本政府和军部无视国民政府提高自费出国留学资格和统一军事留学生派遣的照会,根本原因是现行之留学生接受方案更加符合其意愿和利益。首先,广泛接受各层次的留学人员,尤其是年幼无知者或许更有利于培养"亲日"感情,故日本不肯放弃那些达不到国民政府规定的自费留学资格者。其次,继续接受中国各地实力派派遣的军事留学生,不仅是中国各地实力派的请求,而且是日本军方故意为之。他们接受不同派系的军事留学生,既可以借机与各派系建立密切关系,又可以趁机培植日本侵华的工具与傀儡。最后,现行留学制度也是胁迫蒋介石和国民政府就范的砝码之一。以军队起家的蒋介石迫切渴望统一军权,统一各地军事留学生的选派权,但日本政府这种我行我素的接受方式将使其统一军事留学生派遣权的计划化为泡影。因此,日本政府与军部对南京政府的照会、交涉置若罔闻,始终不愿放弃既有之中国军事留学生的招收政策。

四 小结

南京政府初期,中日两国围绕留日学生的前述三大问题展开交涉,因为涉及内容不同,所以分别独立地进行。但是,中日双方参加交涉的主体大致相同,中方基本上是以驻日公使馆和留学生监督处为主,日本主要由外务省和涉及相关问题的相应机构参加。交涉的结局也基本相同,即未能改变日本政府控制庚款补给留日学生事务大权和接受普通留日学生与军事留学生的旧有方案,直至九一八

[①] 「支那陸海空軍派遣学生入学手続に関する件」、『大日記甲輯』昭和6年、防衛省防衛研究所、アジア歴史資料センター、レファレンスコード:C01001226700。

事变爆发无果而终。通过研究中日双方关于留日学生问题的交涉，再次检证了日本政府控制庚款补给留日学生事务实权和对中国留日学生坚持旧有接受方案的本质目的，就是最大限度地增强对中国留日学生的控制力和影响力，配合其对华政治、军事和外交政策。这一点在九一八事变后日本对中国留日学生政策中体现得更为明显。

第 六 章

留日学生政策与局部抗战
（1931.9—1937.7）

　　1931年9月九一八事变爆发，对近代中国留日学生运动产生了极大冲击。此后至1937年7月七七事变，即整个局部抗战期间的中国留日学生是在中日关系紧张与冲突、甚至战火弥漫下的留学，因而相关资料较少，研究相对薄弱。即使为数不多的研究成果，也主要介绍九一八事变后中国留日学生回国抗日、创办报刊、组建社团等，以及他们内部的不同认识与分歧。虽有学者谈到1931年10月21日日本政府召开的"取缔中国留日学生排日运动会议"[①]，但研究近代中国留日学生史或中日教育交流史的其他成果，对这一时期日本的中国留日学生政策往往一笔带过或避而不谈。从九一八事变到七七事变，一方面是日本发动侵华战争、强占中国东北、扶植傀儡政权"满洲国"、策动华北事变，准备全面侵华；另一方面中国人民奋勇抵抗，国民政府则采取"不抵抗"方针和"攘外必先安内"政策，国际上更是绥靖主义蔓延、德意法西斯猖獗。如此国际国内环境下反而出现了近代中国第三次留日高潮，究竟是何原因？日本又是如何在事变频发和中日冲突中接受、教育和管理中华民国及伪满的留日学生？这已不仅仅是日本的中国留日学生政策问题，而且关

[①] 孙安石「満州事件と日本在留中国留学生問題について」、浙江大学日本文化研究所、神奈川大学人文研究所编：《中日文化论丛——1999》，第53—65页。

乎抗战时期的中日关系和国际格局，确实值得治留学生史者重视与思考。

一　九一八事变后的调查

鉴于留日学生在中日关系中的特殊地位与不可限量的潜在影响，日本将对中国留日学生施策置于大陆政策的重要地位。因此，他们的一举一动，特别在中日两国发生重大事件或两国关系紧张时期，更容易引起日本政府的特别关注。例如，辛亥革命、二次革命、五四运动、关东大地震等重大事件，以及围绕"二十一条"要求、五卅运动、北伐战争、济南惨案等中日关系的敏感时期，留日学生相对集中的东京、京都、爱知、广岛、长崎等地，接受中国留日学生的学校，留日学生相关的民间团体等，纷纷调查中国留日学生的动向，并上报日本政府。外务省、警视厅、内务省、陆军省、文部省、海军省等，根据本机构或其他机构提供的中国留日学生调查情况，拟定相应的对华政策与留日学生政策。九一八事变爆发后，日本政府及其各地政府立即开始中国留日学生调查，为制定相关政策提供资料参考。

东京警视厅在事变后即刻调查并撰写中国留日学生动静的报告，通报外务省文化事业部、内务省、各地长官，以及朝鲜、关东各地的警务局局长，互通中国留日学生的信息。警视总监高桥守雄在1931年9月21日致函外务省文化事业部，通报了普通中国留日学生对事变的震惊和悲愤，介绍了留学生监督处对中国留日学生的劝谕与安慰，以及奉系出身的东北留日学生的不安，他们群聚同泽俱乐部商讨回国打算。[①] 高桥守雄23日又向前述各位通报了中国留日学

[①] 参见警视総监高橋守雄「留日学生ノ動静ニ対シ地方長官ヨリ報告　昭和六年九月中」、『満州事変ニヨル留日中華民国学生ノ動静関係雑件』第一巻、外務省外交史料館、アジア歴史資料センター、レファレンスコード：B05016144300。

生、留学生监督处的情况。例如，中国留日学生的动向主要有：一百多名吉林省出身的留日学生向南京政府请求发给回国旅费；仙台的中国留日学生从 22 日纷纷抵达东京，准备离开日本归国。由于在中国东北的日本陆军第二师团官兵大多是仙台人，而事变爆发以来，不断传来该师团官兵战死、受伤的消息，仙台当地人对中国留日学生感情更加恶化，中国留日学生甚感恐惧。留学生监督处、留日学生组织的动向主要有：留学生监督处、同泽俱乐部在 9 月 19 日分别"告示"中国留日学生，希望学生镇静，等待教育部指令；留学生监督处 22 日召集各省经理员开会，主要讨论各地学费汇送问题，但无果而终。① 由此可见，东京警视厅从事变以来，时刻关注中国留日学生、留学生监督处、留日学生团体的动静。

日本各地也纷纷调查当地中国留学生在事变后的思想状况与动向，上报外务省、内务省、陆军省及相关各地的外事课。北海道厅长官池田秀雄在 9 月 23 日上报外务大臣币原喜重郎、内务大臣安达谦藏、陆军大臣南次郎，以及相关各地外事课和福井、爱知、山口、福冈的长官，通报了留日候补士官生汤漳郎等 24 名，中途从函馆出发的青函联络船上退出，并记录了他们"反日"言行 9 条。池田秀雄 28 日再向安达谦藏、币原喜重郎和各地外事课、地方长官通报《关于中华留学生通信之件》。该件有留学生监督处给北海道大学中国留日学生的函件，且附有函件内容与日语译文。② 即是说，日本各地无视国际信义，任意私拆留学生监督处公函与中国留日学生的信件，以掌握他们在事变后的活动。

外务省自事变翌日就以各种方式，调查中国留日学生每天的动向。例如，外务省记录了中华留日学生会在 10 月 16 日为事变死难

---

① 参见警视总监高桥守雄「留日学生ノ動静ニ対シ地方長官ヨリ報告　昭和六年九月中」、『満州事変ニヨル留日中華民国学生ノ動静関係雑件』第一卷、外務省外交史料館、アジア歴史資料センター、レファレンスコード：B05016144300。

② 参见北海道厅长官池田秀雄「关于中华留学生通信之件」、「留日学生ノ動静ニ対シ地方長官ヨリ報告　昭和六年九月中」、『満州事変ニヨル留日中華民国学生ノ動静関係雑件』第一卷、外務省外交史料館、アジア歴史資料センター、レファレンスコード：B05016144300。

者召开追悼会的活动程序：一是三鞠躬，二是奉读总理遗训，三是默哀祈祷五分钟，四是开会致辞，五是主席团、同泽俱乐部、士官学生、各团体代表致悼辞，六是各团体代表演说，七是自由演说，八是提议，九是高呼口号，十是合影纪念（但遭到日方禁止），十一是散会。此时，追悼会上的抗日气氛高涨，中国留日学生走上街头游行，但被日方解散。① 可见，外务省调查中国留日学生的活动非常细致。与东京警视厅、各地政府调查中国留日学生主要依靠行政力量不同，外务省则向邮船会社、中国各省经理处、留学生监督处、同泽俱乐部、留日学生各宿舍、留日学生就读各校、留日学生的各地同乡会等咨询，了解他们的动向。外务省从1931年10月10日根据各地汇报，以10月10日以后、11月、12月、1932年1月、2月的时间为序，按月汇总编订各类消息，共五册。这些汇报内容比较鲜明地反映了日本调查留日学生的内容。具体而言，有以下几方面。

第一，严禁中国留日学生制作、散发"反日"宣传品。例如，福冈县知事川渊洽马在10月12日向安达谦藏、币原喜重郎，以及东京警视厅、爱知、神奈川、大阪、京都、兵库等厅府县长官与关东厅的警务局局长，通报了《广东同乡会秘密决议案》《中华留日学生会日报》等留日学生宣传品的译文。川渊洽马在26日又向前述各位报送了署名中华留日学生会的传单——《为东北事件告全体留日同学书》，这是在九州大学留学生朱毅如的信中发现的。长崎县知事当日也向安达谦藏、币原喜重郎，以及东京警视厅、北海道、神奈川等厅府县长官报送了从中国留学生通信中查获的《中华留日学生会日报》。② 警视总监高桥守雄在11月4日向相关机构通报了《关于在本邦民国留日学生等的排日运动状况件》，统计了从9月27日

---

① 参见外务省「留日学生ノ動静（外務省調査） 昭和六年九月」，『満州事変ニヨル留日中華民国学生ノ動静関係雑件』第一卷、外務省外交史料館、アジア歴史資料センター、レファレンスコード：B05016144300。

② 参见「1. 留日学生ノ動静ニ対シ長官ヨリノ報告 昭和六年十月十日以降」，『満州事変ニヨル留日中華民国学生ノ動静関係雑件』第二卷、外務省外交史料館、アジア歴史資料センター、レファレンスコード：B05016145100。

第六章　留日学生政策与局部抗战（1931.9—1937.7）　141

至10月23日查获的仅东京一地中国留学生的29件"反日"宣传品。外务省按照时间顺序，将这些"反日"宣传品以题名、署名、主要内容列表，并设有"禁止"处分栏。其中，遭"禁止"处分的有13件①，占45.2%。由于日本严禁中国留学生散发"反日"宣传品，故中华留日学生会迁回上海，发行《暴露》杂志，重点揭露日本侵华阴谋与行动，秘密寄往日本。

第二，调查留日学生的"反日"倾向与言行。东京警视厅在11月18日发现中华留日明大校友会在寄给早稻田大学陈碧生的信中含有《暴露》，高桥守雄遂命外事课关注陈，且向安达谦藏、币原喜重郎，以及北海道、千叶、宫城、神奈川等地长官，通报陈的情况，即陈碧生原籍福建省闽侯县，时年24岁，现居住府下户冢町下户冢五七一的改明馆内。②高桥在19日又报送《暴露》的译文。如此，陈碧生成为日本各级外事机构与各地政府的重点监视对象。高桥在12月10日再次通报前述相关单位，提醒关注四川省邓都县的王大生，即该生20岁，是东京工业大学的留学生，指出他以"忘尘"的笔名，在第62期的《邓都》政务周刊上发表题为《望南京、广东政府速速实现合作》的社论，请求南京、广东两政府停止内争，开展合作，联合对日作战。③这类被认为具有"反日"倾向的中国留日学生多被划入日本政府的调查对象。

第三，关注留日学生究竟在读还是回国的情况。九一八事变爆发后，日本各地政府纷纷调查当地中国留学生的归国动向与学习情况。京都府知事黑崎真于11月28日致函安达谦藏、币原喜重郎，

---

①　参见「2. 留日学生ノ動静ニ対シ長官ヨリノ報告　昭和六年十一月」、『満州事変ニヨル留日中華民国学生ノ動静関係雑件』第二巻、外務省外交史料館、アジア歴史資料センター、レファレンスコード：B05016145200。

②　「2. 留日学生ノ動静ニ対シ長官ヨリノ報告　昭和六年十一月」、『満州事変ニヨル留日中華民国学生ノ動静関係雑件』第二巻、外務省外交史料館、アジア歴史資料センター、レファレンスコード：B05016145200。

③　参见「3. 留日学生ノ動静ニ対シ長官ヨリノ報告　昭和六年十二月」、『満州事変ニヨル留日中華民国学生ノ動静関係雑件』第二巻、外務省外交史料館、アジア歴史資料センター、レファレンスコード：B05016145300。

以及指定的各地长官，通报了当地中国留学生的情况，共有两表。一是"中华留学生变动表"，以留学京都帝国大学大学院、京都帝国大学、高等蚕丝学校、第三高等学校、同志社大学的中国学生的变动，以及变动理由列表。二是"中华留学生在籍者表"，重点记录在读的每位中国留学生的姓名、所属学部、入学年月、出身省别和备注等。① 宫城县知事汤泽三千男在12月2日致函安达谦藏、币原喜重郎和各地长官，是事变以来的第4次报告当地中国留学生的动向，且将已经离开日本返回中国者列表，并记录他们在回国前的住址、姓名、职业、年龄等。② 其他各地也不断报告中国留学生的变动情况，并与其他都道府县交换中国留学生信息。

第四，注意留学生监督处、驻日公使馆等留学生监管机构的动向。山口县知事平井三男于12月4日致函安达谦藏、币原喜重郎和指定的各地长官，报送留学生监督处给山口高等商业学校中国留学生的信件及其译文。长崎县知事铃木信太郎7日致函安达谦藏、币原喜重郎和相关地方长官，报送留学生监督处给长崎医科大学、高商中华留日学生同学会的函件。新任警视总监长延连在12月15日致函内阁总理大臣兼外务大臣犬养毅、内务大臣中桥德五郎和指定的地方长官，报告了留日陆军学生管理处对中国留学生的"告示"，以及浙江省留日学生经理处和该省教育厅联合发布的"训令"。③ 日本有关部门不仅监视驻日公使馆、留日陆军学生管理处、留学生监督处的动向，而且截取前述机构和中国教育机构给留日学生的函件、指示、训令，其目的一是掌握中国留学生的动向，二是为日本不断扩大侵华行动搜集情报。

---

① 参见「2. 留日学生ノ動静ニ対シ長官ヨリノ報告　昭和六年十一月」、『満州事変ニヨル留日中華民国学生ノ動静関係雑件』第二巻、外務省外交史料館、アジア歴史資料センター、レファレンスコード：B05016145200。

② 参见「3. 留日学生ノ動静ニ対シ長官ヨリノ報告　昭和六年十二月」、『満州事変ニヨル留日中華民国学生ノ動静関係雑件』第二巻、外務省外交史料館、アジア歴史資料センター、レファレンスコード：B05016145300。

③ 同上。

第六章　留日学生政策与局部抗战（1931.9—1937.7）

九一八事变硝烟未尽，日本又在上海燃起战火，发动"一·二八"事变，如何安抚和调查在日中国留学生成为一项持续开展的工作。外务省文化事业部部长坪上贞二在1932年2月13日致函东京大学等79所学校的总长或校长，请他们调查事变后中国留日学生的活动，以及学校采取的相应措施，取得怎样的效果？要求他们将中国留日学生仍在校就读者的姓名、学科学年、出身省份、学费来源、学习态度、是否缺席、回国、惩罚等情况列表上报。[①] 坪上提醒他们在列表时应注意以下五点：一是记录范围是1931年9月九一八事变后的中国留日学生；二是"学习态度"栏，所填内容分为"优""良""可""不可"四种评语；三是惩戒中国留学生的种类，分为"退学""休学""谴责"等，特别强调若因中日关系问题受惩，应记录该生受惩前后之表现；四是"学费"栏，凡是文化事业部补给生的，分为"一般""选拔""特选"三种情况[②]，留日官费生记录"某省某月多少元"，或者是"中央政府某月多少元"，留日自费生记录为"私"；五是"学科学年"如实填写，例如填写"特设预科一年级"或者"法文科二年级"等。[③] 据此，日本制定了九一八事变、"一·二八"事变后的中国留日学生政策。

二　冲突中的挽留与接受

九一八事变后，中国在日留学生纷纷罢课回国，准备参加对日作战，给日本的中国留日学生接受政策造成一定冲击。陆军炮兵学

[①] 参见「分割2」、『満州事変ニヨル留日中華民国学生ノ動静関係雑件』第三卷、外務省外交史料館、アジア歴史資料センター、レファレンスコード：B05016145800。

[②] 关于"一般""选拔""特选"留日学生的概念及区别，参见徐志民《近代日本政府对中国留日学生政策述评（1896—1931）》，《中国社会科学院近代史研究所青年学术论坛2007年卷》，社会科学文献出版社2009年版，第216—224页。

[③] 参见「分割2」、『満州事変ニヨル留日中華民国学生ノ動静関係雑件』第三卷、外務省外交史料館、アジア歴史資料センター、レファレンスコード：B05016145800。

校、陆军经理学校、户山学校的中国留学生从 9 月 22 日拒绝上课,东京工业大学的留日学生同学会也决议归国。湖南省的经理员蒋鼎勋指出事变传来,中国留日学生深感恐惧,担心受到日本人袭击,纷纷咨询各省的经理员,要求尽快发给学费,或发给回国旅费。其他大学的中国留日学生代表在 24 日下午 1 时秘密聚会,决议归国。① 中国留日学生 120 多名在 29 日聚集驻日公使馆,请发归国旅费。中华基督教青年会的总干事马伯援,虽极力劝说留学生安心在日学习,陆军留学生监督章鸿春也训令留学生正常上学②,但中国在日留学生的人数,从 1931 年 5 月的 2972 名到 10 月底跌至 600 余名③,80% 的留日学生回国。日本原认为中国留日学生的回国潮,随着留日学生领袖的归国与事变平息将会结束,且因"不良分子"的归国而余下学习认真的学生,这对于中国留日学生的"培养",反而是件"好事"④,故采取未加干涉、静观其变的态度。

随着中国留日学生急剧减少,以及国际社会对日本侵占中国东北之批评,日本为改善国际形象,在保护与挽留中国留日学生方面也作了一些工作。一是东京警视厅、各地长官和接受中国留日学生的各校,采取适当措施保护中国留日学生免遭日本人的仇视、殴打。其次,日本继续实施庚款补给生制度,保证补给生的应有权利,且在一般补给生人数下降的情况下,增加选拔补给生名额。⑤ 三是日本简化中国留日学生的入境、入学手续。据说,当时中国学生前往日

---

① 参见警視総監高橋守雄「因满洲事变在留民国人的动静」、「留日学生ノ動静ニ対シ地方長官ヨリ報告 昭和六年九月中」、『満洲事変ニヨル留日中華民国学生ノ動静関係雑件』第一巻、外務省外交史料館、アジア歴史資料センター、レファレンスコード:B05016144300。
② 参见警視総監高橋守雄「因满洲事变在留民国人留学生动静(五)」、「留日学生ノ動静ニ対シ地方長官ヨリ報告 昭和六年九月中」、『満洲事変ニヨル留日中華民国学生ノ動静関係雑件』第一巻、外務省外交史料館、アジア歴史資料センター、レファレンスコード:B05016144300。
③ 参见周一川《近代中国留日学生人数考辨》,《文史哲》2008 年第 2 期;《留日学生现状》,《申报》1931 年 11 月 27 日。
④ 参见孫安石「満州事件と日本在留中国留学生問題について」、浙江大学日本文化研究所、神奈川大学人文研究所編:《中日文化论丛——1999》,第 61 页。
⑤ 参见日華学会『中華民国・満洲国留日学生名簿』第 12 版、昭和 13 年印、18 页。

本，既不需要护照，也不用到日本使领馆办理任何手续，只要中国国内的学校给轮船公司开具一封介绍信，便可购买赴日船票。到达日本后，先自行学习日语，等日语过关后，再由驻日留学生监督处开具推荐证明，就可以报考自己希望入学的大学，选学自己喜欢的专业。[1] 这一时期日本积极接受中国留学生的目的，一是通过留学教育培养中国留学生的"亲日"感情，二是如同清末一样赚取外汇。特别是日本发动侵华战争时期，从中国赚取的每一个铜板，都是削弱中国抗战力量、增强日本侵华军力之举。

于是，日本既严厉取缔中国留日学生的"反日"活动，又试图安抚在日中国留学生。中国留日学生的罢课回国潮在九一八事变后也逐渐平息，虽在"一·二八"事变后再次出现回国潮，但归国者毕竟只占少数，大多数留学生采取了观望态度。留学生监督处从1932年2月1日开始调查在日留学生人数，通知各校留日学生同学会，说明在"一·二八"事变后发给归国旅费的手续与顺序。从2月4日至2月24日，从留学生监督处领取归国旅费的留学生共计698名，其中退还旅费而暂不归国者从2月15日的33名，到2月24日增至51名，且不断增多。[2] 随着1933年5月《淞沪停战协定》签字，中国学生和归国的留日学生又陆续踏上赴日留学之路，且在1934—1936年形成新一轮留日高潮。据统计，中华民国与伪满洲国的留日学生，从1932年6月的1400人，到1934年6月增至2168人，1935年6月达3517人，1936年6月剧增至5662人，1937年6月为5934人。[3] 这次留日热潮与日本的安抚措施和挽留政策不无关系。

---

[1] 沈殿成主编：《中国人留学日本百年史（1896—1996）》上册，第520—521页。
[2] 参见「5. 留日学生ノ動静ニ対シ長官ヨリノ報告　昭和七年二月」、『満州事変ニヨル留日中華民国学生ノ動静関係雑件』第二巻、外務省外交史料館、アジア歴史資料センター、レファレンスコード：B05016145500。
[3] 参见周一川《近代中国留日学生人数考辨》，《文史哲》2008年第2期。実藤恵秀的『中国人日本留学史』（544页），认为中国留日学生从1933年的1400多人，到1934年增至2400人，到1935年几近7000人，1936、1937年仍保持6000人左右。

当然，这次留日热潮也与南京政府的留学政策有关。南京政府在1929年4月颁布《陆海空军留学条例》，目的是将军事留学生的派遣权收归中央，但遭到陆军省抵制。① 南京政府为提高留学成效，于1933年4月颁布《国外留学规程》，再次提高留学资格，规定即使自费出国留学，也需专科以上学历，或者高中毕业，且任技术职务两年以上。但是，日本继续沿用1901年的"特别入学规程"，进一步简化入学手续，完全无视南京政府的这一政策，从而使《国外留学规程》仅仅适用留学欧美各国。周一川认为：20世纪30年代赴日留学，无需向南京政府教育部申请，也可便利地入学日本学校，使此时中国留日运动几乎陷入"无政府状态"。② 故而，不少达不到留学标准而欲留学者，利用中日两国留学政策的空子，纷纷赴日留学。

这一时期的留日热潮，还与中日关系的紧张形势密切相关。当时，中日社会都曾流行两国必有一战之观点。"知彼知己，百战不殆"，不少中国学生抱着学习强敌和了解强敌的思想准备赴日留学，甚至在中国形成了学习日语与研究日本的一股热潮。日本人米村耿二曾撰文指出：中国的青年学生掀起学习日语的狂潮，确实是令人惊奇的事，到处是学日语！去日本！去日本！学日语！这种口号式的呼声与行动已经遍布全中国，其中最能反映中国这种新潮流的，正是群集日本前来学习日语的留日学生。③ 中国留日学生人数剧增，引起日本各界的关注与警惕。1934年元旦，《申报》发文说：对于中国人学习、研究日本的热潮，日本人深感恐惧。④ 同年9月3日，驻上海总领事石射猪太郎特地致函外务大臣广田弘毅，报告中国学

---

① 参见徐志民《九一八事变前日本对中国留日军事学生政策述论》，《徐州师范大学学报》2010年第5期；徐志民《九一八事变前夕中日交涉留日学生问题探析》，王建朗、栾景河主编：《近代中国：政治与外交》，第726—730页。
② 参见周一川「南京国民政府時期の日本留学について——1928年—1937年」、大里浩秋、孫安石編『中国人日本留学史研究の現段階』、212—213頁。
③ 米村耿二「日本語万歳！」、『読売新聞』1934年12月28日。
④ 《华人研究日本热，日本人认为可恐》，《申报》1934年1月1日。

生赴日留学规模逐渐扩大的趋势。①

20世纪30年代的中日货币汇兑，确实对中方较为有利，这也是中国留日学生激增的一个因素。时人就说中国学生赴日留学的人数，从1934年春以来突然增加，且仍有激增的趋势，认为其中最大的理由是中日汇兑关系。在两三年之前，中国货币二三百元才能兑换100日元，但现在是中国货币七八十元即可兑换100日元。如此相差数倍，导致在上海读书反而不如赴日留学便宜。② 1934年的中国留日官费生、自费生分别是707名、1115名，但到1936年官费生、自费生各为742名、5059名③，可见在这一期间留日官费生的人数变化不大，而自费生增加了四五倍，是中国留日学生人数增加的主力。这也从一个侧面说明于中方有利的汇兑关系，确实是促进这次留日热潮兴起的重要因素。

中国留日学生剧增与日本接受他们的门槛过低，导致这些留学生良莠不齐、泥沙俱下，乃至出现一些弄虚作假之事。截至1936年1月，东京警视厅查出中国留日学生采取不当方法骗取入学的事件，共计25件，其中骗取入学专修大学、法政大学、中央大学的各5件，日本大学的4件，明治大学、早稻田大学、东京铁道局教习所的各2件④，严重影响了中国留日学生的整体形象与声誉。日本也担忧培养留日学生"亲日"计划的落空，国民政府则希望借此监督、控制和打击借留学避难日本的革命青年与左翼作家。

南京政府借机向日本提出，为中国留日学生指定一些入学院校，以便集中监督、管理和提升留学教育质量。留学生监督陈次溥于

---

① 日本驻上海总领事石射猪太郎致函外务大臣广田弘毅「留日支那人学生渐增状况报告件」公信第1000号（昭和九年九月三日）、「留日支那学生渐增状况上海ヨリ报告 昭和九年九月」、『在本邦留学生关系杂件』第八卷、外務省外交史料館、アジア歴史資料センター、レファレンスコード：B05015404400。

② 《留日学生激增——汇兑低落最大原因》，《申报》1934年11月5日。

③ 参见日华学会『中华民国二十五年 日本昭和十一年留日学生名簿』、21—22页。

④ 参见「中国留学生使用教科书及教育二关シ外务、文部、内务三省协议ノ件」、『在本邦留学生关系杂件』第十卷、外務省外交史料館、アジア歴史資料センター、レファレンスコード：B05015408000。

1935年12月27日致函外务省文化事业部的冈田兼一部长，表示中国留日学生虽逐年增加，但情形复杂，遂根据本国教育部的命令，拟定了一份他们入学指定学校的名单，请文化事业部指定，以便这些留日学生能够入学优良学校，且便于集中管理而提高留学成效[1]，并随函附送《留学生入学学校之指定》。"指定"的内容主要包括以下几项：一是指定的目的，如前所述是减少学校数，使中国留日学生集中入学优良之学校，既便于管理又有利于提高留学质量。二是指定学校的标准：1. 办理认真，2. 学术有专长之研究，3. 有较长从事留学生教育的历史和经验，4. 交通便利。三是指定的主要原则：1. 日本本部所有帝国大学与著名的官公立单科大学；2. 酌量列入合乎标准的官立高等专门学校；3. 择优列入私立专门以上学校或全部或一科一部，数量要少，且侧重于理工农医各科；4. 在办理职业教育特别是职业补习教育与师资训练方面有特别成绩的学校。[2]

　　南京政府关于指定学校的办法，是希望仿照"五校特约"模式，由留学生监督处与文部省、外务省文化事业部签订特约。[3] 其设想与日本政府洽谈的要点如下：一是非经留学生监督处介绍的中国学生，日方不准入学；二是非指定的学校，留学生监督处不予介绍；三是无论公立学校还是私立学校，须经考试合格方准入学；四是已过私立学校的规定入学时间，不准学生随时入学或越级入学；五是中国学生报考学校，根据各校报名手续，先在留学生监督处报名，然后由留学生监督处咨送各校；六是入学考试合格后，由各学校通知留学生监督处转知录取；七是各校在新学期开始后，应将前学期的留

---

[1]「民国留学生ノ入学々校指定等ニ関スル件　昭和十一年一月」、『在本邦留学生関係雑件』第八巻、外務省外交史料館、アジア歴史資料センター、レファレンスコード：B05015404800。

[2] 参见「民国留学生ノ入学々校指定等ニ関スル件　昭和十一年一月」、『在本邦留学生関係雑件』第八巻、外務省外交史料館、アジア歴史資料センター、レファレンスコード：B05015404800。

[3]「民国留学生ノ入学々校指定等ニ関スル件　昭和十一年一月」、『在本邦留学生関係雑件』第八巻、外務省外交史料館、アジア歴史資料センター、レファレンスコード：B05015404800。

学生在读人数、旷课情况等通知留学生监督处；八是各校应将每年或每次的毕业生姓名，随时告知留学生监督处。① 这些要点体现了南京政府试图监控留日学生的主要目的。陈次溥于1936年2月14日和4月1日，两次致函冈田兼一，希望外务省文化事业部、文部省就前述要点商谈，并参照"五校特约"办法接受中国学生。②

日本政府认为南京政府的指定学校制度，对中国留日学生而言可谓限制过多、过严，既不利于他们赴日留学，也可能使留学生监督处借机控制留日学生，甚至或将引发类似于反对"取缔规则"运动的罢课回国风潮。③ 外务次官重光葵于1936年1月23日致函文部次官三边长治《关于中华民国留学生入学学校指定等件》，经过共同研究，非常警惕这种"指定学校制"，是否为"留日限制规程"的变形，故对其中几项略表同意，其他的则保留回答之权利，同时与文部省联合研究对策。④ 但是，在外务省与文部省尚未研究出结果时爆发了七七事变，日本发动全面侵华战争，所谓指定学校制度也不了了之。

日本接受一般中国留学生的同时，更为重视优秀学生的赴日留学，以培养"日中亲善"的"模范"与"代表"。外务大臣有田八郎在1936年9月8日分别致电驻上海的川越茂大使、驻扎北平的武藤书记官、驻南京的须磨弥吉郎总领事，命他们与上海自然科学研究所、东亚同文书院等机构联络，挑选少数优秀学生赴日留学。据此，他们与相关学校和机构联系，从中挑选5名中国学生，详细调

---

① 参见「民国留学生ノ入学々校指定等ニ関スル件　昭和十一年一月」、『在本邦留学生関係雑件』第八巻、外務省外交史料館、アジア歴史資料センター、レファレンスコード：B05015404800。

② 同上。

③ 关于中国留日学生反对"取缔规则"运动的情况，参见实藤惠秀『中国人日本留学史』、461—494頁。

④ 参见「28号、留日卒業後の資格証明、29号、軍事委員会留学生調査、30号、留日の学校及び科目制度」、『日華学報』第62号、昭和11年7月；「中華民国留学生ノ入学々校指定等ニ関スル件」、『在本邦留学生関係雑件』第八巻、外務省外交史料館、アジア歴史資料センター、レファレンスコード：B05015404800。

查他们的家庭背景、学习程度和希望留学的学校后报送外务省。同日，有田又致电驻北平的花轮义敬书记官，命他通过北平的近代科学图书馆再挑选5名以内的优秀中国学生。9月9日，冈田兼一致函驻天津代理总领事田尻爱义，请他与中日学院藤江真文总务长联系，从该校选拔3名以内的优秀学生送往日本留学。当天，冈田还致电驻汉口总领事三浦义秋，请他与江汉中学总务长斋藤重保联系，从该校也选拔3名以内学生送往日本留学。① 从中可见，日本通过各种方式，从中国选拔少数优秀学生送往日本各校留学，并列为重点培养对象的目的显而易见。

三　局部抗战与教育戒备

九一八事变后，日本对中国留日学生的戒心日重。日本陆军士官学校为避免分散于各地联队实习的中国军事留学生"滋事"，命第24期的中国陆军留学生提前结束见习返校入学。返校的第24期陆军留学生与第23期的留日陆军学生，共同成立"退学救国团"，决议若日本不从中国东北撤军，他们就退还从日本陆军士官学校的借用物品，集体退学回国，在此之前向留日陆军学生管理处、陆军省游行请愿。② 他们此举无法阻止日军已经发动的侵华战争，结果是他们集体回国，并发表退学宣言，表达了在敌国学难有成的感受与抗日爱国的决心。

曾设想归国后与日军拼杀的中国留日学生，在上海事变平息后，

---

① 参见「優秀ナル支那留学生招致ニ関スル件　昭和十一年九月」、『在本邦留学生関係雑件』第八卷、外務省外交史料館、アジア歴史資料センター、レファレンスコード：B05015405800。

② 参见《中华留日士官学生退学救国团对在东京的全体学生的告别辞》，《归国去》第1号，1931年10月7日；《留日士官生退学救国团消息》，《申报》1931年10月22日；「陸軍士官学校中華学生隊ノ動靜」、『満州事変ニヨル留日中華民国学生ノ動静関係雑件』第一卷、外務省外交史料館、アジア歴史資料センター、レファレンスコード：B05016144300。

又有人重返日本继续留学，日本对此进行选择性接受，且压缩陆军留学生的见习期限。一是事变爆发后归国的陆军留学生虽遭"退学"处分，但现在他们变更了保证人；二是他们重新入学须再次通过陆军省的入学考试；三是此前陆军留学生从4月到9月见习半年，由于这次入学日期是9月1日，故日本将他们在联队见习的时限压缩至1个月。① 靳云鹏、陈群、许崇智、刘文辉、孟宪治、川岛浪速、谢彬等，成了这一时期中国陆军留学生的主要保证人或者说派遣者。日本陆军士官学校录取的第25期的首批17名留学生中，原第24期的回国留学生占10名。警视总监藤治庄平在1932年9月21日致函外务大臣内田康哉、内务大臣山本达雄，以及神奈川、爱知、静冈等地长官，通报本月15日有5名因事变回国而遭"取消修学"处分的留学生，经再入学手续，未发现可疑言行，准许其中3名入学。② 日本的所谓再入学考试，主要是根据中国学生对日言行态度决定取舍，目的在于压制他们的反日爱国活动。

不过，日本陆军士官学校对中国留学生的警惕与防范之心从未减轻，且有日趋加强之势。该校将中华民国留学生与日本学生分开，另外专门组建"中华学生队"，让他们单独居住、授课、训练。他们根本见不到日本学生如何授课、如何训练、如何生活的，更不用说学习什么真正的军事理论、军事技术和新式武器了。令人奇怪的是，日本陆军士官学校规定原本学习吃力的中国留学生的学制是两年半，日本学生的学制是五年。这并非中国学生一学就会，只用日本学生一半的时间就可以修完日本学生的学业，而是反映了该校

---

① 参见警視総監藤治庄平致函内务大臣山本达雄、外务大臣内田康哉，以及神奈川、静冈、爱知、京都、大阪、兵库、广岛、山口、福冈、长崎、熊本各府县长官「关于陆军士官学校民国留学生入校件」（外秘二二九四号、昭和七年九月二日）、「陸軍士官学校ニ民国留学生入校　昭和七年九月」，『在本邦留学生関係雑件』第八卷、外務省外交史料館、アジア歴史資料センター、レファレンスコード：B05015403300。

② 参见「关于陆军士官学校民国留学生追加入校件」（外秘第二五一九号、昭和七年九月二十一日）、「陸軍士官学校ニ民国留学生入校　昭和七年九月」，『在本邦留学生関係雑件』第八卷、外務省外交史料館、アジア歴史資料センター、レファレンスコード：B05015403300。

不肯真正教授中国留学生的实情。在日本剑指中国内地之时，中国留日学生试图从日本学到真正的现代军事科技几乎是不可能的，故他们在日留学均感"异常沉闷"①，反映了此时军事留学生的尴尬与苦闷。

其他各校除"知识保密""学业限制"外，还压制中国留日学生的"反满""反日"言行。1932年3月日本扶植成立伪满洲国后，中国留日学生被一分为二，即中华民国、"满洲国"的留日学生。当时，东北的留日学生拒绝加入伪满国籍。中华民国的留日学生暗中支持他们反对伪满政权和推翻日伪统治的活动。为此，外务次官重光葵在1936年2月27日致函文部次官三边长治，虽肯定文部省与各学校在培养中国留日学生方面的努力与成效，但指出自伪满成立以来，中华民国的留日学生经常"挑拨"伪满留日学生的"反满"情绪，且多有侮辱伪满的言行。外务省建议在留日学生教育中，有必要防止出现此类问题，故请文部省指示从事中国留日学生教育的相关各校，在教育中提醒中国留日学生的宗旨是认真学习，涵养学识与道德，不要对伪满洲国"说三道四"，不要在留日学生之间"搬弄是非"。② 三边长治在3月30日复函重光葵，表示已经注意这方面的问题，今后将加强相关教育。

日本还以批拨教育经费、补助费等手段，影响与控制从事中国留日学生教育的教师与学校。日华学会在1935年3月24日向外务省文化事业部提议，拟购买上野塾作为东亚学校的分校区，以及接受中国留日学生的宿舍，故申请10万日元经费补助。外务大臣广田弘毅鉴于日华学会在中国留日学生教育方面的积极表现，不仅应允前述经费申请，而且于3月30日对日华学会发出《指令书》，决定从该年度的预算费中支付这笔购入费，但为保障专款专用，在购入后应将相关交易凭证等呈报外务大臣，且外务大臣可随时派人检查

---

① 益明：《留东通信——关于最近留东学生的实况》，《文化与教育》1935年第47期。
② 「満支留学生教育方針　昭和十一年三月」，『在本邦留学生関係雑件』第八卷、外務省外交史料館、アジア歴史資料センター、レファレンスコード：B05015405400。

第六章　留日学生政策与局部抗战（1931.9—1937.7）　153

所购土地、设施等一切物品，若违背本指令或此后发出的相应指令，必须退还这笔补助金。① 日本虽资助日华学会的中国留日学生教育，但也规定了严格的监督和检查制度。

当然，日本批拨经费的准则，是对中国留日学生教育的"实效"，即是否符合培养留日学生"亲日"倾向的目的。日华学会会长细川护立在1935年10月16日致函外务省文化事业部部长冈田兼一，报送设立东亚学校高级班的经费申请书，指出该班通过训练中国留日学生的会话、演说、讲读、作文等，使他们掌握日语，了解日本事情，切实取得了成效。细川在申请书中详细介绍了该班的入学程度、入学方式、修业年限、招生人数、学制、学费等项，以及《设置高级班的经费概算》《东亚高等学校高等科（新设）规则概要》。冈田表示关键是看东亚学校设立高级班在培养中国留日学生方面的表现，即是否符合外务省意图。② 即是说，该班对实现中国留日学生培养目的究竟有何用？这是日本批准留学教育费的基本原则。

日本接受中国留学生的各校，大多围绕日本培养留日学生的目的服务。例如，东亚高等预备学校的校规、校名之修改，也需要请示外务大臣，获准修改后，还得在外务省文化事业部备案。细川护立于1935年4月19日向外务大臣广田弘毅提出《东亚高等预备学校校名改称及学则改正申请》，说明修改该校规则的第一条、第八条的原因：主要是适应接受与教育伪满留学生的现实，将以前专门适用于中华民国留学生的规则，改为适用于东亚所有"友邦"，增加伪满建国纪念日放假的规定。③ 细川在东亚高等预备学校更名的提案

---

① 「日華学会経営東亜学校分校舎及寄宿舎購入費助成ニ関スル件」、『日華学会関係雑件/補助関係』第二巻、外務省外交史料館、アジア歴史資料センター、レファレンスコード：B05015271000。

② 文化事业部部长冈田兼一致函日华学会会长细川护立「東亜学校ニ高級班設置ニ要スル経費補助申請　昭和十年十月」、『日華学会関係雑件/補助関係』第二巻、外務省外交史料館、アジア歴史資料センター、レファレンスコード：B05015271100。

③ 参见「東亜高等予備学校ヲ東亜学校ト改称　昭和十年四月」、『東亜学校関係雑件』第一巻、外務省外交史料館、アジア歴史資料センター、レファレンスコード：B05015386600。

中，认为所谓"预备"已不符合现实情况，且该校有建成东亚最完备的日语学校的"理想"，故改名"东亚学校"。① 广田弘毅于4月26日复函细川，表示同意前述修改。细川在5月27日以东亚高等预备学校校长之名致函外务省文化事业部部长冈田兼一，通知从6月1日正式将校名改为东亚学校。东亚学校于6月12日以新校名，向文化事业部第一课林安课长报告校名变更事宜。② 校名变更竟要外务大臣批准，且向文化事业部第一课备案，足见日本对从事留日学生教育学校的重视程度。

日本鉴于部分私立学校为了营利，招收素质低下的留学生，甚至伪造证书、骗取入学者等，败坏了中国留日学生声誉，严重影响其留日学生培养计划，故进一步加强对私立学校的监督。警视总监小栗一雄在1936年1月10日致函内务大臣后藤文夫、文部大臣松田源治、外务大臣广田弘毅，报告了两个问题：一是中国留日学生虽然人数增加，但大多素质低下，以致有人认为日本在粗制滥造中国留日学生；二是日本各校发现多名不正当入学者，以及伪造证书事件，其中有中国留日学生因素，更重要的是日本私立学校出于营利目的而刻意隐瞒。因此，小栗提醒内务省、外务省、文部省采取必要的改革措施，铲除留日教育的这种腐败紊乱现象，从而使中国留日学生真正理解日本"精神"，认识日本实力与"文明"，方能真正培养"亲日"的留日学生，如此在他们回国后才能发扬日本"精神"，认为这是"日中亲善"与中日共同"建设东亚"的紧迫任务。③

---

① 参见「東亜高等予備学校ヲ東亜学校ト改称　昭和十年四月」、『東亜学校関係雑件』第一卷、外務省外交史料館、アジア歴史資料センター、レファレンスコード：B05015386600。
② 东亚学校致第一课长林安「校名変更通知之件」（昭和十年六月十二日）、参见「東亜高等予備学校ヲ東亜学校ト改称　昭和十年四月」、『東亜学校関係雑件』第一卷、外務省外交史料館、アジア歴史資料センター、レファレンスコード：B05015386600。
③ 参见「中国留学生使用教科書及教育ニ関シ外務、文部、内務三省協議ノ件」、『在本邦留学生関係雑件』第十卷、外務省外交史料館、アジア歴史資料センター、レファレンスコード：B05015408000。

1936年2月17日下午2时，在内务省的警务官室，内务省、文部省、外务省召开了三省协议会，重点讨论前述两个问题的对策，即中国留日学生人数增加，但素质低下，以及私立大学的营利目的带给中日关系的恶劣影响。会议最后决定：由文部省召集各私立大学的教务负责人，向他们讲授招收中国留日学生的意义，要求他们自行实施有效监督中国留日学生的方法[①]，即希望私立大学主动强化中国留日学生教育。某种程度上说，日本政府方面没有明确和具体可行的中国留日学生教育政策，始终以培养中国留日学生服务于日本对华政策为中心，在一定限度的认真教育与对大多数留学生的消极教育之间徘徊，既希望培养中国留日学生的"亲日"感情，又对他们高度警惕与戒备，而严格监控、严密监视下的留学教育，终将事与愿违。

四　严格管理与常态监控

九一八事变后，日本对中国留学生的"管理"，与其说是"管理"，毋宁说是"监控"更准确。日本自清末就对留日学生建立了比较完备的监控体系，例如日本各地政府、东京警视厅、外务省、内务省、文部省，以及接受中国留学生的学校和民间、半官方的社团，时刻关注着中国留日学生的动向。局部抗战以来，这种监控体制更严密、更暴力、日趋常态。特别是在七七事变前夕，日本不仅对中国留日学生坚持高压态势，而且对他们动辄逮捕或驱逐出境，颇有日本全面侵华战争之征兆。

具体而言，此时日本的严密监控集中体现在以下几个方面：

第一，全面调查，及时通报。九一八事变爆发以来，以1931年

[①] 参见「中国留学生使用教科書及教育ニ関シ外務、文部、内務三省協議ノ件」、『在本邦留学生関係雑件』第十巻、外務省外交史料館、アジア歴史資料センター、レファレンスコード：B05015408000。

10月10日为界，之前是日本有关机构对中国留日学生每天调查、全面记录，之后是外务省将各地的中国留日学生调查，按月汇总成册。随着"一·二八"事变后留日学生回国运动渐归平息，日本有关机构一定程度上放松了中国留学生调查。然而，1934年出现的留日热潮，以及因华北事件导致中日关系异常紧张，又使之再次强化中国留日学生调查与监控。外务次官重光葵在1935年7月18日致函文部次官三边长治，请文部省协助调查在日本专门学校以上学校、高等学校就读的中华民国、伪满留日学生情况。①

文部省在同年9月将调查结果通报外务省，内容分列如下各表：《官公私立大学、高等学校、专门学校满洲国留学生在学者出身省别调》《官公私立大学、高等学校、专门学校中华民国留学生在学者出身省调》《官公私立大学、高等学校、专门学校中华民国及满洲国留学生在学者学科别调》《昭和九年度官公私立大学、高等学校、专门学校卒业者调》《官公私立大学、高等学校、专门学校中华民国及满洲国留学生年龄别调》《满洲国及中华民国留学生学校种别在学者数累年比较表》②，包括中华民国、伪满留日学生的学科、出身省份、年龄、就读学校、毕业学校等。外务省此后经常委托文部省按此内容列表调查，然后由各校校长在10月1日前汇报。可以说，日本的中国留日学生调查与监控，在这一时期具有机制化、定期化、程式化的特征。

第二，动用警察，密切监视。九一八事变之前，日本往往通过学校监管中国留日学生，主要利用民间、半官方团体监视他们，甚少直接动用警察；之后，日本直接利用警察监视他们的活动，且几近常态。这些负责监视中国留日学生的日本警察往往化妆成普通人，经常在中国留日学生聚集的地方游荡，不时闯入中国留日学生的宿舍，询

---

① 「満支留学生在学状況調査　昭和十年七月」、『在本邦留学生関係雑件』第八巻、外務省外交史料館、アジア歴史資料センター、レファレンスコード：B05015405100。
② 「満支留学生調査　昭和十年九月」、『在本邦留学生関係雑件』第八巻、外務省外交史料館、アジア歴史資料センター、レファレンスコード：B05015405200。

问他们最近的交友情况、查阅他们的学习资料。为监视中国留日学生的活动,甚至偷入他们的卧室,私拆他们的信件,偷看他们的日记。如此肆无忌惮,几成家常便饭,引起中国留日学生的警觉。① 特别是中国留日学生中的左翼团体与进步人士,只能秘密活动。面对日本侵华暴行,在日中国留学生只能埋头读书,以致一名以石吟署名的留日学生在1936年2月6日投书《申报》,解释道:在日方严厉的监视和压迫下,在日的几千名中国学生没有忘记祖国的灾难,但由于环境不同,为祖国努力的方式也不同。② 其中的一种方式,就是他们创办报刊,介绍日本情况,以资中国抗战。局部抗战时期,在日中国留学生至少创办了35种报刊。这些刊物从表面上看以学术为主,但实际上在学术掩护下,或多或少都有抗日色彩,可以说抗日救国的宗旨贯穿始终。③ 因此,东京警视厅嗅出"异味"后,从1937年2月开始查封《质文》《东流》《留东新闻》《新诗歌》等报刊。

第三,随意拘捕,动辄驱逐。1933年初,日本警察以中国留学生胡风、王承志、方天一、周颖、聂绀弩等,参加日本反帝同盟活动和参与《赤旗》报读书小组为由,将他们及相关留日学生36名逮捕,押送长崎后驱逐出境。④ 留日女作家谢冰莹在1936年4月因拒绝欢迎溥仪访日而被捕。日本警察在5月又以广东留学生元庆荣发表所谓"反日"作品,将他驱逐出境。⑤ 留学生张健冬、王瑞符、简泰梁因创办《留东新闻》,多次受到日方警告与威胁而被迫回国。他们在1937年1月13日重返东京后,翌日便被日本警察逮捕。日本警察在25日以他们宣传抗日赤化为名,驱逐出日本。⑥ 左翼文艺工作者林焕平、任白戈、林为梁、张香山、魏猛克、林林等,在5

---

① 王奇生:《留学与救国——抗战时期海外学人群像》,广西师范大学出版社1995年版,第75页。
② 石吟:《东京中国学生的文化活动》,《申报》1936年2月6日。
③ 王奇生:《留学与救国——抗战时期海外学人群像》,第66—67页。
④ 参见马蹄疾《胡风传》,四川人民出版社1989年版,第52—61页。
⑤ 参见《留东学生元庆荣遣送回国》,《申报》1936年6月2日。
⑥ 参见《张健冬、简泰梁、王瑞符被逐回国昨抵沪》,《申报》1937年2月1日。

月下旬被日本警察以"反日"作家的罪名,遣送回国。① 王孔昭、卢耀武、扬式谷、赵圭璧、杨宪吾等在 6 月被日本警察逮捕,以"抗日"分子的罪名,分四批遣送回国。② 当月,日本警察还拘捕协助绿川英子前往中国寻找丈夫刘仁与参加抗日活动的丁克等人。③ 日本随意拘捕、驱逐中国留日学生的暴行,导致留日学生无心向学、人心思归,引起驻日大使馆的强烈不满。

需要指出的是,日本内部对如此严厉的中国留日学生监控政策也并非没有异议。1931 年 10 月 21 日,内务省、外务省、文部省、东京警视厅等召开"取缔中国留日学生排日运动会议"。会上,文部省提出鉴于禁止中国留日学生的政治活动无效,建议无需厉行取缔,遭到其他省厅"非难",故容许外务省与东京警视厅取缔中国留日学生"反日"运动的计划,且被迫答应提供相关信息。东京警视厅的对策,是进行彻底取缔;而内务省认为可解散中国留日学生集会,但解散他们的团体是"困难"的。④ 内务省、东京警视厅指责中国国民党是留日学生开展"反日"运动的"后台",要求外务省对华交涉撤退在日的国民党员。这无疑增加了外务省应对国际社会批评,以及与南京政府之间交涉的难度。

随着东京警视厅拘捕、驱逐中国留日学生日趋常态化,外务省对此亦提出异议。外务省相关官员在 1935 年 11 月 18 日质疑东京警视厅普遍监视中国留日学生与彻底取缔他们政治活动的方针,认为中国留日学生中宣传"危险"思想者只是少数,而东京警视厅的野蛮做法却危及大多数,特别是他们公开发表的记事和通信中的所谓

---

① 参见林焕平《从上海到东京》,《左联回忆录》(下),中国社会科学出版社 1982 年版,第 693 页;《中国留日左翼学生文化运动纪要(一九三四年——一九三七年)》,《文史资料选辑》第九辑(总第 109 辑),中国文史出版社 1987 年版,第 164 页。

② 参见《中国留日左翼学生文化运动纪要(一九三四年——一九三七年)》,《文史资料选辑》第九辑(总第 109 辑),第 164 页。

③ 参见黄乃《记留日世界语者的活动》,《文史资料选辑》第九辑(总第 109 辑),第 113—117 页。

④ 参见孙安石「満州事件と日本在留中国留学生問題について」,浙江大学日本文化研究所、神奈川大学人文研究所编:《中日文化论丛——1999》,第 62—63 页。

"反日"内容，在日本的很多报纸上都发表过，不能把这些全部视为他们的间谍活动或军事侦探。鉴于此，外务省建议对中国留日学生应进行鼓励、诱导，使他们成为建设新中国的中坚力量，与日本保持亲善，这才是正确的做法，而不是一味地监视、干涉、压迫、逮捕等，这样将使他们感觉不快，导致日本继续成为培养"反日者"的摇篮[1]，希望东京警视厅对此反省。不过，东京警视厅反应冷淡，对中国留学生持续实施高压之势。

外务省虽不满东京警视厅的野蛮做法，但并不意味着它会忽视对中国留日学生的监控，只是其重在强调监视他们的日常与思想。外务省文化事业部特别职员小林在1937年4月拜访东京警视厅外事课亚洲系系长光重，请东京警视厅协助调查庚款补给生的"思想"与"素行"。光重系长认为此举极有必要，虽然有些麻烦，但应当调查，东京警视厅将借机与中国留日学生就读学校联络，并建议对在东京警视厅辖区外者，请各地政府转知当地警察调查。[2] 随后，外务次官堀内谦介通知日本各府县知事，请他们协助调查与监控庚款补给生的思想与言行。随着中日关系紧张，外务省、东京警视厅在调查中国留学生的"素行"与"思想"方面取得一致。日本从此进入由东京警视厅与各地警察监控中国留日学生的暗黑时期。[3]

1937年7月七七事变爆发时，日本学校已经放假，鉴于暑期归国的中国留日学生可能逾期不归，以及滞留日本者的恐惧和不安情绪，故在调查与监控他们的同时，也对其进行必要之"保护"。文部省在1937年8月3日通知接受中国留学生的各校校长与地方长官，

---

[1]「8. 在本邦满支留学生ノ调查　向後順一郎　昭和十年十一月」，『諸調査委嘱関係雑件』第一巻、外務省外交史料館、アジア歴史資料センター、レファレンスコード：B05016064900。

[2]「2. 支那留学生思想調査　昭和十二年四月」，『在本邦留学生調査関係雑件』第十一巻、外務省外交史料館、アジア歴史資料センター、レファレンスコード：B05016141600；孫安石「『経費は遊学の母なり』——清末——一九三〇年代の中国留学生の留学経費と生活調査について」，大里浩秋、孫安石編『中国人日本留学史研究の現段階』、202頁。

[3] 参见孫安石「『経費は遊学の母なり』——清末——一九三〇年代の中国留学生の留学経費と生活調査について」，大里浩秋、孫安石編『中国人日本留学史研究の現段階』、202頁。

要求他们根据以下各要点采取适当措施,对中国留学生进行"保护""监督":一是各校教职员不要以战争形势"刺激"中国留学生,避免他们陷入不稳状态;二是加强与他们的联系,时刻注意他们的动向;三是虽属暑假,但也要清楚他们究竟是归国还是在日本,明确他们在日本的住址,做好"辅导"。① 不过,这些"保护"与"监督"措施,在中国留学生看来或许是另一种形式的"监控"。

七七事变爆发后,确实也有几百名留日学生滞留未归②,其原因可能有以下几点。一是少数留日学生鉴于20世纪30年代的几次事变均是"就地"解决,认为七七事变或将很快"就地"解决,无需回国;二是个别留日学生因毕业在即,不愿归国,以免耽误多年求学而即将到手的毕业证书;三是有的留日学生认为与其归国"失学",还不如在日本学习,也可就近侦查日本情况;四是还有人因事变突然爆发,而家中通信、汇款全部中断,没有回国旅费,只得暂时留在日本;五是文部省与外务省的安抚措施,也使一些留日学生未有战争全面爆发的危机感。例如,文部次官伊东延吉于1937年10月12日致函外务次官堀内谦介,通报了文部省反复要求各校"照顾"中国留日学生,对事变后的逾期不归者暂时给予"休学"之便,即使未缴学费也暂时保留学籍。③ 这些安抚措施某种程度上稳定了滞留未归者的情绪。

五 小结

日本在九一八事变后的中国留日学生政策,总体而言扭转了大

---

① 参见「満支両国人学生生徒ノ取扱ニ関スル件 十二年十月」、『在本邦選抜留学生補給実施関係雑件/方針関係』第二巻、外務省外交史料館、アジア歴史資料センター、レファレンスコード:B05015475700。
② 参见周一川《近代中国留日学生人数考辨》,《文史哲》2008年第2期。
③ 参见「満支両国人学生生徒ノ取扱ニ関スル件 十二年十月」、『在本邦選抜留学生補給実施関係雑件/方針関係』第二巻、外務省外交史料館、アジア歴史資料センター、レファレンスコード:B05015475700。

正时期的调整与改善之策，变得更加严厉与暴力。日本的中国留日学生接受策，经历了从九一八事变初期的静观其变，到事变期间的挽留和安抚，再到事变结束后抵制南京政府提高留学资格的转变，坚持清末以来的接受体制与培养优秀留日学生的双轨制。日本对中国留日学生的消极教育与戒心日重，反映了日本既欲培育他们"亲日"感情和"亲日"分子的根本目的，又惟恐他们成为侵华障碍与对手的矛盾心态，某种程度上体现了局部抗战的时代背景。因此，日本政府对中国留日学生的思想与言行极为敏感，日本警察对他们的普遍监视、随意拘捕和驱逐出境等自然是"意料之中"。这也是局部抗战时期在日本的中国留学生虽多，但他们"反日"活动却相对沉寂的主要原因，而打破沉寂局面的是七七事变爆发后中国留日学生的愤而归国和积极投身全民族抗战。

第 七 章

留日学生政策与全面侵华
（1937.7—1945.8）

中国留日学生在七七事变后大部分愤而回国，但日本强令在中国占领区扶植的各伪政权选派留日学生，既作为占领区殖民教育的一环，培养配合日伪统治的高级人才，又通过留日教育，使他们参加"大东亚新秩序"建设，服务于日本侵略政策。可以说，在近代中国留日学生史研究中，直到20世纪90年代，特别21世纪以来，抗战时期的留日学生才逐渐引起学界关注。[①] 既有研究侧重于各伪政权的留日学生选派经过、学生人数、留日经费、留日政策，以及他们的学习生活、抗日活动等，甚少注意从日本对中国留日学生政策的视角，探讨在日本全面侵华战争时期的严酷环境下，为何出现中

---

① 除涉及抗战时期中国留日学生问题的近代中日教育关系史和日本侵华殖民教育史的通史性、专题性成果外，中文成果主要有，周孜正：《汪伪的留日学生教育》，《抗日战争研究》2004年第3期；周孜正：《浅论汪伪时期在日中国留学生的经费来源》，《抗日战争研究》2005年第3期；余子侠：《日伪统治下伪蒙疆政权的留日教育及其教育交往》，《徐州师范大学学报》2005年第4期；谭克俭：《抗日战争时期的山西留日学生》，《晋阳学刊》2005年第1期；徐志民：《近代日本政府对伪蒙疆政权留日学生政策探微》，《抗日战争研究》2008年第2期；徐志民：《笔谈"抗日战争与沦陷区研究"——抗战时期中国沦陷区留日学生研究概述》，《抗日战争研究》2010年第1期；菊池一隆、曲晓范：《抗日战争时期旅日中国留学生的救亡活动》，《外国问题研究》2009年第4期，等。日文成果主要有，刘振生「『満洲国』日本留学生の派遣」、大里浩秋、孫安石編『留学生派遣から見た近代日中関係史』；陈昊「日中戦争期における在日中国人留学生について」、『九州教育学会研究紀要』第31卷、2003年；河路由佳ほか編『戦時体制下の農業教育と中国人留学生』；三好章「維新政府と汪兆銘政権の留学生政策——制度面を中心に」、『人文学研究所報』第39卷、2006年3月；川島真「日本占領期華北における留学生をめぐる動向」、『中国研究月報』第714号、2007年8月。

国人赴日留学赓续不绝的特殊现象；同时，日本对中国占领区留日学生教育、管理和安置政策煞费苦心，虽不能说全无"效果"，但"结局"终是"搬起石头砸自己的脚"。为揭开这些迷惑，笔者在既有研究成果的基础上，主要利用日本外务省外交史料馆和国立公文书馆、防卫省防卫研究所的档案史料，尽力还原日本对中国占领区留日学生的接受、教育、管理和安置政策。

一 接受伪政权的留学生

1937年7月，七七事变爆发，日本发动了全面侵华战争。两个月后，国民政府教育部发布了中国留日学生"撤离敌国，回国参战"的训令。① 大多数中国留日学生响应国民政府号召，纷纷离日回国。七七事变前夕中华民国留日学生达4018名，到1937年11月仅仅剩下403人。② 但是，日本在全面侵华战争之前扶植的伪满洲国，在全面侵华战争开始后扶植的伪中华民国临时政府、维新政府、伪蒙疆政权，以及主要整合临时、维新两个伪政府而于1940年3月成立的汪伪政府，在日本政府和军部的指使下继续向日本派遣留日学生，以培养他们所希望的"日中亲善"的"楔子"和"大东亚战争"的"协力者"。

1937年9月，国民政府在中日全面战争的情况下"暂停"对日庚子赔款③，而日本在侵华战争期间所需对华文化事业经费，包括补

---

① 《教育部令留日学生一律回国》，《大公报》1937年10月29日。
② 《事变前后留学生省别比较表》，伪华北临时政府教育部档案，中国第二历史档案馆藏，全宗号2017，案卷号179。据日华学会统计，所剩403人是具有学籍者人数，实际上仅余398人。参见「中華民國残留学生（昭和12年11月1日現在）」、『日華学報』第65号、1937年12月。
③ 之所以说是"暂停"，是因为国民政府从1937年七七事变后至1938年底，仍将对日庚子赔款汇存在汇丰银行的日本庚款专账内，共计525196镑2便士，但这笔款项并未交付日本，而被海关洋员以退休养老金方式吞没；从1939年至1941年11月，国民政府共计拨存重庆中央银行总税务司日本部分之庚子赔款为国币2471943元；1941年12月9日，国民政府正式对日宣战后，中日之间一切条约均告废止，中国不再有偿还的义务。参见袁成毅《中国对日庚子赔款述略》，《抗日战争研究》1999年第4期。

助中国留日学生学费在内，已突破《对华文化事业特别会计法案》规定年额 250 万日元的限制，每年达 300 万日元，一度增至 600 万日元。因此，日本修改《对华文化事业特别会计法案》，决定从"临时事件费"中开支在中国的文化事业费用，若仍有不足则以对华文化事业特别会计的利息补充[1]，以保障补给生和其他对华文化事业之经费。

鉴于抗战爆发后一般补给生的减少和消失，日本政府为调动中国占领区各伪政权参与留日学生工作的积极性和借机提高各伪政权在留日学生中的"威信"，特命伪政权参与原本仅有日本政府独自掌控的"选拔留学生"和"特选留学生"工作。如，1938 年 4 月 23 日，日本政府修订《选拔留学生内规》，规定选拔留学生应当从以下留学生中筛选：1. "满洲国"政府或者驻日"满洲国"大使馆推荐者；2. 伪中华民国的临时政府、维新政府、蒙疆联合委员会，以及他们的驻日代表机构推荐；3. 日本驻"满洲国"大使馆或驻"中华民国"大使馆推荐者[2]，重点是增加选拔留学生的推荐者。

经过这次修改，选拔留学生的主要推荐者变成了日本扶植的中国占领区各伪政权。据此，选拔留学生的大权似乎返还给了中国占领区各伪政权，而实际上听命于日本的各伪政权只是获得了貌似"独立"的面孔，在中国占领区留日学生面前涂抹一些"独立自主"的色彩，以获得他们的认同和支持。1938 年 6 月 10 日，日本陆军省提出"为使作为满洲国代表的驻日满洲国大使监督指导留日学生，学费应经过驻日满洲国大使发放"[3]，以加强伪满洲国驻日大使在这些留日学生中的地位和影响。6 月 15 日，外务省文化事业部接受了陆军省的意见。

随着日本在华侵占区域的扩大，侵华战争之初主要倾向于选拔

---

[1] 参见阿部洋『「対支文化事業」の研究——戦前期日中教育文化交流の展開と挫折』、876—877、909、921 頁。
[2] 参见「選抜留学生ノ内規改正ノ件」、『在本邦選抜留学生補給実施関係雑件/方針関係』第二巻、外務省外交史料館、アジア歴史資料センター、レファレンスコード：B05015476300。
[3] 「選抜留学生ノ内規改正ノ件」、『在本邦選抜留学生補給実施関係雑件/方針関係』第二巻、外務省外交史料館、アジア歴史資料センター、レファレンスコード：B05015476300。

第七章　留日学生政策与全面侵华（1937.7—1945.8）　165

北京、天津等大城市留日学生的政策，已不能"惠及"华北、华东其他被日军占领的地方，无法适应日本侵华战争形势与对华文化事业的需要。驻伪临时政府大使馆参事官堀内干城在1939年9月18日致函外务大臣阿部信行《关于选拔留学生各地比例人数变更件》，请求从1940年开始将选拔留学生名额按地域分配，由伪临时政府教育部公平地选拔各地的优秀者，并附送了华北五省学校统计表作为参考。① 外务省非常重视其建议，也希望在更大范围内招募优秀的中国留日学生。

　　日本驻伪临时政府大使馆，遂就共同审查选拔留学生、广泛地征集优秀人才等问题，与伪临时政府教育部进行"协商"，"达成"了《选拔留学生之选定及学费补给要纲》。驻伪临时政府大使馆二等书记官门胁季光于1939年11月27日致函外务大臣野村吉三郎，重点汇报了该"要纲"的主要内容：（一）选拔留学生应从下列两项学生中选定之：1. 除台湾、朝鲜和桦太的学校外，留学日本各校的中国留学生，以及在日本的高等学校或其他机关的研究实习者。2. 在中国高中毕业，希望赴日本留学的中国学生，以及在中国大学或专科毕业，赴日本的大学院或研究科留学者，或在其他机关的研究实习者。在中国留日同学会设立之兴亚高级中学毕业之学生，应认为"中华民国"临时政府之派遣生得优先选拔。（二）选拔留学生由伪临时政府教育部或其驻日代表机构、日本驻华大使馆推荐，经中国留学生选拔委员会的审查和考核，中国留学生选拔委员会规程另定之。（三）对于选拔留学生之有下列情形者支给旅费：1. 未赴日前已选定者；2. 选拔留学生在毕业或研究实习结束回国时，但已停止发给学费者除外。② 同时，该"要纲"规定选拔留学生若有违

---

　　① 参见「選抜留学生各地割当人数変更ニ関スル件　十四年九月」、『在本邦選抜留学生補給実施関係雑件/方針関係』第二巻、外務省外交史料館、アジア歴史資料センター、レファレンスコード：B05015477300。

　　② 参见「選抜留学生選定方ニ関スル件　十五年二月」、『在本邦選抜留学生補給実施関係雑件/方針関係』第二巻、外務省外交史料館、アジア歴史資料センター、レファレンスコード：B05015477500。

操行或学业不良将停发学费①，以停发学费补给为筹码，威胁留日学生接受日本政府和有关学校当局的教育与安排。

其实，《选拔留学生之选定及学费补给要纲》就是在日本修订的《选拔留学生内规》的基础上制定的，故两者选拔留学生的推荐程序、申请书样式、学费支付方式、发给旅费期限以及惩罚措施等几乎雷同，仅有两处稍有区别。1. 选拔留日学生的范围。《选拔留学生之选定及学费补给要纲》仅仅限定为伪中华民国临时政府的留学生，以及其辖区内的公私立高中毕业者及兴亚高中毕业者。《选拔留学生内规》则包括伪中华民国和伪满洲国的留学生和高中毕业者。这是因为伪满洲国留日学生的补给经费相对充足、补给途径多样、补给待遇优于伪中华民国留日学生②，且日本政府为配合伪满的"产业开发五年计划"，从1938年开始在文部省直辖学校内为伪满洲国留日学生每年保留200名左右的"学席"名额③，优先保证伪满洲国留日学生的选拔和接受。2. 选拔方式不同。《选拔留学生内规》由"满洲国"和"中华民国"临时政府、维新政府、蒙疆联合委员会等伪政权驻日代表机构，或者日本驻伪满、伪中华民国大使馆推荐，附上申请书及相关资料即可。但是，《选拔留学生之选定及学费补给要纲》则需伪中华民国临时政府教育部或驻日代表机构、日本驻伪中华民国临时政府大使馆的推荐，经中国留学生选拔委员会选拔，然后附加申请书及相关资料才行。

这些细微的差别，尤其是第2点，反映了日本政府通过中国留学生选拔委员会，干预伪中华民国临时政府选拔留日学生工作

---

① 「選拔留学生選定方ニ関スル件　十五年二月」、『在本邦選拔留学生補給実施関係雑件/方針関係』第二卷、外務省外交史料館、アジア歴史資料センター、レファレンスコード：B05015477500。

② 关于伪满留日学生的补给经费、途径，参见王奇生《留学与救国——抗战时期海外学人群像》第八章第二节（第257—266页），孔凡岭《伪满留日教育述论》，《抗日战争研究》1997年第2期；孔凡岭《伪满时期留日教育及其特点》，《历史档案》1998年第1期，等。伪满留日学生补给优于关内留日学生的情况，参见阿部洋『「対支文化事業」の研究——戦前期日中教育文化交流の展開と挫折』、858頁。

③ 参见阿部洋『「対支文化事業」の研究——戦前期日中教育文化交流の展開と挫折』、849—850頁。

的目的。这种选拔留日学生方式，似乎为伪政权增添了一层自主选拔补给生的面纱，实际上未改变日本掌控选拔补给生事务的实权。1940年2月16日，有田八郎外务大臣指示北京的藤井启之助参事官与伪临时政府教育部"协商"遴选"选拔留学生"工作的同时，要求日本各地使领馆具体参与各省、各特别市的选拔留学生事务。

1940年5月16日，藤井参事官上报外务大臣有田八郎《关于选拔留学生之件》，汇报了他与伪教育总署、兴亚院华北联络部之间协商组建留学生选拔委员会的详情，并随函转呈该委员会之规程。该"规程"规定：该委员会由9名委员组成，其中伪临时政府教育部指定5名，兴亚院华北联络部、日本驻华大使馆各指定2名，公推一人担任委员长，可在必要时聘请临时委员；该委员会的职权主要是审议下列事项：一是审查留日学生提供的证件，二是审查留日学生的学历、资历，三是审查留日学生学业操行与思想等，四是决定留日学生的选拔派遣，五是其他关于选拔的重要事项。①

外务大臣有田八郎在1940年5月30日致函驻北京的土田丰书记官，发出三项指示。一是认真向选拔委员会推荐人选；二是文化事业部关于留日学生的录取方针是从各校在读的留日学生中，按照学习成绩，依据顺序，选拔思想健全者，尽可能多录取学习医、工、农、理科者；三是昭和15年度选拔留学生录取人数为40名以内。②由此可见：1. 外务省高度重视中国留学生选拔委员会的工作，虽然日本在9名委员中仅占4名，但通过必要时聘任临时委员或公推委员长等方式掌握该委员会的实权。即非如此，临时政府作为傀儡政权，也只能按照日本政府的意图行事，因此，成立中国人占相对多

---

① 「選抜留学生選定方ニ関スル件　十五年二月」、『在本邦選抜留学生補給実施関係雑件/方針関係』第二巻、外務省外交史料館、アジア歴史資料センター、レファレンスコード：B05015477500。

② 参见「選抜留学生選定方ニ関スル件　十五年二月」、『在本邦選抜留学生補給実施関係雑件/方針関係』第二巻、外務省外交史料館、アジア歴史資料センター、レファレンスコード：B05015477500。

数的中国留学生选拔委员会不过是用来遮羞而已。2. 日本政府选拔中国留日学生的目的，重在挑选所谓"思想健全者"和学习理工科者，即培养服务于日本殖民地资源开发与利用的技术性人才。3. 鉴于战时财政紧张，不宜过多接受。

　　日本根据选拔留学生的有关规定，首先分配各地的选拔留学生名额，然后转发给驻各伪政权的使领馆，通过他们命伪政权选派留日学生。外务大臣有田八郎在1940年5月分别致函驻北京的藤井参事官、驻张家口的渡边信雄总领事、驻南京的日高信六郎参事官，命他们与伪政权"协商"推荐选拔留学生的候补者。《昭和15年度选拔留学生采用要纲》的规定如下：1. 采用人员：蒙疆（张家口、大同、厚和、包头等地）10名，华北（北京、天津、青岛、济南、石家庄、太原等地）40名，华中（南京、上海、苏州、杭州等地）25名，广东15名，共计90名。2. 留学时间：1940年9月赴日，先入学东亚学校，学习日语或接受其他预科教育，到1941年4月报考各自希望之学校。3. 学力程度：高级中学毕业以上程度者。4. 学费数额：在东亚学校学习期间，每月50日元；在专门学校学习，每月50日元或55日元，在大学学习，每月55日元或60日元。5. 渡日旅费：发给实费。① 即，该"要纲"重点规定了选拔留学生的名额、留学时间、学历要求、学费和旅费支付数额与方式。

　　随同转发的《选拔留学生之选定及学费补给要纲》与1938年4月23日修订的《选拔留学生内规》几乎相同，仅做两处修改。1. 将《选拔留学生内规》的推荐者改为"中华民国国民政府、华北政务委员会、蒙疆联合自治政府"②，因为1940年3月20日汪伪政权成立后，至少名义上都是"中华民国"的一部分，故有此举。2. 删除

---

① 参见「昭和十五年（2）選抜留学生推薦ノ件（北京張家口南京宛）　昭和15年」、『在本邦選抜留学生補給実施関係雑件/推薦関係』第二巻、外務省外交史料館、アジア歴史資料センター、レファレンスコード：B05015480000。
② 「昭和十五年（2）選抜留学生推薦ノ件（北京張家口南京宛）　昭和15年」、『在本邦選抜留学生補給実施関係雑件/推薦関係』第二巻、外務省外交史料館、アジア歴史資料センター、レファレンスコード：B05015480000。

了《选拔留学生内规》第四项的全部内容[①]，因为该项提出后曾遭致陆军质疑，且不久就修改了，故此删除。另外，与1936年中华民国留日学生中有298名选拔留学生相比[②]，此时选拔留学生名额下降了近70%。

日本驻各伪政权的使领馆接到指令后，纷纷反映本地名额不足，请求增加。驻张家口的渡边总领事在1940年5月10日致电有田八郎外务大臣，指出蒙疆地区比较特殊，申请增至20名。有田在5月21日致函驻张家口的代理总领事望月静，表示听取返回东京的渡边总领事的汇报，决定将蒙疆地区选拔留学生名额增至15名。驻汪伪大使阿部信行在7月8日致电有田八郎，认为华中方面特别是武汉失学者甚多，故25名太少，申请再增加10名。有田在7月13日回电阿部，表示因为预算关系，只可增加3名。阿部又于15日致电有田，强调既然同意增加3名，那么其余7名由汪伪教育部负担费用，请将这7名全部给武汉，他还报告了7月25日汪伪各地举行选考，8月31日再将合格者召至南京审查。7月27日，松冈外务大臣致函阿部大使并转电广东，指示广东应根据该地陆军特务机关的计划派遣留学生，经当地总领事推荐选拔留学生，强调日本政府本年度也有在广东招募其他留日学生的意向[③]，但似乎只有广东未提增加名额的要求。

特选留学生的选拔，历来由日本政府单独决定，即使在日本发

[①]《选拔留学生内规》第四项规定："对选拔留学生按照如下方式发放学费：1. 学费通过在籍学校校长（在大学是总长、学长，其他机关是长官或其代表者）发放；2. 学费支付月额，高等学校或其他学校为50日元以内，专门学校为60日元以内，大学为70日元以内。"但是，陆军方面希望通过伪政权驻日机构代表发放学费，以体现伪政权的"独立性"和提高其在留日学生中的地位与影响力。参见「選抜留学生ノ内規改正ノ件」、『在本邦選抜留学生補給実施関係雑件/方針関係』第二卷、外務省外交史料館、アジア歴史資料センター、レファレンスコード：B05015476300。

[②] 参见阿部洋「戦前日本の『対支文化事業』と中国人留学生——学費補給問題を中心に」、国立教育研究所『国立教育研究所紀要第121集：戦前日本のアジアへの教育関与』、1992年3月、177頁、「（第3表）『対支文化事業』による学費補給生数およびその構成の推移」。

[③] 参见「昭和十五年（2）選抜留学生推選ノ件（北京張家口南京宛）昭和15年」、『在本邦選抜留学生補給実施関係雑件/推薦関係』第二卷、外務省外交史料館、アジア歴史資料センター、レファレンスコード：B05015480000。

动全面侵华战争后也没有太大改变。特选留学生的选拔，首先由中国留日学生的日本老师向学校推荐，其次由留日学生向学校提供外务省文化事业部需要的申请书、导师推荐书、履历书、学业成绩表等相关材料，第三是由校长向外务省文化事业部提交申请材料，最后是外务省的批准。1939年度，九州大学留学生林伯辉、千叶医科大学留学生孔禄乡、东北大学留学生陈志藻等被文化事业部确定为特选留学生，详细登记了他们的姓名、省别、研究地点、指导教授、研究题目、学费补给时限、补给月额（100日元）、学历及其他。① 1939年4月26日，天津市立传染病医院院长侯扶桑，也经历了这样的选拔过程，被选定为1940年度特选留学生。不过，在中日全面战争时期也有经过伪政府官方机构推荐而成为特选留学生者。如，天津恒源纺纱厂医务科科长蒋本沂作为特选留学生，先由北京市卫生局毓汶局长，向藤井启之助参事官推荐，后经藤井报送有田获批为特选留学生。② 一名特选留学生竟要日本外务大臣亲自批准，这种特例恰恰反映了日本政府对特选留学生的重视。一般来说，特选留学生要求学历高、研究能力强，且人数极少，不像选拔留学生那样具有相对普遍性。

鉴于战时日本财政紧张和外务省预算困难，日本将接受中国留学生的目光转向了自费生。身在沦陷区的青年学生，在日伪监控下既无法到别国留学，也很难到抗战大后方学习，只能赴日留学。一些家资丰厚者为保护自己的人身安全和财产，讨好侵略者，主动遣送子弟前往日本留学。我们也不能排除有的青年学生，为了解和侦察战时日本情况而赴日留学。③ 总之，抗日战争时期，自费留日的现象非但没有停止，反而再现小高潮。据周一川统计，1938年6月到1943年9月，中国赴日留学生年均2540人，即使抗战结束前一年的

---

① 参见「昭和十四年度選定」、『在本邦特選留学生補給実施関係雑件/選定関係』、外務省外交史料館、アジア歴史資料センター、レファレンスコード：B05015515900。
② 同上。
③ 抗战时期中国青年赴日留学的原因比较复杂，不同留日者的留日动机和心理千差万别。周孜正在《试探沦陷区中国青年赴日留学原因》（《民国档案》2004年第3期）一文中，从主、客观，以及个人、家庭、战争局势影响等方面，探讨了抗战时期中国青年赴日留学的心路历程。

1944年4月，仅伪中华民国的留日学生仍有1118人。① 抗战时期中国沦陷区在地域有限、战局动荡的年代，仍有近乎全民族抗战爆发前夕留日学生规模的一半，其中大部分是日本招揽留日自费生的结果。

自费生多出自殷实之家的子弟，日本乐意接受，其原因一是借机将他们培养成有影响力的"亲日"分子，二是拉拢与胁迫这些自费生家人为日本殖民统治服务。据在早稻田大学留学的伪满学生孙连璧说：当时赴日留学者多为官宦富绅子弟，出身贫寒者不用说自费，就是获得官费也拿不出其他相关费用，指出他们这些学生的费用全由家中承担。② 据刘振生对伪满留日学生进行的采访与问卷调查，确知家庭背景者12名，其中3名出身富商家庭，占25%；2名出身地主家庭，占16.66%；2名出身知识分子家庭，占16.66%（一人父母皆为原留日学生，一人父亲任沈阳师范学校附属小学主任）；普通家庭者3人，占25%，但所谓"普通"家庭或"家庭非常贫寒"也仅是"家里除了有能够糊口的钱外，根本拿不出多余的可供我读书学习"，其实在当时也算小康之家；"家境殷实"而其他情况不详者2人，占16.66%。③ 日本在伪蒙疆选拔留日学生的一条原则是家庭"出身"，故那时当地留日学生多为"豪门望族"子弟。④

日本学校也乐意接受这些自费生，从而在战时获得相对稳定的收入。例如，日华学会会长细川护立在1938年1月21日致函外务省文化事业部部长冈田兼一，向他介绍河北省遵化县的刘秉信入学秋田矿山专门学校采矿科，且转呈该生的学历、履历、照片等资料。冈田于1月27日致函秋田矿山专门学校长平冈通也，向该校推荐刘秉信。平冈在2月22日复函冈田，表示可以省略依据《文部省直辖

---

① 关于抗战期间中国沦陷区留日学生每年的具体人数，周一川在《近代中国留日学生人数考辨》（《文史哲》2008年第2期）中已有较为细致的考订，此处不再赘述。
② 刘振生：《"满洲国"时代における元日本留学生と日本》，博士学位论文，东北师范大学，2004年，第284页。
③ 同上书，第283—312页。
④ 徐志民：《近代日本政府对伪蒙疆政权留日学生政策探微》，《抗日战争研究》2008年第2期。

学校外国人特别入学规程》的选拔考试，与欲考入本校的一般应考者一样参加考试，决定取舍，只是担心他能否按期支付学费。文化事业部就此咨询日华学会。2月25日，日华学会复函冈田，介绍了刘秉信的家庭经济实力，即：刘之父早年行医北京，现家有资产10万日元左右，且其兄刘秉仁现任遵化县政府的内务科科长，完全有支撑其在日留学的能力。3月1日，冈田致函平冈，通报了日华学会关于刘秉信的调查情况，请他放心该生的学费支付事宜。① 根据现存外务省外交史料馆的《满中留学生便宜供与　自费留学生》等资料，可知不少自费生的接受大多有经费方面的考虑。

本已财政乏力的伪政权，面对日本政府强制性的留日学生派遣要求和不愿提供过多补给的现实，自然也喜欢沦陷区青年自费赴日留学。1939年1月24日，伪中华民国临时政府颁布了《关于留日自费生发给留学证书的暂行条例》，该条例规定了自费生的范围、申请证书的条件、需提供的相关资料，以及必须向主管机构申请渡日证明书，并在手续齐备后三个月内赴日，否则需要延期。② 2月7日，伪教育部部长汤尔和致函日本大使馆，说明已颁布对自费留日生发给留学证书的暂行条列，并附上留学证书及自费留学生保证书的样式，请日本各相关部门提供便利。2月15日，驻伪中华民国临时政府大使馆参事官堀内干城致函外务大臣有田八郎，指出以前对自费留学生的介绍多依赖于东京的留学生监督处，但自事变以来留学生监督处关闭，随之中国学生来日留学多有不便，故"临时政府"发给留学证书作为一种身份证明及学历等证明，现将该部制定的关于自费留学生留学证书的暂行规定，翻译汇报，并附证书样式，请转达各相关部门参考。3月3日，文化事业部部长三谷隆信致函东亚同

---

① 参见「1. 満支留学生便宜供与自費留学生（昭和十三年中）分割1」、「1. 満支留学生便宜供与自費留学生（昭和十三年中）分割2」、『在本邦留学生便宜供与（入退学、見学、実習等）関係雑件/自費留学生関係』第三卷、外務省外交史料館、アジア歴史資料センター、レファレンスコード：B05015579400、B05015579500。

② 参见「留日自費生ニ対シ留学生証書暫行条例　十四年三月」、『在本邦選抜留学生補給実施関係雑件/方針関係』第二卷、外務省外交史料館、アジア歴史資料センター、レファレンスコード：B05015476800。

文会会长近卫文麿、日华学会会长细川护立；泽田外务次官致函石黑文部次官，转达并附送了堀内参事官报告的内容及相关文件①，肯定"临时政府"的自费留日学生工作。

日本政府在接受各伪政权派遣留日学生的同时，亦积极接纳伪政权选派的赴日考察者，向其灌输所谓"日本精神""大东亚新秩序"等侵略谬论，使之影响中国占领区民众的精神。1939年底，伪河北省公署决定派遣崔培桐、苏沅村、王寿田、陈怀仁等4名在职教育司法官员，组成教育考察团赴日研修学习，并给每人分配了不同任务。如，陈怀仁从1940年2月1日至7月31日，用半年的时间在东京国民精神文化研究所，接受专家指导，研究专门科目；苏沅村要研究教员再训练方法的心得，以及"东亚新秩序"理念；王寿田要特别留意理科教员的指导训练；他们在研修结束后，还要到大日本青年协会、葛饰农场等相关教育实习机构考察。② 为此，日本华北方面军参谋部第四课高级参谋有末精三致函陆军省军务局军务课课长河村三郎，强调这关系到日本的"指导援助"，故请日本国内为教育考察团提供方便。1940年1月25日，兴亚院文化部第三课长林安致函外务省文化事业部第一课长后藤镒尾，指出陆军省将为河北省派遣的4名考察者提供便利的事情交给了本院办理，咨询外务省对此事的意见。翌日，外务省文化事业部后藤第一课长复函林安课长，表示希望兴亚院"尽可能地提供便利，以实现所期望的目的"。③ 日本军方、兴亚院、外务省等，在接受中国各伪政权派遣赴日考察者方面，相互配合，步调一致。

抗日战争时期，日本政府基于一般补给生不复存在，进一步强

---

① 参见「留日自費生ニ対シ留学生証書暫行条例　十四年三月」、『在本邦選抜留学生補給実施関係雑件/方針関係』第二巻、外務省外交史料館、アジア歴史資料センター、レファレンスコード：B05015476800。

② 参见「河北省派遣日本留学生ニ便宜供与　昭和十五年一月」、『満支人本邦視察旅行関係雑件/便宜供与関係』第十一巻、外務省外交史料館、アジア歴史資料センター、レファレンスコード：B05015796700。

③ 「河北省派遣日本留学生ニ便宜供与　昭和十五年一月」、『満支人本邦視察旅行関係雑件/便宜供与関係』第十一巻、外務省外交史料館、アジア歴史資料センター、レファレンスコード：B05015796700。

化了选拔留学生和特选留学生的遴选工作，指示驻各伪政权的使领馆人员参与选拔留学生事务，但限于战时财政和预算的关系，这一时期日本政府补给伪政权留日学生的人数相当有限。故而，日本政府强制各伪政权选派优秀留日学生的同时，亦非常重视占领区各地的自费留日学生工作，以及伪政权派遣的赴日教育考察者。尤其是赴日教育考察者，本身即为伪政权的教育官员，在日本经过"亲身体验"和"考察培训"之后，可以更有能力，也更直接地贯彻日本政府的殖民教育方针。这是日本政府之所以积极接纳伪政权赴日教育考察者的如意算盘。当然，为实现其殖民教育目的，日本政府在中国占领区留日学生教育方面还是颇下了一番功夫的。

二 多措并举的洗脑教育

战时日本的中国留日学生教育，自然无需像战前那样遮掩培养留日学生中的"亲日"分子，或者他们的"亲日"感情，而是公开培养配合日本侵华战争的各类"人才"和"大东亚新秩序"的"协力者"，故对遴选出来的选拔留学生、特选留学生及自费留学生的教育非常重视，既要教给他们服务于日本侵略战争的知识和技术，又要培养他们对"大日本帝国"的顺从和忠心，以实现其"以战养战""以华制华"的战略目的。如，1940年度伪河北省公署选派50名官费学生赴日留学，在《留日官费生派遣实施要领》中规定聘请日本人担任指导者，而中国人为副指导者，明确其目标就是培养"大东亚新秩序"建设的"协力者"。[①]

为此，日本检查他们的学习成绩，修建相关教育设施，资助"日中亲善"活动，改善他们的生活待遇，可以说在留学教育方面相

---

① 参见「昭和十五年（3）河北省公署派遣留日官費生ニ関スル実施要領 昭和15年」、『在本邦選抜留学生補給実施関係雑件/推薦関係』第二卷、外務省外交史料館、アジア歴史資料センター、レファレンスコード：B05015480100。

比战前，更加细致，毫不吝啬，甚至大度到明显地"收买"留日学生的"忠心"。

首先，重视选拔留学生的教育，经常调查他们的学习成绩。文化事业部部长冈田兼一于1938年3月9日致函东亚同文会会长近卫文麿、东京市立驹进病院院长高木逸麿、日华学会会长细川护立、伪满洲国留日学生会馆理事长平田幸弘、东京第一高等学校校长桥田邦彦等团体负责人或校长，请他们汇报伪满和伪中华民国的留日学生1937年度的学习成绩和补给生的学科成绩或研究业绩。[1] 3—4月，各学校和社团都进行了汇报。文化事业部部长三谷隆信于1939年3月23日分别致函东京大学总长平贺让等18人、东亚同文会等4人、东京高等师范学校校长森冈常藏等20人，请他们调查补给生的学习成绩，且通过学校转知那些希望继续补给者，请在4月底前将他们的履历书和学习成绩证明报送文化事业部。[2] 此后在每年3月，文化事业部部长就通知相关学校与机构，报送补给生的学习成绩与学科成绩。

其次，资助留日教育基础设施建设。日华学会决定成立留学生教育部，在1938年5月11日向文化事业部递交《留学生教育部设置案》，强调七七事变后，日本的中国留学生事务愈加重要，必须增加学会规模，新建留学生教育部，对中国留学生进行入学指导、时常检查等，同时提出聘请有相当权威者担任留学生教育部的主任，兼管东亚学校事务。该"设置案"申请经费1万日元，且附有《留学生教育部职务内规》。该"内规"内容包括：1. 亲切解答与留学生相关的咨询；2. 参照留学生愿望、学力、学历、学费和家庭情况，指导他们选择学校；3. 向各学校和机构介绍留学生的情况；4. 与接受学校保持联系和交流；5. 检查与指导留学生的学习；6. 为

---

[1] 参见「満支留学生ノ学業成績調査　昭和十三年三月　分割1」、『在本邦留学生調査関係雑件』第十二巻、外務省外交史料館、アジア歴史資料センター、レファレンスコード：B05016142400。

[2] 参见「文化事業部補給生ノ学業調査　昭和十四年三月」、『在本邦留学生調査関係雑件』第十二巻、外務省外交史料館、アジア歴史資料センター、レファレンスコード：B05016142700。

他们斡旋宿舍，并视察其住宿情况；7. 指导、斡旋留学生的参观、实习；8. 为留学生能参加随时举办的演讲及讲习而进行斡旋；9. 留学生教育及留学生相关事务的各种调查，以及向相关当局的报告；10. 其他认为必要的事项。① 当然，这项建议和方案获得了外务省的支持。

东京工业大学学长中村幸之助在1939年7月12日致函外务省文化事业部长三谷隆信，提出增建该校留学生教育设施计划。中村指出：随着中日战争局势变化，那些主张和积极参加建设"新中国"的人申请入学本校日渐增多，为他们提供学习便利是日本"兴亚"国策的重要事情。因此，他强调在东亚"维新"和建立"日中亲善"关系之际，修建位于中日两国教育融合前线的相关设施，增加接受今后激增的留学生，使之成为培养中国留学生的一个重要支点，共同推进亚洲"兴旺发达"。② 他还随函呈送了《关于人的资源涵养炼成设施经费》《中国留学生教育设施扩张所需内含明细书》《中国留学生教育设施扩张设备费所需额调》《中国留学生增募人员各学科别调》《东京工业大学中国留学生数调》等，以资证明增建本校留学生教育设施之必要性和可行性。

1941年4月9日，日华学会会长细川护立致函外务省东亚局局长山本雄一《留学生寄宿舍新建资金运用方法认可申请件》，指出根据去年3月29日的指示，作为留学生寄宿舍新建资金而一直被保管的2800日元，随着本会提出留学生寄宿舍增设计划，申请将其充入本次寄宿舍购买费中。③ 4月12日，山本局长复函细川护立，表示同意其申请。

---

① 参见「留学生教育部設置案　昭和十三年五月」、『日華学会関係雑件』第二卷、外務省外交史料館、アジア歴史資料センター、レファレンスコード：B05015268700。

② 东京工业大学学长中村幸之助致函外务省文化事业部长三谷隆信「東京工業大学昭和十五年度支那留学生教育施設拡張ニ関スル件」、『在本邦留学生予備教育関係雑件/特設予科関係』第三卷、外務省外交史料館、アジア歴史資料センター、レファレンスコード：B05015527500。

③ 参见「留学生寄宿舎新築資金運用方ニ関スル件　昭和十六年四月」、『日華学会関係雑件/補助関係』第六卷、外務省外交史料館、アジア歴史資料センター、レファレンスコード：B05015275300。

日本政府虽资助增建留日学生教育设施,但对资金使用也有完备的监督与检查机制。例如,检察院检察官大久保忠文于1938年10月13日致函外务次官堀内谦介,提出对1932—1937年度的外务省支出记录进行审查,其中包括1937年11月支付给京都帝国大学修文会赞助费16034.64日元,购买作为第一高等学校特设高等科毕业留学生寄宿舍用地的京都市左京区修学院所在千坪土地的情况。[①] 可知,日本政府通过监督与检查,相当程度上保证专款专用和出资"效果"。

再次,向从事留日学生教育的各校和机构,提供"日中亲善"活动经费。三谷隆信文化事业部部长在1939年5月10日致函东京大学总长平贺让等13所学校的负责人《关于昭和13年度训育费件》,请他们提出1938年度"满"、中留学生训育费的收支报告。各校在5月陆续汇报了此前开展的"日中亲善"活动,例如组织中国留学生游览名胜古迹,开展徒步旅行和实习见学,参加日本建国、"大东亚战争"的纪念会,举办演讲会、留学生入学欢迎会、恳谈会、毕业生欢送会,制作徽章,还有招待费和冬季或夏季修炼会活动等。[②] 会计检查员西村在5月31日报告文化事业部:1937年度的对华文化事业费资助中国留学生团体设施与训育费的总决算额为89578日元。[③] 从这些经费资助的"日中亲善"活动看,主要着眼于培养中国留学生的"亲日"感情,展示日本文化"精髓",炫耀日本的实力和宣扬"大东亚圣战"的所谓"意义"。

资助中国留学生的送别晚餐会、茶话会,在这些活动中颇具代表性。为消磨中国留日学生的不满或反日情绪,借机宣扬"日中亲

---

① 参见「修文会留学生寄宿舎敷地購入ニ対スル検査照会 昭和十三年十月」、『会計検査関係雑件』第九巻、外務省外交史料館、アジア歴史資料センター、レファレンスコード:B05015107000。

② 参见「昭和十三年度訓育費ノ調査 十四年五月」、『在本邦留学生ニ対スル諸補給関係雑件/訓育費関係』、外務省外交史料館、アジア歴史資料センター、レファレンスコード:B05015538500。

③ 参见「団体施設及訓育費決算額照会ノ件 昭和十四年五月」、『会計検査関係雑件』第十巻、外務省外交史料館、アジア歴史資料センター、レファレンスコード:B05015107400。

善"，鼓励中国留日学生认真领悟"日本精神"，以便学成回国后为"推动大陆发展做贡献"，外务省文化事业部于1939年3月1日通过了《关于为满洲国及中华民国留学生举办第一届送别晚餐会件》。其内容如下：1. 对文化事业部补给学费的"满洲国"及"中华民国"留学生中昭和13年度毕业回国者，召开送别晚餐会，并制作要项规定（如后）；2. "满洲国"及"中华民国"留学生送别晚餐会的宗旨，是密切日本相关机构与补给生之间的关系，指导他们毕业回国后与日本保持联系；3. 这次是第一届留学生送别晚餐会，1939年度以后每年都要举办；4. 本届送别会召开的同时，关于归国留学生应及时通知日本驻华使领馆，使留日学生有与当地日方机构进行联系的方法；5. 关于"满洲国"及"中华民国"派遣的警官留学生以本件为基准采取别的适当措施。① 其目的非常清楚，就是通过举办留日学生毕业回国者的送别晚餐会，加强留日学生与日本有关机构的"感情"，从而使毕业回国的留日学生与日本方面保持联系，为日本的侵略战争服务。

这一点从送别晚餐会的活动中，也清楚地表现出来了。如，《满洲国及中华民国留学生送别晚餐会要项》规定：1. 主办方为外务省，外务省的次官、文化事业部部长、东亚局局长、情报部部长及相关课长和职员出席；2. 受邀请方：①留学生包括伪满洲国和伪中华民国的留学生，②伪满洲国方面包括伪满洲国驻日大使馆参事官及相关官员，③伪中华民国方面为临时政府驻日办事处官员，④日本方面包括文部省专门学务局局长及相关官员、陆军省军务局局长及相关官员、海军省军务局局长及相关官员、兴亚院文化部部长及相关官员、相关学校、留学生相关机构代表及其他。3. 场所在外务次官官邸；4. 时间为3月23日（星期四）下午6时；5. 顺序为开宴、主持人致辞、文部省专门学务局局长致辞、留学生代表致辞、

---

① 参见「文化事業関係満支留学生第一回送別晩餐会　昭和十四年三月」、『在本邦留学生関係雑件』第十二巻、外務省外交史料館、アジア歴史資料センター、レファレンスコード：B05015409200。

其他参加者致辞、散会。① 第一届送别晚餐会受邀请的伪满洲国留学生 26 名,伪中华民国留学生 24 名,共计 50 名。但是,送别会召开前又删掉了陆军省、海军省相关官员,将 3 月 23 日的次序改为开宴、外务次官致辞、文化事业部部长致辞、文部省专门学务局局长致辞、伪满洲国留学生代表致辞、伪中华民国留学生代表致辞、恳谈。

3 月 17 日,伪满洲国驻日大使馆阿部理事官提前选好了伪满洲国留学生段贵图担任代表致辞,日华学会理事砂田实选出东京商科大学的陈东达作为伪中华民国留学生代表致辞。早在 3 月 9 日,三谷文化事业部部长就致函东亚同文会会长近卫文麿、日本女子大学校长井上秀、东京帝国大学总长平贺让等 12 人,请各校将参加送别晚餐会的人员名单上报,并表示对东京地区以外的参加者的旅费实报实销。伪满洲国及伪中华民国留日学生毕业者送别晚餐会在 3 月 23 日如期举行。会上,三谷部长回顾了对华文化事业费补给生选拔的历史和现状,鼓励这些"优秀学生"在毕业后继续搞好"学问研究",为"日中亲善"和东亚"和平"作出贡献。② 在留日学生的祖国大肆烧杀抢掠的侵略者,却要求留日学生为"日中亲善"和东亚的"和平幸福做出贡献",真不知这样的"亲善"与"和平幸福"是什么?或许就是要留日学生接受,并配合日本对东亚各国的任意占领和肆意屠杀、抢掠吧。

为宣扬"大东亚战争"的"正义"和"必胜",号召留日学生为大东亚"圣战"努力,日本还不时召集他们举办茶话会。三谷文化事业部部长在 1939 年 10 月 16 日分别致函东京大学总长平贺让等 16 所学校的校长,以及留日学生教育机构负责人,通知他们于 10 月 28 日在东京大学的附属植物园内,召开东京及附近的文化事业部学

---

① 参见「文化事業関係満支留学生第一回送別晩餐会　昭和十四年三月」、『在本邦留学生関係雑件』第十二巻、外務省外交史料館、アジア歴史資料センター、レファレンスコード:B05015409200。

② 「文化事業関係満支留学生第一回送別晩餐会　昭和十四年三月」、『在本邦留学生関係雑件』第十二巻、外務省外交史料館、アジア歴史資料センター、レファレンスコード:B05015409200。

费补给生的茶话会，请各位将申请出席的人数及时上报。[①] 邀请来宾包括文部省专门学务局局长关口鲤吉、学务课课长有光次郎等人，兴亚院的文化部松村部长、第三课课长林安等人，以及各学校主管学生事务主事或教务课课长、学生课课长，日华学会、东亚同文会、善邻协会等相关人员。根据各学校提供的参加者名单，外务省文化事业部在28日如期举行了茶话会。

茶话会上，三谷部长大肆宣扬"共产主义"是日中两国的"共同敌人"，日本的侵华战争是为了东亚长久"和平"与"幸福"等歪理邪说。他胡说日本发动侵略战争的目的，是消灭"共产主义"，弘扬东方之道德，以求东亚和平与各民族之幸福，为此希望中国成立新的中华民国政府，与日本共同建设东亚新秩序。他鼓励伪中华民国临时政府、维新政府推荐的这些留日学生，在毕业回国后与日本相互提携、相互帮助。因为他们留学日本多年，对日本风土民情和日本的实力最为了解，所以他们务必以"日中亲善""日中提携"为首要任务。他还威胁这些留学生，若荒废学业、素行不修、弄虚作假，将被立即取消学费补给[②]，以此要挟他们服从日本的"培养"与管理，配合日本侵华战争政策。

外务省还为参加茶话会、送别晚餐会的东京府外的留学生补助旅费，一般每人都补贴汽车费、住宿费，合计十几至二十几元。其程序是先由本人向外务省文化事业部部长提出补助旅费申请，然后由文化事业部部长致函留学生所在的学校总长或校长，以补助该生旅费。文化事业部在3月25日决定给两天前参加外务省招待学费补给毕业生活动的东京府之外的刘绍福等7名留学生旅费144.25日元，该资金从1938年度的对华文化事业费中支出。京都大学的刘绍福等3名留学生，在3月28日向文化事业部三谷隆信部长提出旅费补助申请。三谷于3月29日致函京都大学总长羽田亨，支付前述3名留学生的旅费56.64日元。三谷于同日照例致函

---

① 参见「文化事業部補給生茶話会ノ件　昭和十四年十月」、『在本邦留学生関係雑件』第十二卷、外務省外交史料館、アジア歴史資料センター、レファレンスコード：B05015409500。

② 同上。

其他 4 名留学生就读之学校，请各校校长转交旅费补助。[①] 此后，东京府外的参加毕业晚餐会、茶话会的留学生，均按此方式申领旅费补助。

外务省举办的文化事业部补给生的毕业送别晚餐会、茶话会等活动级别较高，参加的留日学生大多是获得文化事业部补给的选拔留学生，文化事业部部长也都照例在会上宣扬一番"日中亲善"，几乎成为一种强化选拔留学生"亲日感情"的例行活动。但是，中日感情的亲疏远近，并非仅仅依靠几次毕业生送别晚餐会、茶话会就能有所改变。真正改善两国关系、改善中国人对日感情的决定因素，还是日本政府、日本国民对中国人、中国政府的政策和态度。日本政府和军部一天没有改变侵华战争政策，没有停止在中国的烧杀抢掠，没有改变自近代以来对中国人的歧视；无论其在留日学生教育中做出多少努力，无论其如何收买留日学生的"人心"，无论其怎样威胁留日学生的安全，都将无济于事。

最后，改善留日学生经济待遇。日本虽不愿提供过多的选拔留学生名额，但战争时期的物价上涨给中国留日学生造成了不小的经济压力，为收买他们的"忠心"和达成"培养"留日学生的目的，不得不增加选拔留学生的补给额。文化事业部于 1939 年 4 月 5 日决定从同年 4 月开始，提升选拔留学生补给月额。他们将选拔留学生划分甲、乙两类地区，其中甲地区指东京、京都、大阪、神户、横滨等地，乙地区指除甲地区外的日本其他地方。在甲地区的专门学校医工理农各科就读的选拔留学生补给月额，自 1939 年 4 月从 50 日元增至 55 日元，在专门学校与高等学校其他科学习的选拔留学生补给月额，分别从 45 日元、40 日元增至 50 日元；在乙地区的专门学校医工理农各科学习的选拔留学生补给月额，从 45 日元增至 50 日元，在专门学校与高等学校其他各科学习的选拔留学生补给月额，

---

① 参见「卒業留学生送別晩餐会出席旅費　昭和十四年四月、昭和十五年四月」,『在本邦留学生ニ対スル諸補給関係雑件』第三巻、外務省外交史料館、アジア歴史資料センター、レファレンスコード：B05015537500。

分别从 40 日元、35 日元增至 45 日元。① 这次提升补给月额，重点是在专门学校与高等学校学习的选拔留学生，而在大学的选拔留学生的补给月额并未改变，一个原因可能是大学的选拔留学生补给月额，一般是 50 日元至 60 日元，大致满足了其日常需要。

当然，日本发给特殊身份的中国留日学生的补给费相当高，远非选拔留学生可比。中央或地方实力派的子弟前往日本留学后，往往受到特殊照顾。这也是日本自清末以来延续的特殊留日学生照顾政策，因为培养他们的现实利益与长远利益相当明显。驻上海堀内总领事在 1942 年 4 月 4 日急电东乡外务大臣，指出留日学生朱瑞是汪精卫的侄，现在居住白井方，请尽快支给她 150 日元作为学费②，类似于特选留学生的额度。其实，日本之所以提供如此高额学费补助，就是看到朱瑞身后的汪精卫与汪伪政府，目的是"怀柔"汪伪政府，使之死心塌地配合日本的侵略政策。

日本政府的留日学生教育目的，虽是培养崇拜日本、遵从日本、以日本为盟主的"大东亚新秩序"的"建设者"和"合作者"，但其并不自信这些留日学生就一定能如其所愿，故对伪政权留日学生的教育仍保持高度警惕。代表性的事件，就是日本政府在中日激战时期往往拒绝留日学生的（日本）内地旅行参观。1941 年 2 月 13 日，东亚高等工业学校校长岸本绫夫致函外务省文化事业部，为在该校留学的 6 名汪伪政权学生提出去日本内地旅行见学的申请。2 月 22 日，外务省东亚局局长复函该校长，以预算经费困难为由拒绝了该项请求。③ 1942 年 2 月 6 日，东京高等工业学校学监喜多藤吉致函外务省文化事业部，为安福林等 3 名中国留日学生申请到日本内地

---

① 参见「選抜留学生学費増額ノ件 十四年四月」、『在本邦選抜留学生補給実施関係雑件/方針関係』第二巻、外務省外交史料館、アジア歴史資料センター、レファレンスコード：B05015477000。

② 参见「在本邦中国留学生関係雑件 26. 交換留学生朱瑞（汪兆銘姪）関係」、『在本邦中国留学生関係雑件』、外務省外交史料館、アジア歴史資料センター、レファレンスコード：B04011360000。

③ 参见「東京高等工業学校 昭和十五年（不許可）」、『在本邦留学生本邦見学旅行関係雑件/補助実施関係』第十四巻、外務省外交史料館、アジア歴史資料センター、レファレンスコード：B05015837100。

见学旅行的补助，遭到以"不合规定"为由的拒绝。① 日本政府如此做的目的，主要是防止伪政权留日学生了解日本的真实战力和借机刺探情报。

日本政府的留日学生教育目的，自然决定了其教育留日学生的内容和方式，这一点在伪政权留日军事学生的教育中体现的更为明显。日本发动全面侵华战争后，逐渐修改了日本陆军士官学校、陆军经理学校等军事院校的相关法令，进一步严格、细化了中国占领区留日学生的军事教育。如，1941 年 5 月 27 日，昭和天皇裕仁颁布敕令第 607 号《陆军士官学校令中改正件》，在原先"学生队附"之下附加留学生队长、留学生队副官、留学生队中队长、留学生队教官、留学生队马术教官、留学生队附、装甲部长、装甲教官等。留学生队长承校长之名掌管留学生的教育，留学生队副官承留学生队长之命管理留学生队的日常庶务，留学生中队长承留学生队长之命担任留学生队的训育和术科教育，各有分职。② 其他军事院校也针对留日学生教育做了一些相应的改革，严密监控伪政权留日军事学生的训练、学习、生活等一举一动。这些既反映了日本政府对伪政权留日学生教育寄予配合其侵略战争政策的战略目的，又唯恐留日学生掌握真正的科学文化知识后反戈一击的矛盾心态。这种自相矛盾的留日教育无论其如何加强监管，也必将随着日本侵略战争的失败而失败。

三 强化监管与归国安置

七七事变爆发后，日华学会及时向外务省报告中国留日学生的

---

① 参见「東京高等工業学校支留学生内地見学（不許可）」、『在本邦留学生本邦見学旅行関係雑件』第四巻、外務省外交史料館、アジア歴史資料センター、レファレンスコード：B05015806300。

② 参见「御署名原本・昭和十六年・勅令第六〇七号・陸軍士官学校令中改正ノ件」、『御署名原本・昭和十六年・勅令』、国立公文書館、アジア歴史資料センター、レファレンスコード：A03022611000。

动向。到 1937 年 8 月 31 日，日华学会已向外务省报送了三次《留日学生状况中间报告》，其中第三次报告的主要内容如下：一是中国留日学生人数。留学生监督处正向在日的 450 名留学生分发归国旅费补助，人均 15 日元，目前尚余留日学生 250 人。二是中华基督教青年会的东京事务所暂时关闭。该会干事杨、刘两氏和他们的家人，预定 9 月 3 日乘船归国，将小青庄、东青庄的事务所及相关设施委托日本的基督教同盟保管。三是馆山消夏团于昨晚解散。日华学会的 1 名职员与 11 名留日学生在今天返回东京。① 日华学会作为半官方性质的组织，自 1918 年成立以来，长期受外务省资助，并为外务省"照顾"中国留日学生的日常生活与学习，借机调查他们的动向。

外务省估计到中国留日学生因七七事变可能逾期不归的情况，与文部省、内务省、警视厅等就此密切联系的同时，也与各校或教育机构互通中国留学生的信息，掌握他们的返校情况。文化事业部部长冈田兼一于 1937 年 9 月 3 日致信东京大学总长长与又郎等 62 所学校或机构的校长与负责人，要求各校注意"经文部省推荐的昭和12 年度当选本部选拔补给生候补者的满洲国及中华民国留学生中，是否有因暑假或华北事变归国者，请按照如下方式对各生从 9 月 20 日到现在的情况进行调查，并及时汇报。"② 调查内容包括姓名、是否因事变回国、1937 年 9 月 1 日后返校时间、是否因暑假回国、未返校的理由等。各校从 9 月下旬到 10 月初，陆续报告了选拔留学生的返校情况。可知：一是大多数未返校。东京大学共有选拔留学生 25 名，但只有两名返校，分别是 9 月 15 日返校的莫国万、9 月 20 日返校的华世英；在 10 月 6 日之前，京都大学共有 24 名选拔留学生，但仅有 6 名返校；九州大学共有 8 名选拔留学生，但只有 1 名返校，且返校者大多是伪满洲国的留日学生。二是回国原因既有因暑假返国者，也有因事变回国者。总体而言，因七七事变回国者更

---

① 参见「支那事変ニ関シ留学生状況報告　昭和十二年中」、『日華学会関係雑件』第二巻、外務省外交史料館、アジア歴史資料センター、レファレンスコード：B05015268200。
② 「選抜補給志願者ノ出席調査方ノ件　昭和十二年九月」、『在本邦留学生調査関係雑件』第八巻、外務省外交史料館、アジア歴史資料センター、レファレンスコード：B05016135300。

多。三是中国留日学生不按时返校的原因，虽有各种情况，例如因病无法返校、资金断绝、在其他地方交通不便，还有不详等①，估计大多是因为日本全面侵华战争爆发，不愿回敌国求学。

1937年9月9日，文部省专门学务局局长致函外务省文化事业部部长《"满洲国"及中华民国留学生在学及毕业情况调查件》，转送了从1937年5月底对伪满洲国和中华民国留学生在帝国大学、官公私立大学、高等学校、高等师范学校、专门学校的情况调查。在其随函附送的文件中，还有以下调查报告：《官公私立大学、高等学校、专门学校中华民国留学生在学者出身省调》《官公私立大学、高等学校、专门学校"满洲国"留学生在学者出身省调》《官公私立大学、高等学校、专门学校"满"中留学生在学者学科别调》《官公私立大学、高等学校、专门学校"满"中留学生在学者年龄别调》《官公私立大学、高等学校、专门学校"满"中留学生卒业者调》《中华民国及"满洲国"留学生学校种别累年比较表》《东京市内外的"满"中两国留学生在籍学校数》《东京市内外的"满"中两国留学生在籍学校表》《大学、高等学校、专门学校外国人留学生调（昭和十二年三月末日调）》等。② 这些调查报告主要是对中国留日学生在籍人数和就读学校的调查，反映了此时日本政府对中国留日学生人数问题的关注。

日本侵华战争时期调查和监控中国留日学生的目的有二：一是了解和掌握他们的学习与生活情况，重在他们的政治活动；二是防止中方以留日学生的名义派人潜入日本。外务大臣广田弘毅在1938年3月24日致电驻上海总领事及其他相关使领馆，其中提道：因七七事变归国的中国留日学生，希望重返日本继续留学者日渐增加。但是，内务省鉴于中国留日学生向来都是抗日"主动者"的事实，

---

① 参见「選抜補給志願者ノ出席調査方ノ件　昭和十二年九月」、『在本邦留学生調査関係雑件』第八巻、外務省外交史料館、アジア歴史資料センター、レファレンスコード：B05016135300。

② 参见「満及中国留学生在学並卒業状況調　昭和十二年九月」、『参考資料関係雑件/学校及学生関係』第六巻、外務省外交史料館、アジア歴史資料センター、レファレンスコード：B05016175300。

出于防谍的安全需要，提出中日战争结束后，经确认他们身份再允许留学日本。不过，广田认为中国学生若出于留学意向，加之中国成立了"新政权"，经与内务省协商，同意持有中国"新政权"或地方治安维持会的推荐信，且有日本驻华使领馆证明者赴日留学。① 驻天津田代总领事于1938年8月24日致电外务大臣宇垣一成，请他电令日本驻华使领馆，对于暑假归国留日学生返回日本时，须出示日本学校的在籍证明，且到日本驻华使领馆办理手续后，方可重回日本。宇垣在8月25日致电驻华各地领事照此办理。② 日本此举给留日学生在中日间的往返造成不少麻烦。

事实上，抗战时期的部分中国留日学生也确实借助留日的机会，在日本秘密开展抗日活动。例如，江苏的留日学生钱崖和王道源等，在1936年9月就成立情报组织，联络日本人黑田善次、田中忠夫等，搜集日军情报③，设法发回国内，直到1937年钱崖被捕。早稻田大学的留学生贾桂林接受国民党委任，负责指导伪满留日学生的抗日活动，且在伪满留日学生中间秘密发展同志，暗中开展抗日救亡活动。④ 留日学生汪叔子、焦立仁等从1938年下半年到1939年初，在"满洲国"留日学生会馆内重建中共东京支部，准备破坏日军军工生产基地，策划袭击日本军政要员，秘密收集日军情报，以及向日本民众宣传反战思想等。内务省警察讲习所所长安藤狂四郎在1939年3月30日致函文化事业部，指责汪叔子赴日留学以来，伪装学习，实则秘密联合同志，蛊惑日本人心，批判和污蔑日本的战争形势，意图扰乱日本后方，于2月19日被东京警视厅逮捕，决

---

① 参见「支那留学生ノ入国取扱方ニ関スル件　十三年三月」、『在本邦選抜留学生補給実施関係雑件/方針関係』第二卷、外務省外交史料館、アジア歴史資料センター、レファレンスコード：B05015476000。

② 参见「在本邦中国留学生関係雑件　25. 帰国中ノ支那留学生ノ再渡航ニ関スル件」、『在本邦中国留学生関係雑件』、外務省外交史料館、アジア歴史資料センター、レファレンスコード：B04011359900。

③ 参见『昭和12年度外事警察概況』、東京、不二出版社、1987年、47—48頁。

④ 参见菊池一隆、曲晓范《抗日战争时期旅日中国留学生的救亡活动》，《外国问题研究》2009年第4期。

第七章　留日学生政策与全面侵华（1937.7—1945.8）　187

定将其开除出所。①

其实，日本并不信任这些伪政权的留日学生。文化事业部部长蜂谷辉雄于1939年6月1日分别致函各校，请他们调查本校中国留学生的思想、素行、健康状况等，并及时汇报。各校受命后立即开展调查，大多在6月上旬汇报。例如，第一高等学校校长桥田邦彦在6月6日复函文化事业部，报送该校中国留学生张世和、陈国桢的情况。即，张世和：思想大体稳健、素行良、人物普通、健康状态良；陈国桢：思想坚实稳健、人物柔和温厚、素行良，身体情况是曾因病休学，现已康复。② 其他各校基本上是照此汇报，以致于留日学生感觉总是处于被监视的状态。③ 各伪政权留日学生在战后向南京政府提交的留日"自传"中对此也有介绍。④ 外事警察更是以所谓"思想犯"罪名，随意逮捕稍有不满的留日学生。

日本政府和军部既严厉管教与监控留日学生，也比较关注他们毕业回国的工作，因为这不仅事关留日学生个人的发展，而且事关日本培养留日学生的目的能否实现。外务省在他们毕业回国前，就委托各校和教育机构调查或预测他们毕业后的去向，特别注意文化事业费补给生的"前途"。文化事业部部长三谷隆信在1939年2月28日致函东京大学、东京美术学校等24所学校的校长，以及东亚同文会会长近卫文麿、日华学会会长细川护立等，请他们调查1939年3月即将毕业回国者的情况，包括他们的姓名、出身省县及现住所、性别、归国后的就职单位或住所、所学科目、出发日期等。⑤

---

①「支那臨時政府派遣警察官留学養成　自昭和十三年　分割2」、『在本邦留学生便宜供与（入退学、見学、実習等）関係雑件／警察関係』第七巻、外務省外交史料館、アジア歴史資料センター、レファレンスコード：B05015593800。

② 参见「支那留学生ノ人物素行等ニ関スル件　昭和十四年六月」、『在本邦留学生関係雑件』第十二巻、外務省外交史料館、アジア歴史資料センター、レファレンスコード：B05015409400。

③ 参见刘振生《"满洲国"时代における元日本留学生と日本》，博士学位论文，东北师范大学，2004年，第294页。

④ 参见《朱丽春自传》，中国第二历史档案馆藏，国民政府教育部档案，档案号：5—15355。

⑤ 参见「文化事業部費補給生帰国者調　昭和十四年二月」、『在本邦留学生調査関係雑件』第十一巻、外務省外交史料館、アジア歴史資料センター、レファレンスコード：B05016142100。

根据各校和教育机构的汇报，大体可知：一是大多数即将毕业回国者尚未确定回国日期；二是不少留日毕业生尚未明确工作单位，或者正在交涉回国单位；三是部分留日学生将升入高一级学府，或者入学大学院继续留学；四是凡确定回国就职的单位，大多是伪政权的各职能机构，甚至有些职位是内定的。① 另据刘振生对原留日学生的采访和问卷调查，确知留日毕业后具体职业的 5 人中，1 人任教于承德师范学校，1 人是服务于日本军国主义者的战地记者，1 人任吉林省政府保健科属官，1 人就业于伪满洲国生活必需品株式会社，1 人被分配到哈尔滨海关检查科，基本上是为日伪政权"服务"的基层工作人员。② 因而，日本政府对伪政权留日学生的教育不能说全无效果，至少某种程度上培养了一些维护日伪统治的"帮凶"或"工具"。

选拔留学生或特选留学生毕业归国后，日本一般会通知驻华使领馆给予关照。外务大臣广田弘毅在 1938 年 4 月 23 日分别致函驻北京的堀内干城参事官、驻天津的堀公一代理总领事、驻上海的日高总信六郎领事、驻青岛的门胁季光代理总领事、驻南京的花轮义敬总领事、驻济南的有野学总领事、驻张家口的森冈正平总领事《文化事业部学费补给学生归国之件》，将文化事业部学费补给本年度 3 月的归国者列表，包括他们的姓名、原籍、毕业学校、备考等。③ 此举既是请相应的使领馆关照本区域范围内毕业回国的选拔留学生或特选留学生，同时也是加强两者之间的联系，发动这些接受文化事业部学费补给的留日毕业生的作用，推进日本所谓"文化工作"与"大东亚共荣圈"建设事业。

日本驻华使领馆也密切关注留日毕业生的组织与活动，凡是有

---

① 参见「文化事业部费补给生归国者调　昭和十四年二月」、『在本邦留学生调查关系杂件』第十一卷、外务省外交史料馆、アジア历史资料センター、レファレンスコード：B05016142100。
② 参见刘振生《"满洲国"时代における元日本留学生と日本》，博士学位论文，东北师范大学，2004 年，第 283—312 页。
③ 参见「文化事业部费补给留学生归国ノ件　昭和十三年四月二十三日」、『参考资料关系杂件/学校及学生关系』第八卷、外务省外交史料馆、アジア历史资料センター、レファレンスコード：B05016180800。

第七章　留日学生政策与全面侵华（1937.7—1945.8）　189

助于"日中亲善"或殖民统治便给予支持。驻武汉总领事花轮义敬于 1938 年 12 月 17 日致函外务大臣有田八郎《关于武汉留日同学会成立件》，报告说：武汉的留日学生，以协助"日中亲善"和推进学术研究为宗旨组建了武汉留日同学会，首先筹划建立汉口日语专修学校，请日本陆海军的特务部长和他进行指导与帮助，而陆海军特务部已经分别向该会、该学校各赞助 500 元，花轮也赞助 500 元，但他提议随着学校发展，有必要给予更多的资助。① 花轮随函附送了《武汉留日同学会的呈请书》《武汉留日同学会会章》《武汉留日同学会会员录》《汉口日语专修学校教职员名册》《私立武汉日语专修学校创立计划书》等。有田于 1939 年 1 月 9 日复函花轮，认为该事虽然对文化事业很有意义，但现在成立了兴亚院，而中日文化提携的团体事务归该院所管，建议他向兴亚院驻当地机构报告与申请。②

有田在 1939 年 5 月 12 日致函驻北京的堀内参事官、驻武汉的花轮总领事、驻天津的田代总领事，再次通知外务省和兴亚院的分工。他指出在 1938 年 12 月 27 日转发的文化机密函中，已提到文化事业部相关事务由兴亚院接管，除东亚同文书院外，东亚同文会自 1939 年 5 月 11 日也转归兴亚院管辖，今后凡与此相关事务由兴亚院驻当地机构办理，明令天津的中日学院、汉口的江汉中学也与兴亚院驻当地机构联系。③ 随着战时体制调整，兴亚院在 1938 年 12 月成立后接管了对华文化事业，包括在华的留日预备学校、留日学生团体等。于是，日本驻伪政权各地使领馆、兴亚机构，开始向兴亚院汇报占领区留日学生组织的活动。1942 年 11 月，兴亚院并入新成立的大东亚省。盐泽清宣公使于 1943 年 3 月 18 日致电大东亚大臣青木一男，报告了中国留日同学会于 3 月 15 日在北京召开成立五周年纪念大会，以及召开第六次全体会员大会的经过，称该会决议为实

---

① 「武漢留日同学会成立ノ件　昭和十三年十二月十七日」、『参考資料関係雑件/学校及ビ学生関係』第八巻、外務省外交史料館、アジア歴史資料センター、レファレンスコード：B05016183700。

② 同上。

③ 「東亜同文会事務興亜院引継ノ件　昭和十四年五月」、『東亜同文会関係雑件』第九巻、外務省外交史料館、アジア歴史資料センター、レファレンスコード：B05015250600。

现参战胜利目标前进。① 留日学生回国后的负责机构改隶大东亚省，而外务省继续负责日本国内的中国留日学生事务，故日本驻华使领馆关于留日学生事务，往往同时向外务省、大东亚省汇报。

抗日战争进入 1945 年，日本为集中财力、人力、物力进行最后挣扎，一方面宣布日本学校停课，另一方面减少接受中国留日学生，即使在日留学生，也被安排提前回国或被集中管理，解散或整合留日学生相关团体。1945 年 2 月 15 日，日本统合留日学生各团体，新建日华协会。那些被解散的团体有大量职员失业，为解决团体解散引起的"震动"，大东亚省决定予以"补偿"，在 3 月 8 日通过《随着日华协会成立，对解散、统合团体的职员赠与慰问金之件》，并于 3 月 17 日获得内阁批准。该件规定"补偿"日华学会 8000 日元、东亚振兴会 5000 日元、大东亚留日学生会 3000 日元、东洋妇人教育会 5000 日元、东洋民族协会 3000 日元、成城学校留学生部 3000 日元、大东亚学寮 5000 日元。② 然后，大东亚省给各团体代表写信，将他们逐一唤来，亲手交给这些补偿金，颇有点临终分遗产的味道。

曾参与中国留日学生工作的各团体虽被解散，但在解散时往往不忘炫耀自己的"功绩"，完全无视其行为恰恰是配合日本政府对中国占领区留日学生奴化教育的责任。4 月 13 日，大东亚留日学生会理事长远山信一郎向大东亚大臣提出《申请解散件》，宣称："本会 1942 年 6 月 23 日成立，以使大东亚留日学生理解我国皇道精神，彻底体会民族协和，成为真正的亲日家为目的。现在日华协会设立之际，根据政府的旨意本会解散后，将遗产移交日华协会以继承和发扬本事业。"③ 另外，他还附列了理事会关于解散事宜的议事录、财产关系、本会在教育留学生中的"功绩"等。他们以培养留日学生

---

① 「在本邦中国留学生関係雑件　28. 中国留日同学会大会」、『在本邦中国留学生関係雑件』、外務省外交史料館、アジア歴史資料センター、レファレンスコード：B04011360200。

② 参见「日華協会設立ニ伴イ解散統合セラルベキ団体役職員ニ対シ慰労金贈与」、『日華協会関係雑件』、外務省外交史料館、アジア歴史資料センター、レファレンスコード：B05015323800。

③ 「大東亜留日学生会解散関係」、『在本邦留学生関係雑件』第十巻、外務省外交史料館、アジア歴史資料センター、レファレンスコード：B05015408200。

理解"皇道精神"和成为亲日人物为"功绩",不正是配合日本政府和军部对东亚各国的战争政策吗?不正意味着对别国人的奴化和殖民吗?不正是侵略行为的"告白"吗?

东亚振兴会在解散和并入日华协会之际,亦不忘宣扬自己的"业绩"。东亚振兴会于1945年5月10日在"1944年度事业报告"中鼓吹:本会从1938年12月从事"日中亲善"事业以来,一直努力辅导中国学生、普及兴亚思想、"亲善"中日国民[1],在1944年度的"成绩"如下:京都支部召开"兴亚"思想普及讲习会,以及研究成果发表会;在夏季练成期间,锻炼学生的身心,加深对日本的"理解",协助坚定"大东亚战争"必胜的信心;组织中国留学生于6月1日参拜明治神宫、11月5日到靖国神社祈愿"大东亚战争"胜利;9月17日,组织中国留日学生哀悼战死的海军大将中村良三等[2],确实在奴化留日学生方面做了大量"工作"。对于并入日华协会,东亚振兴会认为可以在宣扬"兴亚"思想、奴化留日学生方面走得"更远"。事实是恰恰相反,三个月后"大日本帝国"战败投降,宣告了近代日本对中国留日学生政策的终结与失败。

四 小结

七七事变后,为配合日军的军事进攻和加强在占领区的殖民统治,日本政府一方面在占领区实行"以战养战""以华制华"分而治之的政治策略;另一方面开展文化"安抚",宣扬中日"同文同种",鼓吹"日本文化优秀论",蛊惑或强令占领区各伪政权选派留日学生。此时,日本的中国留日学生政策是配合对各伪政权分而治之的政治策略。如,日本政府对伪满留日学生的政策是"依据日满

---

[1] 「東亜振興会(本信ハH.4.2.0.9) 昭和二十年」、『助成関係雑件』第五巻、外務省外交史料館、アジア歴史資料センター、レファレンスコード:B05015859600。

[2] 参见「東亜振興会(本信ハH.4.2.0.9) 昭和二十年」、『助成関係雑件』第五巻、外務省外交史料館、アジア歴史資料センター、レファレンスコード:B05015859600。

两帝国一德一心不可分之关系",培养日"满"关系牢不可破的"结合分子"①,可谓是一体化或同化教育;对伪中华民国临时政府、维新政府及汪伪政府留日学生的政策,是"养成日华亲善的基石人才"②,确切地说是奴化教育;在教育伪蒙疆政权留日学生时,加强蒙古史教育,煽动他们的民族情绪,挑拨蒙汉留日学生之间的关系,制造他们之间的相互仇恨与斗争③,实为分化教育。日本政府的中国留日学生政策,不正体现了近代日本同化东北、分化蒙疆、奴化中国关内地区,以肢解中国、妄图永霸东亚的战略意图吗?

日本侵华战争时期的中国留日学生政策可谓"机关算尽",结果是事与愿违,"搬起石头砸自己的脚",不少战时中国留日学生非但没有配合日本的侵华战争政策,反而暗中参加抗日救亡活动④,或战后参与对日遣返和审判日本战犯工作。⑤ 其原因主要有二:一是抗战时期中国沦陷区留日学生既在国内目睹了日本侵略者的烧杀抢掠暴行,又在日本遭受严密监视,整日生活在战争恐怖之中,反而激起了他们更高的爱国热情。故而,抗战时期中国留日学生在日伪监控下虽不得不"安心向学",但真正甘心附逆者并不多。周孜正通过查阅部分战时中国留日学生的"自传",也认为"在留日学生中间的'叛变者'是极少的"。⑥ 二是培养留日学生的亲日感情需要一个相对长期的过程,而历史发展的逻辑给予日本政府的时间无多,尚来不及培养既优秀又"亲日"的留学生。王奇生认为"留日出身的汉奸大多在各伪政权中出任要职。他们留日的年代一般在清末民初至

---

① 驻日满洲帝国大使馆:《满洲国留日学生录 昭和十三年度、康德五年度》,1938年5月,第227页。
② 「中国留学生よ!速くに帰り来れ"授業料も事変後まで待つ"温容示す九大当局」,『帝国大学新聞』1938年1月17日。
③ 徐志民:《近代日本政府对伪蒙疆政权留日学生政策探微》,《抗日战争研究》2008年第2期。
④ 参见菊池一隆、曲晓范《抗日战争时期旅日中国留学生的救亡活动》,《外国问题研究》2009年第4期;王奇生《留学与救国——抗战时期海外学人群像》,第277—279页。
⑤ 参见周孜正《浅论汪伪时期在日中国留学生的经费来源》,《抗日战争研究》2005年第3期。
⑥ 周孜正:《汪伪的留日学生》,《抗日战争研究》2004年第3期。

20 年代。战时留日学生作汉奸者较少,而且多任低级伪职。"[1] 这一方面反映了日本侵华战争时期对中国留日学生教育"欲速则不达"的实态,另一方面也反映了战争暴力下的留学教育非但不易产生亲近感情,反而更易结出仇恨的苦果。

日本侵华战争时期的中国留日学生政策,随着日本战败投降戛然而止,但对中国留日学生个人的影响较为深远。1946 年 5 月,日本仍有 456 名来自中国大陆的留学生[2],他们直至 1947 年 1 月南京政府颁布《留日学生召回办法》,方陆续返回祖国。这些留日学生由于是伪政权选派,且战时在敌国留学,故被打上了"敌""伪"的烙印,备受社会歧视。[3] 国民政府也认为有必要对战时留日学生加以甄审,成立留日学生资格甄审委员会,并于 1947 年 6 月 22 日召开第一次会议,主要讨论和修订《抗战期间留日学生甄审办法》。7 月 1 日,留日学生资格甄审委员会发布通告,规定战时赴日留学且已毕业回国者和战后召回的留日学生,应于 1947 年 7 月 1 日至 9 月 30 日向南京政府教育部登记,且在登记时要呈交相关表格、证书与自传;在专科学校以上留学者,还必须上交研读总理、总裁等著作的"读书报告",以及圈点过的原书,经甄审合格,教育部发给相应证书;在中等学校以上留学肄业者,经审查合格后,可自行报考国内相当之学校。在中国各伪政权选派的 1 万余名官、自费留日学生中,到 1948 年 3 月仅有 1594 名按期前往国民政府教育部申请登记,结果至同年 9 月底有 150 名甄审合格[4],大部分伪政权留日学生的学历未获国民政府认可。

如果说留日学历未被认可是一时之痛,那么长期背负"汉奸""卖国贼"的骂名和遭受政治运动的冲击,则是很难抚平的心理创

---

[1] 王奇生:《留学与救国——抗战时期海外学人群像》,第 280 页。
[2] 参见林清芬编《台湾战后初期留学教育史料汇编:留学日本事务(一)》第 1 册,台北"国史馆"2001 年版,第 7 页。
[3] 参见《姚颂恩自传》,国民政府教育部档案,中国第二历史档案馆藏,档案号:5—15355。
[4] 参见王奇生《留学与救国——抗战时期海外学人群像》,第 273—274 页;殷昭鲁《论战后国民政府对战时留日学生的甄审政策》,《历史教学》2015 年第 6 期。

伤。留日学生姚颂恩反复声明："我们不是没有国家意识的人。"①但在抗战胜利初期的时代大环境下，个人或某些人的呼号往往于事无补。随着国民党败退台湾和中华人民共和国成立，东西方冷战的国际格局日趋形成，而抗战时期的中国留日学生作为曾在资本主义国家日本的留学者又有了"间谍""特务"的嫌疑。因此，战时中国留日学生回国后无论参加国民党，还是参加共产党，大多很难逃脱随之而来的各种"调查"和政治运动的冲击。② 直至改革开放后，大部分原伪政权留日学生才安稳地为国家工作，结束了命运多舛的坎坷历程。抗战时期中国学生赴日留学，不仅给他们战后的学习、生活和工作造成长久影响，而且战时环境下的"敌国留学"本身也遭受着物质与精神的双重折磨。

---

① 《姚颂恩自传》，国民政府教育部档案，中国第二历史档案馆藏，档案号：5—15355。
② 参见刘振生《"满洲国"時代における元日本留学生と日本》，博士学位论文，东北师范大学，2004 年，第 192—193 页；陈昊「日中戦争期における在日中国人留学生について」、『九州教育学会研究紀要』第 31 卷、2003 年。

第 八 章
留日学生政策与留学生活

在近代中国留日学生研究的丰硕成果和留日学生回忆录、日记中，虽或多或少地涉及留日生活，但专门研究中国留日学生生活的成果并不多①；而且，关于留日生活的研究，大多集中于清末民初，即使是研究 20 世纪 30 年代的留日生活，也往往局限于七七事变前。② 为何抗战时期的留日生活研究长期遇冷？或许有以下两点原

---

① 近代中国留日学生史研究涉及留日生活的成果，主要有以下三个方面。一是中国留日学生研究的综合性著作。这方面的代表性成果有，沈殿成主编：《中国人留学日本百年史（1896—1996)》、実藤恵秀『中国人日本留学史』等。二是留日学生的回忆录、日记中关于留日生活的介绍，以及以此为基础的研究成果。如，1933 年，湖南印书馆出版了清末留日学生黄尊三的《留学日记》。范铁权利用这部《留学日记》，发表了《黄尊三留日史事述论——以黄尊三〈留学日记〉为依据》（《徐州师范大学学报》2012 年第 4 期）。王金玉、窦克武介绍了王拱璧于 1917 年冬至 1919 年 5 月 20 日留学日本期间的考察笔记——《东游挥汗录》，发表了《王拱璧与〈东游挥汗录〉》（《近代史研究》1987 年第 3 期）。三是有关留日生活的文章。如，富田昇：《李大钊在日本留学时代的事迹和背景》，韩一德、刘多田译，《齐鲁学刊》1985 年第 2 期；王树义、王云红：《浅谈留日生活对周作人文学创作的影响》，《作家杂事》2008 年第 12 期；马斌：《郁达夫的留日生活》，《神州学人》2001 年第 4 期。这些成果虽涉及在日中国留学生的生活，或仅是留日生活的一个片断，甚至是带有一定文学色彩的留日生活介绍，但大多属于清末民初留日生活的范围。这一时期在日中国留学生的创办报刊、翻译著述、组建社团、游行示威、爱国革命活动等方面的研究成果，参见徐志民《留学生与近代中国研究述评》，《史学理论研究》2019 年第 3 期；徐志民《留学、战争与善后：近代中日关系史研究》，浙江古籍出版社 2020 年版。

② "左联"的一些留学生，曾回忆了 20 世纪 30 年代前半期在日开展的抗日革命活动，参见《文史资料选辑》第九辑（总第 109 辑）。小谷一郎《东京"左联"重建后留日学生文艺活动》，王建华译，上海社会科学院出版社 2012 年版；王奇生《留学与救国——30 年代留学生的抗日救亡活动》，《民国档案》1989 年第 3 期；刘建美《全面抗战爆发前留日学生的抗日救亡运动》，《党史研究与教学》2003 年第 4 期，等。这些涉及留日学生抗日救亡和革命文化活动的成果，其研究时间下限大多为七七事变。

因，一是抗战时期留日学生多系伪政权派遣①，这段留学经历不但不光彩，而且可能成为他们在战后遭遇的人生"污点"，甚至备受社会歧视，遭受各种"调查"与政治运动的冲击，故在较长时期内不被看重；二是这些留日学生在战后刻意隐瞒，或遗忘战时的留日生活，更不敢留下相关资料②，以致史料缺乏，导致学界鲜少问津。但是，抗战时期他们的留日生活，既体现了伪政权与日本关系中的傀儡地位和尴尬处境，也是战时日本侵华扩张政策在留日教育层面的具体反映，且在一定程度上影响着战后初期的中日关系。

20世纪90年代以来，战时中国留日学生群体逐渐引起学界关注。③ 有学者考察了抗战时期他们在日本的抗日救国活动。④ 周孜正通过查阅这些留日学生在战后提交的"自传"材料，主要分析了汪伪选派的留日学生的经费来源、赴日原因等，为研究战时中国学生留日生活奠定了基础⑤；周一川、河路由佳、刘振生等，通过对部分战时在日中国留学生的调查与采访，获得一些有关留日生活的口述

---

① 全民族抗战爆发后虽有个别滞留未归的留日学生，以及中国共产党、国民党方面暗中潜入日本的留学生，但已非国民政府正式选派的留日学生，故本章主要探讨的是日伪政权选派的留日学生。

② 抗战胜利后，在国民政府举办的留日学生教育甄审运动中，留日学生前往国民政府教育部申请登记，并呈缴登记表、保证书、学历证书和自传，其中介绍他们留日经历的自传，在中国第二历史档案馆存有百余本，大多数战时在日中国留学生没有存留类似资料。20世纪90年代以来，王奇生、周孜正等人先后利用这些资料进行相关的留日学生研究，代表性成果有王奇生《留学与救国——抗战时期海外学人群像》；周孜正：《汪伪的留日学生教育》，《抗日战争研究》2004年第3期，等。

③ 参见徐志民《日本的中国留日学生政策（1937—1945）》，《历史研究》2013年第3期。

④ 如，菊池一隆、曲晓范：《抗日战争时期旅日中国留学生的救亡活动》，《外国问题研究》2009年第4期；周孜正：《论中国留学生在日的爱国反抗活动——以1937—1945年为考察期》，《社科纵横》2013年第3期。这些是专门研究抗战时期在日中国留学生抗日救国活动的文章。另如，罗晃潮的《抗战时期日本华侨的反日爱国斗争》（《八桂侨史》1993年第2期），以及陈焜旺主编的『日本華僑・留学生運動史』（東京、日本僑報社、2004年），也涉及抗战时期在日中国留学生的抗日救国活动。

⑤ 参见周孜正《浅论汪伪时期在日中国留学生的经费来源》，《抗日战争研究》2005年第3期；周孜正《试探沦陷区中国青年赴日留学原因》，《民国档案》2004年第3期；周孜正《汪伪的留日学生教育》，《抗日战争研究》2004年第3期。

资料，但他们的关注方向或研究重点并非这些留学生的在日生活。[①]不仅如此，川岛真虽肯定了河路由佳、周一川等取得的研究成绩，但也指出她们对当时情况的实证研究仍有不足。[②] 故而，本章以既有资料与研究成果为基础，辅之亚洲历史资料中心的档案文献，努力还原这一特殊群体战时在日的学习情况、日常生活与社会活动的概貌，尽力展现抗战时期中国学生在日留学生活的复杂面相。

一 炮火中的埋头学习

1937年7月七七事变爆发，此时日本各校正值暑假，一部分中国留日学生在事变之前已回国，一部分在日本各地度假、实习、参观，面对日本侵华战争，在日留学生人心惶惶，无法安心学习。如前所述，日华学会组织的房州馆山消夏团，已无心度假，随之解散。[③] 在日本各地的中国留学生，也纷纷涌向东京的留学生监督处，请求发给回国旅费。蒋介石接到教育部报告后，于8月11日命令财政部拨款1万元，资助留日学生回国。[④] 中国留日学生准备回国之际，屡遭日本警察、民众的刁难与羞辱。根据回国的留日学生所言：七七事变爆发以来，东京警视厅每天派警察监视中国留日学生。在中国留日学生住处，每天都有三四名警察前来检查行李，且态度傲慢，毫无礼貌……中国留日学生在东京车站，若遇到日军出发而送

[①] 河路由佳重点研究东京高等农林学校的中国留日学生个案，刘振生主要研究伪满留日学生及其与日本的关系，周一川则主攻近代中国女性的留日史。参见河路由佳ほか編『戦時体制下の農業教育と中国人留学生』；刘振生《"满洲国"时代における元日本留学生と日本》，博士学位论文，东北师范大学，2004年；周一川《近代中国女性日本留学史（1872—1945年）》，社会科学文献出版社2007年版。

[②] 川岛真：《日本占领期华北地区留日学生的动向》，大里浩秋、孙安石编著：《近现代中日留学生史研究新动态》，上海人民出版社2014年版，第201页。

[③] 参见「支那事変ニ関シ留学生状況報告　昭和十二年中」、『日華学会関係雑件』第二卷、外務省外交史料館、アジア歴史資料センター、レファレンスコード：B05015268200。

[④] 参见陆军选辑《有关1937年8月国民政府资助留日学生返国经费案史料一组》，《民国档案》2006年第4期。

行民众高呼"万岁",日本民众见中国留日学生不喊,必然加以训斥。① 这更加刺激他们的民族感情,使之愈发坚定归国之念。

为"安抚"与"挽留"中国留日学生,文部省于 1937 年 8 月 3 日通令各校,要求各校教职员工切莫因战争而"刺激"中国留学生,尽量避免其恐慌与不安。文部省在 10 月 13 日又对七七事变后"逾期"未归的留日学生,给予"休学"之便利②,期待他们早日返校学习。个别留日学生虽在七七事变后返日继续留学,但大多数留日学生不愿再回战时"敌国"日本求学。③ 留学生监督处在 10 月 8 日关闭,到 11 月,中华民国留日学生仅余 403 名④,为原约留日学生总数的 10%。

不过,日本扶植的伪满洲国,以及在全面侵华战争期间扶植的伪蒙疆联合委员会和伪中华民国临时政府、维新政府,以及主要整合后两者而成立的汪伪政府,成为战时中国留日学生选派的主体。据统计,这些伪政权在抗战时期先后选派 1 万余名官、自费留日学生。⑤ 那么,在战争期间,伪政权选派的留日学生的专业学习,是否

---

① 《教育文化史的新页 归国之留日学生谈话之一斑》,《教育杂志》第 27 卷第 9、10 号合刊,1937 年 10 月。
② 参见「満支両国人学生生徒ノ取扱ニ関スル件 十二年十月」,『在本邦選抜留学生補給実施関係雑件/方針関係』第二巻、外務省外交史料館、アジア歴史資料センター、レファレンスコード:B05015475700。
③ 参见「選抜補給志願者ノ出席調査方ノ件 昭和十二年九月」,『在本邦留学生調査関係雑件』第八巻、外務省外交史料館、アジア歴史資料センター、レファレンスコード:B05016135300。
④ 参见周一川《近代中国留日学生人数考辨》,《文史哲》2008 年第 2 期。
⑤ 中日学者对抗战时期中国沦陷区各伪政权的留日学生人数、性别、经费、派遣途径、留学政策等,已有所研究。如,关于伪满留日学生研究的代表性成果,主要有刘振生《"满洲国"时代における元日本留学生と日本》,博士学位论文,东北师范大学,2004 年;周一川「『満洲国』の留学政策と留学生——概況と事例研究」,『アジア教育史研究』第 8 号、1999 年 3 月,等;关于伪蒙疆政权留日学生研究的代表性成果,主要有徐志民《近代日本政府对伪蒙疆政权留日学生政策探微》,《抗日战争研究》2008 年第 2 期;余子侠《日伪统治下伪蒙疆政权的留日教育及教育交往》,《徐州师范大学学报》2005 年第 4 期;关于伪中华民国临时政府及"华北政务委员会"时期的留日学生研究的代表性成果,主要有余子侠《日伪统治下的华北留日教育》,《近代史研究》2004 年第 5 期;川岛真《日本占领期华北地区留日学生的动向》,大里浩秋、孙安石编著《近现代中日留学生史研究新动态》等;关于伪中华民国维新政府及汪伪政府留日学生研究的代表性成果,主要有周孜正《汪伪的留日学生教育》,《抗日战争研究》2004 年第 3 期;周(转下页)

受到战争影响?

战时日本培养这些留日学生的目的,就是打造"日中亲善"的"楔子"和"大东亚新秩序"的"协力者"。例如,外务省对满事务局规定将"满洲国"的留日学生,培养成适应"满洲国"需要的技术员、专家和一般领导者,以及在东亚各国范围内成为率先协助日本的模范。外务省欧亚局局长阪本瑞男在1941年11月28日致函文部省专门学务局局长永井浩,指出中国留日学生要学习日本的"优秀技能",理解日本国民性"真髓",必须认识到实现日本建设新秩序的理想,才是实现祖国繁荣的正确道路,从而自觉成为率先协助日本的人。外务省条约局局长安东义良于1943年6月26日致函大东亚省总务局局长竹内新平,强调对于留日学生以培养各国各地的指导人才为目标,使他们理解与信任日本,正确认识"大东亚建设"且为之"献身"。[①] 在这些留日学生培养的方针中,除殖民奴化教育外,还有一项内容就是使他们学习日本的"优秀技能"。

根据战时日本的中国留日学生培养目标,他们从总体上失去自由选择专业的权力,只能按照日伪的相关规定,以学习理工农医各科为主,逐渐改变了清末以来留日学生的专业分布。外务省在1940年5月30日发出指示,要求日本各校尽可能多地录取学习理工农医

(接上页)孔正《浅论汪伪时期在日中国留学生的经费来源》,《抗日战争研究》2005年第3期;三好章「維新政府と汪兆銘政権の留学生政策——制度面を中心に」、『人文学研究所報』第39卷、2006年3月,等。鉴于此,本书无意赘述中国沦陷区各伪政权留学生群体的基本情况,此处各伪政权选派留学生的总人数,参见王奇生《留学与救国——抗战时期海外学人群像》,第273—274页;殷昭鲁《论战后国民政府对战时留日学生的甄审政策》,《历史教学》2015年第6期。这些伪政权的青年学生赴日留学的原因各不相同,或主动,或被动,但一个共同点就是在日伪严密监视下既无法赴欧美各国留学,更难以到大后方进修学习。于是,他们或为逃避日伪监视和沦陷区的白色恐怖,或考虑到日本社会相对安定和学校教育质量较高而赴日求取真知,或出于家长、师友的赴日留学劝导,或因赴日留学路近、费省,或抱着"不入虎穴,焉得虎子"的救国之心探查日本情况,或各种想法兼而有之。总之,他们大多怀着惴惴不安的心情,踏上了留学敌国之路。关于伪政权青年学生赴日留学的心路历程,参见周孔正的前述研究成果。

① 「資料7『満州国留学生指導方針(案)』」、「資料8『留日学生指導方針(案)』」、「資料9『留日学生の指導に関する件(案)』」、河路由佳ほか編『戦時体制下の農業教育と中国人留学生』、292—296頁。

科的留日学生①，以配合其殖民开发与掠夺。汪伪政府在1941年5月颁布《修正国外留学规程》，规定重点选拔学习理工农医等科的留日学生。②伪蒙疆政权的留日学生也被限定于学习农业、兽医、师范、医学、军事、政经等科③，以致他们抱怨日本限制过多，只是奖励实业研究，严禁研究政治或其他社会问题。④个别留日学生虽通过升学规避日伪的专业限制⑤，但总体来说，理科留日学生是逐渐增多。据统计，中国留日学生在1939年学习文科、理科的人数基本持平，随后理科留日学生越来越多，到1943年"中华民国"的留日学生中理科生达605名，而文科生仅有485名⑥，近代中国长期以文科生为主的赴日留学，在战时彻底发生了逆转。

其实，传授日本"优秀技能"的重要任务，也决定了日本学校与教育机构，在课程设置上基本符合专业学习的一般规律，无法过多地掺杂殖民教育内容。例如，东京工业大学留学生米国均就说：东京工业大学没有政治课。⑦京都大学工学部在1938年4月25日出具该校冶金科留学生何泽明的学习成绩中，有物理化学、地质学、数学解析、机械工学、金属加工法、无机化学、采矿学概论、冶金学特论等，全是理科课程。同时，千叶医科大学提供的该校留学生孔禄卿参与写作的《抗人血色素沉淀素制作的一个方法》《关于人类粪便中型物质的证明》等，都是纯医学研究论文，从中也看不到

---

① 参见「選抜留学生選定方ニ関スル件 十五年二月」、『在本邦選抜留学生補給実施関係雑件/方針関係』第二卷、外務省外交史料館、アジア歴史資料センター、レファレンスコード：B05015477500。

② 参见「修正国外留学规程」、『日華学報』第86号、1941年11月。

③ 陶布新：《伪蒙疆教育的忆述》，中国人民政治协商会议内蒙古自治区委员会文史资料研究委员会编《内蒙古文史资料》第7辑，第174页。

④ 参见「28. 留日蒙古学生ノ通信ニ関スル件 昭和十二年五月」、『参考資料関係雑件/学校及学生関係』第六卷、外務省外交史料館、アジア歴史資料センター、レファレンスコード：B05016173800。

⑤ 这方面的事例，参见周孜正《汪伪的留日学生教育》，《抗日战争研究》2004年第3期；钟少华《早年留日者谈日本》，山东画报出版社1996年版。

⑥ 参见周一川《近代中国女性日本留学史（1872—1945年）》，第273页。

⑦ 《米国均》，钟少华：《早年留日者谈日本》，第107页。

殖民教育的影响。① 东京大学第一高等学校的留学生马钟援，在1938年的学习科目有修身、历史、英语、地理、心理、哲学概论、伦理、经济、法制、自然科学、数学、体操等②，并没有明显宣扬"日中亲善"、刻意灌输奴化思想或"大东亚新秩序"的科目。若言"修身"课主要承载了这一任务，但该科目早在1871年即明治维新之初就已设立③，并非战时"增设"。

战时日本学校究竟有无灌输殖民奴化思想的课程？日本政府似乎并无明确规定，由各校自行掌握。文化事业部于1938年3月命接受"中华民国""满洲国"留日学生的各校，调查留日学生的学习成绩，各校随后汇报了本校留日学生的学习科目及其成绩。笔者据此发现部分学校有"特别讲义""殖民学""殖民政策""模范国民论""国民道德"等课程。例如，京都大学经济学部、法学部，以及长崎高等商业学校、神户商业大学等，开设了"殖民政策"课；东京商科大学除"殖民政策"课程外，还有"满蒙事情"课程；北海道大学农学部开设了"殖民学"课程；东京高等蚕丝学校、明治专门学校应用化学科等，开设了"特别讲义"；帝国女子专门学校、早稻田大学专门部政治经济科，分别开设了"国民道德"与"模范国民论"。④ 所谓"殖民学""殖民政策"，重点是宣扬日本在占领区的"开发"与"建设"政策和理论。所谓"模范国民""国民道德"，据伪满驻日大使馆参赞野田清武对留日学生所讲，就是教他们认真观察日本人如何做好天皇的"赤子"的。⑤ 不过，这种课程极

---

① 参见「1. 満支留学生ノ学業成績調査　昭和十三年三月　分割 2」、『在本邦留学生調査関係雑件』第十二卷、外務省外交史料館、アジア歴史資料センター、レファレンスコード：B05016142500。

② 同上。

③ 贾佳：《日本战前学校道德教育及其教科书》，《历史教学》2012 年第 10 期。

④ 参见「1. 満支留学生ノ学業成績調査　昭和十三年三月　分割 1」、「1. 満支留学生ノ学業成績調査　昭和十三年三月　分割 2」、『在本邦留学生調査関係雑件』第十二卷、外務省外交史料館、アジア歴史資料センター、レファレンスコード：B05016142400、B05016142500。

⑤ 川岛真：《日本占领期华北地区留日学生的动向》，大里浩秋、孙安石编著：《近现代中日留学生史研究新动态》，第 204 页。

少，即使开设的院校、专业中，也多为一两门。可见，日本虽有向留日学生灌输殖民奴化思想与宣扬日本皇道精神的意图，但在普通教育中仍以专业学习为主，毕竟向他们传授"皇国优秀的学术技能"，是其实施留学教育的一项重要任务。

不仅如此，战时日本各校为避免刺激留日学生，以达成其培养目的，反而自我"节制"，主动删减教材中的军国主义内容。1938年9月，东亚学校出版的《东亚日本语辞典》，就是该校教师认真编撰，完全以中国学生学习日语为目的的辞典，并未掺杂什么殖民奴化思想或军国主义内容。据1940年12月日华学会调查，东亚学校使用的留学生教材，只是将战前该校的《日本语入门》《日本语读本》等教科书重版，或将国定教科书中充满日本国家主义思想、与日本侵华战争相关的内容谨慎地删除后选作教材。①

除一些极端教师外，不少教师并未因日本全面侵华战争而影响对中国留学生的课堂教学，仍一如既往地认真教课，帮助中国留学生学习。② 据东京商科大学的留学生张景柏回忆，他在1942年10月入学东京商科大学本科时，根据学校规定需要选择一位教师作为自己的指导教师，结果"会计学"教师井藤半弥，不愿指导中国人，但"产业配置论"教师佐藤弘接受了他。③ 京都大学史学科留学生汪向荣回忆说，他的指导老师塚本善隆教授非常开明，在讨论课上可以发表不同意见，甚至还因为太史公与之争论④，可见其课堂气氛

---

① 参见河路由佳ほか編『戦時体制下の農業教育と中国人留学生』、35、46頁。
② 其实，近代中国的留日运动就发生于甲午战争后，且此后中日之间冲突、矛盾不断，甚至不时爆发武力冲突或局地军事战争，而留日学生的反日运动也是此起彼伏，这是一种"常态"。（参见张海鹏《中国留日学生与祖国的历史命运》，《中国社会科学》1996年第6期。）故而，日本侵华战争爆发后并未引起日本教师对中国留日学生态度的太大变化。另外，伪政权选派的留日学生在日伪的严密监控下大多转向努力学习，没有公开的机会以开展反日救国活动。同时，理性的、有良知的日本教师则以传道、授业、解惑为师道天职，积极传播科学文化知识和进行学术交流，并未因日本侵华战争而对中国留学生有所偏见或歧视。
③ 参见《采访：张景柏，刘振生《"满洲国"时代における元日本留学生と日本》，博士学位论文，东北师范大学，2004年，第294页。
④ 参见《汪向荣》，钟少华：《早年留日者谈日本》，第167页。

相对活泼、自由。东京高等农林学校的留学生丁一，认为日本教师热心上课，非常充实；陈一民曾被负责指导农场实习的加茂善治的率先垂范所感动。① 一些日本教师还特别"照顾"这些来自中国沦陷区的留学生。例如，东京女子高等师范学校的留学生董锡慧，刚入学时听课很吃力，龟谷俊司教授专门对她单独辅导；东京女子医学专门学校的留学生王纫卿，得到吉冈校长的帮助，使之倍感温暖，感激之情"至今犹存"。② 可见，师道天职与留学传播科学文化知识的规律，有时会超越战争与教育政策的束缚，闪现着人性光芒。

战时日本学校对中国留学生的教学管理更加严格，规定留日学生学业不良或有违操行，将停发学费补给③，乃至开除、遣送回国。内务省警察讲习所所长桥本清吉在1941年1月10日致函外务省东亚局局长山本熊一，指出"中华民国"预科留学生余振焰，与艺妓饭泉爱子交游，互约婚姻，长期迟到、勤务懈怠、无故缺席、成绩较差，决定将其开除出所。④ 由此可见，战时日本对留日学生的管理相当严格，特别是对培养协助日本实施殖民统治的警官留学生的管理更加严格。例如，内务省警察讲习所规定，"中华民国"留日警官学生是集体训练与学习，即使携带妻子同赴日本留学，也不许随便外出，至少读预科的半年期间，必须入住集体宿舍，其中只有周六可以在外住宿。⑤

由于日本学校、教育机构的教学管理严格，加之战时留日学生

---

① 河路由佳ほか編『戦時体制下の農業教育と中国人留学生』、256、258頁。
② 参见周一川《近代中国女性日本留学史（1872—1945年）》，第264、278页。
③ 「選抜留学生選定方ニ関スル件　十五年二月」、『在本邦選抜留学生補給実施関係雑件/方針関係』第二巻、外務省外交史料館、アジア歴史資料センター、レファレンスコード：B05015477500。
④ 参见「中華民国国民政府派遣警察官留学生養成　自昭和十五年」、『在本邦留学生便宜供与（入退学、見学、実習等）関係雑件/警察関係』第七巻、外務省外交史料館、アジア歴史資料センター、レファレンスコード：B05015593900。
⑤ 参见「支那臨時政府派遣警察官留学生養成　自昭和十三年　分割1」、『在本邦留学生便宜供与（入退学、見学、実習等）関係雑件/警察関係』第七巻、外務省外交史料館、アジア歴史資料センター、レファレンスコード：B05015593700。

已失去战前的活动自由，不得不集中精力学习，反而在战时取得了不输于战前的学习成绩。京都大学医学部部长前田鼎在 1938 年 4 月 25 日向文化事业部，提供了医学部 4 名中国留学生的学习成绩：陈万居、苏景阳、王和成、苏景明 4 人的解剖学、医化学、生理学、病理学、免疫学、药物学等科目，除陈万居的医化学有一项不合格外，其余每人的各科成绩皆为"正规合格"。[①] 东北大学总长本多光太郎于 1939 年 4 月 11 日向文化事业部，报告了该校法文学部的中国留学生孙经灏的学习成绩，其中伦理学 80 分，中国哲学史讲读 75 分，教育学 78 分，社会学 80 分，宗教史 65 分，西洋古代哲学史 85 分，英文学 80 分，英语 70 分。[②] 比对战前和战时中国留日学生的学习成绩单，可知战时留日学生获得"甲""乙"，或"优""良"，或高于 70 分之科目多于战前留日学生。即使如此，战时留日学生的成绩，大多仍是"合格"，"优秀"的相对较少。

这一方面是他们作为留学生本身有不少的学习障碍，另一方面日本对中国留学生推行"知识封闭"与"教学保密"[③]，最典型的是对军事留学生的教学限制。近代中国学生赴日学习军事以来，日本就对他们高度警惕和处处设防。[④] 七七事变后，中华民国的留日士官生集体归国，而伪满和汪伪政权继续选派留日士官生。日本对这些傀儡政权的军事留学生，不仅仍旧高度戒备与警惕，而且挑拨彼此之间的关系，以"分而治之"。例如，伪满留日士官生的宿舍、教学单设一处，与日本学生分开；单独成立"满洲国学生队"，教学计划、进度虽与日本士官生一致，但涉及所谓军事秘密则区别对待；

[①] 「1. 満支留学生ノ学業成績調査　昭和十三年三月　分割 2」、『在本邦留学生調査関係雑件』第十二巻、外務省外交史料館、アジア歴史資料センター、レファレンスコード：B05016142500。

[②] 参见「文化事業部補給生ノ学業調査　昭和十四年三月」、『在本邦留学生調査関係雑件』第十二巻、外務省外交史料館、アジア歴史資料センター、レファレンスコード：B05016142700。

[③] 余子侠：《民族危机下的教育应对》，华中师范大学出版社 2001 年版，第 73 页。

[④] 参见徐志民《九一八事变前日本对中国留日军事学生政策述论》，《徐州师范大学学报》2010 年第 5 期。

在伪满与日本的士官生合并演习时,伪满士官生绝不可能扮演中队长,甚至小队指挥员;伪蒙疆政权的留日士官生虽并入"满洲国学生队",但在教育与训练时则分别进行,且日本人经常挑拨两者关系。①

日本一方面警惕、防范、限制中国军事留日学生的专业学习,另一方面要求普通留日学生与日本学生一起参加军事训练。东京高等农林学校的留学生陈一民,批评这种军事训练经常以中国城市为假想目标,而他无法接受,常常逃避这一课程。该校负责中国留学生教务者,也发现了这种矛盾,故留日学生原则上应该参加军事训练,但实际上参加与否往往由他们自己选择。② 不过,这种允许选择的"幸运"并不多,不少留日学生仍不得不忍痛参加,甚至伪蒙疆政权的喇嘛留日学生也要参加"军事训练课"。③ 故而,一些喇嘛留日学生回国后,竟被派到特务机关工作④,主要对尚未被日军占领的蒙疆其他地区,以及外蒙古与苏联开展间谍活动。日本政府在留日学生身上可谓是"机关算尽",但无法阻止其不义战争的形势"恶化"。

长期的战争消耗与败局已定的战争形势,已使中国留学生无法在日正常学习。外务省欧亚局局长阪本瑞男于 1941 年 11 月 28 日致函文部省专门学务局局长永井浩,提出留日学生尽量避免集中于东京,建议指导他们选择地方学校分散入学。⑤ 文部省在 1941 年 10 月 16 日、11 月 1 日相继发布命令,决定 1941 年度的毕业者缩短学制 3 个月,1942 年度的毕业者缩短学制半年,且先从专门学校、实业学校开始。文部省在 1942 年 11 月 25 日再次发布指令,命所有学校缩

---

① 参见鄂嫩日图《我所知道的伪满日本士官学校派遣生》,中国人民政治协商会议内蒙古自治区委员会文史资料委员会编《内蒙古文史资料》第 34 辑,1989 年印,第 72 页。
② 河路由佳ほか編『戦時体制下の農業教育と中国人留学生』、257 頁。
③ 娜仁高娃:《留学日本的蒙古知识分子——关于在智恩院学习的喇嘛们》,乌云毕力格、娜仁高娃:《硕果——纪念扎奇斯钦教授 80 寿辰》,内蒙古文化出版社 1996 年版,第 437 页。
④ 参见扎奇斯钦『我所知道的德王和當時的内蒙古(二)』、東京、東京外国語大学アジア・アフリカ言語文化研究所、1993 年、431、450 頁。
⑤ 参见河路由佳ほか編『戦時体制下の農業教育と中国人留学生』、294 頁。

短学制半年。① 张景柏回忆说：1941年12月太平洋战争爆发后，日本三年制的专科改为两年半毕业，他原本应在1943年3月底毕业，结果在1942年9月提前毕业。② 其他大学的学生特别是文科生，要么被动员"勤劳奉仕"，要么强征入伍，导致不少教授空闲下来，留日学生反而得以与之接谈。③ 东京商科大学的留学生李树国说，他们在1943年尚可上课，但到1944年几乎无课可上。④

随着盟军大反攻，中国留日学生与日本国民一样经历了疏散、空袭和原子弹爆炸。1944年12月，日本阁议通过《留日学生教育非常措施要项》，将日本各大学的留学生集中于盟军空袭较少的京都大学，将各高等专门学校的留学生疏散至日本各地，即伪满与伪蒙疆的留日学生主要疏散至东北地区，伪中华民国的留日学生疏散至京都、大阪与山阴地区，东南亚各国的留日学生疏散至日本的中国与九州地区。⑤ 陈一民回忆道：到1945年，留日学生主要是集中管理，无法上课，几乎到了无法留学的地步。⑥ 广岛文理科大学留学生初庆芝于1945年8月6日早晨在学校阅览室学习时，遭遇原子弹爆炸，所幸阅览室是钢筋水泥结构没有坍塌，加之她因穿白色上衣所受辐射较少而幸免于难，仅被阅览室的书架砸伤。⑦

于是，不少留日学生鉴于战争后期确实无法学习而提前回国。例如，留日学生董锡惠、王兆民、陈舜翘等，根据家中来信要求而

---

① 参见河路由佳ほか编『戦時体制下の農業教育と中国人留学生』、101页、注释9。
② 刘振生：《"满洲国"时代における元日本留学生と日本》，博士学位论文，东北师范大学，2004年，第294页。
③ 《姚颂恩自传》，中国第二历史档案馆藏，国民政府教育部档案，档案号：5—15355。
④ 参见刘振生《"满洲国"时代における元日本留学生と日本》，博士学位论文，东北师范大学，2004年，第176页。
⑤ 参见永井道雄、原芳男、田中宏『アジア留学生と日本』、東京、日本放送出版協会、1973年、95页。
⑥ 参见河路由佳ほか编『戦時体制下の農業教育と中国人留学生』、257、260页。
⑦ 参见刘池明《在广岛原爆中幸存的中国女人》，《周末》1995年8月12日，转引自沈殿成主编《中国人留学日本百年史（1896—1996）》上册，第631页。

回国①；汪伪派遣的第三批留日学生因无法正常留学而强烈要求回国，后于1944年冬退学回国②；还有留日学生私自搭乘疏散船只或邮轮，试图悄悄回国③，一些日本人也劝告中国留学生回国。④ 日本政府在1945年3月阁议通过《决战教育措施纲要》，决定除国民学校初等科外，从4月1日开始其他各校原则上停课1年。⑤ 刘铁铮在1945年3月赴日，先在东京的"满洲国"留日学生会馆经历多次空袭，后被分到新潟医科大学，因学校停课而无法留学，滞留日本4个月后于7月归国。⑥ 不过，仍有一些留日学生未能归国，到抗战胜利后的1946年初，日本尚有428名中国大陆的留学生，直到1947年1月国民政府颁布《留日学生之召回办法》，他们才陆续回国⑦，近代中国留日运动至此结束。

以1941年12月太平洋战争的爆发为界，可将战时中国留日学生的学习情况，分为前后两个阶段。前一阶段，中国留日学生虽在课程设置、课堂学习、选用教材、学制年限、教学管理等方面受战争影响不太大，但作为中国沦陷区的留学生，已失去战前的专业选择权，且只能逆来顺受，埋头学习。后一阶段，由于战争持续消耗和太平洋战争爆发，日本在"总力战"体制下缩短学制，动员"学徒出阵""勤劳奉仕"，严重影响留日学生的学习。特别是在战争后

---

① 参见《董锡惠自传》，中国第二历史档案馆藏，国民政府教育部档案，档案号：5—15367；《王兆民自传》，中国第二历史档案馆藏，国民政府教育部档案，档案号：5—15357；周一川《近代中国女性日本留学史（1872—1945年）》，第278—279页。

② 参见张峥《留日琐记》，中国人民政治协商会议应城市委员会文史资料研究委员会编《应城文史资料》第2辑，1988年印，第120—126页。

③ 参见沈殿成主编《中国人留学日本百年史（1896—1996）》上册，第587页；《问卷调查：王兴荣》，刘振声《"满洲国"时代における元日本留学生と日本》，博士学位论文，东北师范大学，2004年，第311页。

④ 参见河路由佳ほか编『戦時体制下の農業教育と中国人留学生』、254页；《朱绍文》，钟少华《早年留日者谈日本》，第75页。

⑤ 参见周一川《近代中国女性日本留学史（1872—1945年）》，第279页。

⑥ 参见《问卷调查：刘铁铮》，刘振生《"满洲国"时代における元日本留学生と日本》，博士学位论文，东北师范大学，2004年，第306—307页。

⑦ 参见林清芬《战后初期我国留日学生之召回与甄审（1945—1951）》，《国史馆学术集刊》第10期，2006年12月。

期，他们在空袭与疏散的间隙中艰难求学，遂致不少人因此提前回国。日本虽曾设想通过学校教育向他们宣传皇道思想与武士道精神，灌输殖民奴化思想与侵略战争理论，但总体上看学校教育仍是以专业学习为主。因此，日本希图培养"亲日"分子和"大东亚新秩序"建设"协力者"的培养目标，更多的是通过对留日学生的日常生活与社会活动的潜移默化实施。

二 备受折磨的日常生活

日本全面侵华战争，特别是太平洋战争爆发，直接影响在日中国留学生的生活。在空袭频仍、物资匮乏、物价暴涨的战争后期，他们的吃饭、住宿都成为严重问题。日本政府、学校、"辅导"团体、机构等，不停地向留日学生灌输"日中亲善""大东亚共荣"等殖民奴化思想，且随时调查、监控他们的日常交往、思想动向。在忍饥挨饿、安全堪忧的同时，还遭受精神折磨、思想摧残，他们的生活苦闷可想而知。

战时在日中国留学生的衣与行，与战前相比差别不大，也与日本学生大致相同[①]；但在食与住方面，则与日本学生大为不同，并深受战争影响。日本学生虽有人吃住在学校，但毕竟家庭近在咫尺，

---

① 如，日本陆军士官学校、内务省警察讲习所等军警院校及部分普通学校，无论战前还是战时，都是统一校服，中国留日学生也不例外；凡是未规定校服者，则学生可以自由着装。参见「清、韓学生教育の件」,『壹大日記』明治42年6月，防衛省防衛研究所、アジア歴史資料センター、レファレンスコード：C04014502700；「支那陸海空軍派遣学生入学手続に関する件」,『大日記甲輯』昭和6年，防衛省防衛研究所、アジア歴史資料センター、レファレンスコード：C01001226700；「支那臨時政府派遣警察官留学養成　自昭和十三年　分割2」,『在本邦留学生便宜供与（入退学、見学、実習等）関係雑件/警察関係』第七巻，外務省外交史料館、アジア歴史資料センター、レファレンスコード：B05015593800；《采访：吴新》，刘振生：《"满洲国"时代における元日本留学生と日本》，博士学位论文，东北师范大学，2004年，第289页。出行的交通工具主要是电车、船舶等，这与日本学生基本相同。

不用过于担心吃饭问题；留日学生则远离故土，且由于战火导致汇款时断时续，即使官费生也常有解款不及时的情况，加之日本物价腾贵、黑市盛行，他们时有断炊之虞。

不过，这种情况在日本侵华战争初期尚不明显。这可以从1937—1938年间入学东京高等农林学校的伪满留日学生张德义、解启英、谭贵忠的留学生活中略见一斑。例如，张德义入学该校的前几年，常到银座的咖啡店听听音乐；谭贵忠经常参加学校的滑雪部、游泳部、登山部、汽车部等社团活动；解启英回忆说他于1941年考入北海道大学后，粮食不足的问题逐渐凸显。[1] 总之，1941年前战争并未影响到他们在日本的吃饭问题。

太平洋战争爆发后，不仅伪政权财政困窘，而且日本也发生了物资不足问题，特别是盟军切断东南亚与日本之间的补给线后，日本深陷生产、生活资料极为匮乏的困境，且这一灾难很快波及留日学生。据董锡惠回忆：1942年日本粮食紧缺，生活困难，物价很贵，饿着肚子学习已经习以为常。[2] 广岛高等师范学校的留日学生王毖说：1943年以后日本实行了供给制，开始在米饭里掺黄豆。到1944年夏粮食短缺的情况更为严重，东京商科大学的留日学生每天三顿饭，每顿只给一小碗，且主要是大豆与树叶。[3] 丁一在1944年常抱怨吃不饱。[4] 溥仪的弟弟溥杰在1943年秋至1945年2月再次留学日本期间，因日本物资短缺，只得从伪满送去生活用品。[5] 奈良女子高等师范学校的留学生贾玉琴说：到1945年学校实行配给制，即每名学生每天仅玄米六两，不少留日学生因营养不良而患上脚气、

---

[1] 参见河路由佳ほか編『戦時体制下の農業教育と中国人留学生』、260頁。
[2] 周一川：《近代中国女性日本留学史（1872—1945年）》，第79页。
[3] 参见《采访：王毖》《采访：张景柏》，刘振生：《"满洲国"时代における元日本留学生と日本》，博士学位论文，东北师范大学，2004年，第295、301页。
[4] 参见河路由佳ほか編『戦時体制下の農業教育と中国人留学生』、261頁。
[5] 参见刘振生《"满洲国"时代における元日本留学生と日本》，博士学位论文，东北师范大学，2004年，第186页。

心脏病。① 可见，留日学生的吃饭问题在战争后期非常严峻。

战前大部分留日学生是租房而居②，而战时则根据日伪要求，留日学生要首先入住相关机构、团体经营之宿舍。伪满成立后，由伪满驻日大使馆负责其留日学生的住宿。"满洲国"留日学生会馆在1935年6月建成后，代替大使馆负责刚到日本留学者的住宿与日本风俗习惯的培养和训练。伪满留日学生孙用致回忆说：普通留学生在东京的留学生会馆可以住宿一年，但在东京之外的日本学校留学者，只能住宿三个月。③ 留日学生搬离会馆后的住所，必须及时报告伪满驻日大使馆，且大使馆可以指定他们的住所。④ 战时日华学会主要斡旋伪中华民国临时政府、维新政府、汪伪政府的留日学生，尤其官费生的住宿问题。例如，内务省警察讲习所指定，伪临时政府警官留日学生的宿舍，就是日华学会负责的"和平寮"，而伪维新政府警官留日学生的集体宿舍，则是其"致远寮"。⑤ 善邻协会主要负

---

① 各个学校的配给食物不同，也有条件稍微好一点的学校。如，大阪女子高等医学专门学校的吴新说："伙食采用配给制，每个人一份，有汤和萝卜咸菜，也有鱼，这种吃法很卫生也很科学。"但总体上看，食物不足，粮食匮乏，留日学生的温饱在当时仍是一个相当普遍的问题。参见刘振生《"満洲国"時代における元日本留学生と日本》，博士学位论文，东北师范大学，2004年，第184、289页。

② 清末至抗战爆发前，中国留日学生大部分是租房而居，且租房困难、住宿分散、居住环境差。1918年6月，日本政府颁布《中国留日学生状况改善案》，决定为中国留日学生"扩建宿舍，改善生活状况"，作为拉拢留日学生的一种手段。参见「支那人本邦留学情況改善案」、『支那政見雑纂』第三卷、外務省外交史料館、アジア歴史資料センター、レファレンスコード：B03030276600。1918年6月成立的日华学会，亦将经营留学生宿舍和帮助留学生租房作为一项重要工作。参见「留学生教育部設置案　昭和十三年五月」、『日華学会関係雑件』第二卷、外務省外交史料館、アジア歴史資料センター、レファレンスコード：B05015268700。但是，中国留日学生能够入住学校宿舍者，直到1926年仍不满其总人数的10%，可见绝大部分留日学生仍是租房而居。参见瀧浦文彌『寄宿舎と青年の教育』、1926年；孫安石「『経費は遊学の母なり』——清末——九三〇年代の中国留学生の留学経費と生活調査について」、大里浩秋、孫安石編『中国人日本留学史研究の現段階』、179—180頁。

③ 刘振生：《"満洲国"時代における元日本留学生と日本》，博士学位论文，东北师范大学，2004年，第173页。

④ 参见河路由佳ほか編『戦時体制下の農業教育と中国人留学生』、293頁；武强编：《东北沦陷十四年教育史料》(2)，吉林教育出版社1993年版，第106—108页。

⑤ 参见「支那臨時政府派遣警察官留学養成　自昭和十三年　分割1」、「中華民国国民政府派遣警察官留学生養成　自昭和十五年」、「在本邦留学生便宜供与（入退学、見学、実習等）関係雑件/警察関係」第七卷、外務省外交史料館、アジア歴史資料センター、レファレンスコード：B05015593700、B05015593900。

责伪蒙疆政权的留日学生的接受与教育，且协助解决他们的住宿问题。①

其次是居住学校宿舍。战时大部分学校为留日学生提供宿舍，甚至规定他们必须统一住校。例如，东京女子医学专门学校就是如此规定，吉冈校长为便于留学生学习日语，把留学生分散在各个宿舍，往往是 1 名留学生与 3 名日本学生在同一间宿舍。② 东京高等农林学校也是如此，宋秉彝等 3 名留日学生就与日本学生共同生活，且感觉宿舍生活总体上比较快乐。③ 1942 年 1 月赴日的贾玉琴，考入奈良女子高等师范学校后，便入住学校宿舍。1942 年冬，初到日本的吴新在东京实习 3 个月，暂居东京妇人会馆，考入大阪女子高等医学专门学校后，入住学校宿舍，当时她与 3 名日本学生共居一室，一起上课，一起就餐。④ 一些学校在预科阶段不提供宿舍，仅在学生考入本科后提供宿舍。例如，董锡惠和陈舜翘入学东京女子高等师范学校后，直到三年级被编入本科时，才住进学校宿舍，开始与日本学生一样的生活。⑤ 太平洋战争爆发前后，日本希望留日学生到地方院校分散入学，也有地方院校便于解决统一住校问题的考虑。⑥

再次是租房而居。原本这是战前中国留日学生最主要的住宿方式，但在战时主要是针对初到日本的部分自费生，以及各语言学校或未能提供宿舍的学校的留学生。战时日本仍有不少人对中国留日

---

① 1933 年 3 月，井上璞、笹目恒雄等人在日本陆军参谋本部、关东军及个别蒙古族王公贵族支持下，创办了日蒙协会，同年 11 月改称善邻协会，七七事变后成为配合日军侵占和统治蒙疆地区的重要机构。参见「善隣協会指導蒙古留学生渡日ノ件」、「善隣協会専門学校ニ蒙古留学生特設予科設置ニ関スル件」、『善隣協会関係雑件』第一卷、外務省外交史料館、アジア歴史資料センター、レファレンスコード：B05015955700、B05015955800。
② 周一川：《近代中国女性日本留学史（1872—1945 年）》，第 264 页。
③ 河路由佳ほか編『戦時体制下の農業教育と中国人留学生』、259 頁。
④ 刘振生：《"满洲国"时代における元日本留学生と日本》，博士学位论文，东北师范大学，2004 年，第 184、289 页。
⑤ 周一川：《近代中国女性日本留学史（1872—1945 年）》，第 278 页。
⑥ 参见河路由佳ほか編『戦時体制下の農業教育と中国人留学生』、294 頁。

学生抱有偏见，但也有一些家庭欢迎他们，甚至在生活中将他们视为家中一员。例如，伪满留日学生高秉正租住在青木家，这个日本家庭对他非常亲切，并鼓励他努力学习。大阪女子医学专门学校的留学生单纯，租住赖木家，彼此相处友好，在战时物资匮乏年代，她们集体回赖木的家乡求取食物。① 董锡惠未升入本科之前，在寻找住处时，获得东京高等商业学校学生北野晴正及其母亲的帮助，后来董锡惠与萧淑英搬入北野家，她们在北野家的生活非常快乐，4人共同吃饭，如同家人。董锡惠与萧淑英向北野的母亲学习日语与日本风俗，进步很快。② 高田师范学校的留学生李万春，还与房东的女儿美智子恋爱、结婚，并于1943年3月一起归国，他们夫妇二人在抗战胜利后担任吉林大学日语教师。③

最后是寄宿日本人家。丁一因家人与日本的关系，故在14岁留学日本时，寄宿在日本原海军大佐村上正之助家中，但毕竟是寄人篱下，感觉"生活不自由"；陈一民比较幸运，在其租房困难时，家住府中站附近的粟谷鹑二对他给予"关照"，使他暂时得以免费寄宿。陈一民在战后对粟谷鹑二一直深怀感激之情。④ 总体而言，寄宿属于个例，属于留日学生住宿方式中的极少数。

由于中国留日学生大部分是集中居住，容易形成相对固定的交往圈，既便于日本集中灌输亲日奴化思想，又便于限制他们的交往。例如，在日本政府、学校和相关团体的指导下，中国留日学生以日华学会、"满洲国"留日学生会馆、善邻协会为中心，形成了伪中华民国、伪满洲国、伪蒙疆政权留日学生三个大的交往圈。1941年11月28日的《留日学生指导方针（案）》中，规定各校或团体负责人要高度关注留日学生之间的联络，给予必要指导，特别要警惕彼此

---

① 参见刘振生《"满洲国"时代における元日本留学生と日本》，博士学位论文，东北师范大学，2004年，第174、175页。
② 周一川：《近代中国女性日本留学史（1872—1945年）》，第278页。
③ 参见刘振生《"满洲国"时代における元日本留学生と日本》，博士学位论文，东北师范大学，2004年，第158—159页。
④ 参见河路由佳ほか编『戦時体制下の農業教育と中国人留学生』、261页。

之间无限制的联络与接触。① 例如,善邻协会在其管理的"经国学园"内,拉拢蒙古族学生,成立了"蒙古留日学生会"。② 蒙古族学生白金山在1940年4月考入东京大学教育学专业,他因长期生活在吉林而不会蒙古语,结果申请入会时遭到拒绝,使他有些失落与惆怅。③ 可见,战时日本往往以伪政权辖区划分留日学生,并非以其标榜的地理或民族区分留日学生的关系。

日本还在这些留日学生的宿舍,拉扯宣扬"大东亚圣战"的条幅,要求留日学生齐唱"君之代","夜以继日"地宣传侵略有理论,呼吁留学生支持日本侵略战争。例如,在"满洲国"留日学生会馆的四楼,经常悬挂这样的条幅:与美英决战日益激烈,在兴亚还是灭亚的紧要关头,希望留学生诸君如同战场上的士兵,挺身投入,保持必胜决心与气势,以达成留日的目的。吴新回忆暂居东京妇人会馆的生活时说:这里要求我们每天早晨唱君之代。孙用致也说,在"满洲国"留日学生会馆每天起床后的第一件事,是皇居遥拜和宫城遥拜;日本人每天教我们唱日本国歌与伪满国歌,但我们唱日本国歌声音很小,唱伪满国歌则不出声。④ 可见,这种殖民奴化说教更易激起他们的反感与抵触情绪。

外务省经与文部省、大东亚省等协商,决定进一步"善导"中国留日学生。这种"善导"的内容,包括以下几个方面。1. 全面掌控他们的校内外生活,即接受留日学生的各校,既要了解他们在校内的生活,也要加强学校与留日学生校外住宿的房东团体或个人的"联系",切实掌握他们的"全部生活"。2. 接受留日学生各校设立联络指导机构,加强各校之间和各校与相关团体、机

---

① 河路由佳ほか編『戦時体制下の農業教育と中国人留学生』、294—295頁。
② 参见「蒙古人学生ヲ収容スル学園ニ関スル件」、『在本邦中国留学生関係雑件』、外務省外交史料館、アジア歴史資料センター、レファレンスコード:B04011358900。
③ 《采访:白金山》,刘振生:《"满洲国"时代における元日本留学生と日本》,博士学位论文,东北师范大学,2004年,第285—286页。
④ 参见刘振生《"满洲国"时代における元日本留学生と日本》,博士学位论文,东北师范大学,2004年,第168、173、290页。

构之间的联系。外务省条约局局长安东义良在1943年6月26日致函大东亚省总务局局长竹内新平，建议在大东亚省设立留日学生指导协议会，负责对相关机构的监督和指导，且以"国别"或地区为原则，对辅导机构实行统一领导。3. 限制各地留日学生的联系，"善导"他们与日本学生的交往，鼓励与资助他们和日本学生共同旅行、共同住宿、共同研究、共同"修养"与开展联谊活动，但要避免陷入毫无节制的弊端。[①] 这反映了战时日本既通过加强留日学生与日本学生之间的交往，加深两者感情，培养他们的"亲日"思想；又因财政吃紧与军事戒备不愿使二者"无限制"接触的尴尬。

这种"善导"不仅不被留日学生所接受，反而使他们心中充满悲伤和仇恨。董锡惠就说：在日本留学期间，看到日本军队在哪里取得"胜利"，或者某地被日本"解放"等宣传，想到日军在中国的烧杀抢掠，心中自然满是悲伤与仇恨。[②] 一些日本教师与学生虽在生活中善意地"照顾"这些中国留学生，但也有一些日本教师与学生非常傲慢，时不时流露出对他们的优越感。当日本人喊臭虫为"南京虫"时，东京商科大学的留学生李树国就反喊"东京虫"。[③] 本来就具有较强"抗日"意识的宋秉彝，不堪忍受日本学生谩骂蒋介石，时常与他们争辩。1945年初，日本人围住在府中市榉木大道上散步的陈一民与4名朋友，无故对他们殴打。[④] 这些事情既反映了中国留日学生对日感情恶化，也反映了日本人在败局已定的战争形势下对中国留学生的戒备与敌视。日本的所谓"善导"，由于其侵华战争的恶行，自然无法结出其期望的"善果"。

---

① 参见「資料7『満州国留学生指導方針（案）』」、「資料8『留日学生指導方針（案）』」、「資料9『留日学生の指導に関する件（案）』」、河路由佳ほか編『戦時体制下の農業教育と中国人留学生』、292—296頁。

② 周一川：《近代中国女性日本留学史（1872—1945年）》，第279页。

③ 参见刘振生《"满洲国"时代における元日本留学生と日本》，博士学位论文，东北师范大学，2004年，第176页。

④ 参见河路由佳ほか編『戦時体制下の農業教育と中国人留学生』、259、261頁。

因此，日本政府并不相信这些所谓"盟国"的留日学生，反而进一步加强对他们日常生活的监控。中国留日学生除课堂学习外，大部分时间在宿舍生活，于是宿舍就成了日本特别监控的地方。伪满财政部总长兼吉林省省长熙洽，曾于伪满成立后在东京组织了"满洲国"留日学生俱乐部。即使这样的留日学生组织，仍有两名日本特务出任该俱乐部的事务员，以监视熙洽与留日学生的往来。日本发动全面侵华战争后，对中国留日学生的监视更加严格。伪满留日学生集中居住的"满洲国"留日学生会馆，其馆长是日本的陆军少将，他有会馆各个房间的特别钥匙，在留日学生白天上课时，可以随意进入留日学生的房间，肆无忌惮地进行检查。特高警察利用留日学生上课之机会，偷入他们宿舍搜查也是家常便饭。因而，中国留学生已经养成对自己东西特别有数的习惯。① 如前所述，日本政府还命令学校当局与留日学生租住的房东保持密切联系，全面掌握留日学生的动向。

日本在发动太平洋战争后，随即发布《关于外国人旅行等的临时措施令》，强化管制留日学生在日本的活动。该令规定：中国留学生到东京府外旅行，或从日本各地到东京上课，甚至在归国情况下，必须得到所属警察署的管外旅行许可证；住址如若变动，必须24小时内向所属警察署报告。② 在留日学生会馆或相关团体、机构的宿舍居住者，搬离后也须向原会馆或原宿舍登记新址。③ 诚如有人所言：日本对中国留日学生从战前特定监视"危险人物"，转到战时的无差别监视，即对所有中国留日学生全面监视。④ 留日学生张景柏感觉自己四年半的留学生活，好象总是处于被人监视的状态，以致于他在

---

① 参见《问卷调查：孙用致》《采访：张景柏》，刘振生《"满洲国"时代における元日本留学生と日本》，博士学位论文，东北师范大学，2004年，第173、294页。
② 参见日华学会「留学生諸君に告ぐ」、『日華学報』第87号、1942年3月。
③ 参见《问卷调查：孙用致》，刘振生《"满洲国"时代における元日本留学生と日本》，博士学位论文，东北师范大学，2004年，第173页。
④ 陈昊「日中戦争期における在日中国人留学生について」、『九州教育学会研究紀要』第31巻、2003年。

战后总觉得有个影子跟着自己。① 留日学生朱丽春也说：日本在太平洋战争爆发后的气氛非常紧张，他们遭受日本更加严厉的监视与限制，即使谨言慎行，也难免发生"祸灾"，导致人人自危，特别是精神上所受刺激与折磨，实在是毕生难忘。②

日本调查与监控留日学生的思想倾向和朋友往来，给他们造成了极大精神压力。东京警视厅外事课在1938年4月1日以"指导保护"留日学生为名③，增加负责"中国留日学生思想"的职员30名④，进一步加强对他们思想监视与精神管控。例如，学校图书馆和书店中虽有马列主义的进步书籍，但是中国人阅读就属于违法。⑤ 熊本高等工业专门学校的某留日学生，就因为阅读艾思奇的《大众哲学》一书，便被日本警察关押几个月。吴新与同学在神户港游玩时，偶遇一些中国劳工并交谈几句，结果便遭到警察调查。⑥ 日本还要求各校警惕和限制各伪政权留日学生之间的交往，试图以对伪政权认同取代对中国认同，最终形成对东亚"霸主"日本的认同。

战时中国留日学生的生活既有与战前基本相同的方面，也有深受日本侵略战争影响而发生重大变化的方面。一是饮食问题受战争影响最大。日伪政权在抗战初期为拉拢留日学生、收买人心，以至他们的生活用度甚至优于战前。⑦ 随着战争长期消耗，留日学生与日

---

① 《采访：张景柏》，刘振生《"满洲国"时代における元日本留学生と日本》，博士学位论文，东北师范大学，2004年，第294页。
② 《朱丽春自传》，中国第二历史档案馆藏，国民政府教育部档案，档案号：5—15355。
③ 「在日支那留学生保護」、『支那時報』第28卷第5号、1938年5月。
④ 荻野富士夫『特高警察体制史——社会運動抑止取締と実態』、東京、せきた書房、1984年、230頁。
⑤ 《米国均》，钟少华：《早年留日者谈日本》，第107页。
⑥ 参见《采访：吴新》《采访：张景柏》，刘振生《"满洲国"时代における元日本留学生と日本》，博士学位论文，东北师范大学，2004年，第289—290、295页。
⑦ 周孜正：《浅论汪伪时期在日中国留学生的经费来源》，《抗日战争研究》2005年第3期；孙安石「『経費は遊学の母なり』——清末——一九三〇年代の中国留学生の留学経費と生活調査について」、大里浩秋、孙安石编『中国人日本留学史研究の現段階』、175—196頁。

本国民同样经历了配给制、饥饿，甚至更为悲惨。① 直到抗战胜利后，他们作为战胜国国民才优先获得食物配给权。② 二是他们在战前以租房而居为主，虽在战时转为相对集中居住，但日本的目的并非解决他们的住房难题，而是便于集中管理与监控。三是从战前日本对留日学生的个别监控，到战时无差别监视；从战前重点调查留日学生的"反日"言行与物质生活，到战时全面监控他们的思想倾向与精神生活，使他们精神高度紧张，颇受压抑。在从物质到精神的严密监控中，中国留日学生没有任何自由，自然也难以独立开展社会活动。

三 被组织的社会活动

战前中华民国的留日学生虽然被监视，仍尚可发起游行示威、退学回国运动等，具有一定的社会活动自由度③，但战时伪政权的留日学生失去了公开反抗的任何可能与机会。一是留日学生主要来自日占区，其家族、生命、财产，甚至伪政权，都毫无安全可言，加之有人本身即是受日本选拔与资助而赴日留学，故在"人为刀俎，我为鱼肉"之时反抗乏力。二是战时日本强化了对中国留日学生的监控与管制，特高警察与便衣特务监视他们的一举一动，更不用说集体活动了。三是日本全国弥漫着白色恐怖，对中国留日学生的镇压更是毫不手软。例如，伪满留日学生刘士衡被捕后，供出留日学生高世嘉是国民党员，结果他们都被杀害。④ 如此血腥镇压，导致不

---

① 战时留学千叶医科大学的柳步青，就曾给自己被征入伍的日本同学的父亲写信，希望到他乡下避一避，帮帮农忙，条件是"只要给我口饭吃"。参见《柳步青》，钟少华《早年留日者谈日本》，第9—10页。
② 参见《问卷调查：王兴荣》，刘振生《"满洲国"时代における元日本留学生と日本》，博士学位论文，东北师范大学，2004年，第312页。
③ 参见张海鹏《中国留日学生与祖国的历史命运》，《中国社会科学》1996年第6期。
④ 参见《采访：肖玉璋》，刘振生《"满洲国"时代における元日本留学生と日本》，博士学位论文，东北师范大学，2004年，第297页。

少中国留日学生没了战前那种积极组织，或者参加社会活动的"兴趣"。

不过，日本实施留日教育的重要目的，是使中国留日学生接触日本国民性"真髓"，体会到日本的"大东亚新秩序"建设才是中国繁荣发展的"正途"，从而成为率先协助日本侵略战争的"人才"。[①] 那么，战时中国留日学生怎样才能接触日本国民性"真髓"，怎样才能体会到"大东亚新秩序"建设是中国繁荣发展的"正途"？如前所述，除了课堂教学与日常生活的不断灌输、潜移默化外，日本政府、学校、相关团体与机构，刻意安排一系列的留日学生迎送聚会、修学旅行、夏期修炼、参观访问、冬期修炼、联谊交流、"名人"讲演等"亲善"活动。这些活动可分为两类，一是沿用战前的活动形式，但此时则公开灌输殖民奴化思想；二是战时精心创办的宣扬"兴亚"思想、"大东亚新秩序"和要求留日学生配合与支持侵略战争的活动。中国留日学生虽无法独立开展集体活动，但必须参加上述活动。

沿用战前活动形式的，主要有以下三项。一是参拜神宫、神社，修学旅行与参观名胜古迹。中国留日学生在战前往往结伴而行，或自由参加这些活动，重在感受日本文化，但战时的目的是使他们体悟日本武士道的"精髓"，理解"日本精神"。川岛真指出留学在这一时期被赋予重要意义，即使他们感受"日本精神"，并用于殖民统治。[②] 因此，战时中国学生抵达日本，一般情况下先参拜各地的神宫、神社，然后是参观实习，了解日本风俗习惯。例如，张景柏与同学们在1940年刚到神户，就被带领集体参拜伊势神宫，参观奈良，然后再到东京的"满洲国"留日学生会馆入住。孙用致也说，他刚到日本是首先参拜梶原神宫与伊势神宫。谢慕嫄1942年赴日留学后，一边在东京参观实习，一边在"满洲国"留日学生会馆练习

[①] 河路由佳ほか編『戦時体制下の農業教育と中国人留学生』、32、294頁。
[②] 川岛真：《日本占领期华北地区留日学生的动向》，大里浩秋、孙安石编著：《近现代中日留学生史研究新动态》，第205页。

第八章　留日学生政策与留学生活　219

茶道、插花，体会与学习日本风俗习惯。① 中国警官留学生也被定期组织参拜神宫、天皇御陵，以及到东京附近实习。② 善邻协会组织伪蒙疆的留日学生，参拜神社、遥拜皇宫，宣讲武士道精神和"日满蒙的亲善"。③

　　日本还资助各校与教育机构定期不定期地组织留日学生的修学旅行与游览名胜古迹，并以此作为"训育"他们的一项重要措施。根据文化事业部关于中国留日学生"训育"费报销要求，各校与教育机构在 1939 年 5 月报告了 1938 年度组织留日学生修学旅行、参观日本名胜古迹的各项活动，包括明治专门学校组织中国留学生游览阿苏山，广岛高等师范学校组织中国留学生赴山口旅行，广岛文理科大学组织中国留学生参加青年徒步旅行，京都大学分别组织"满洲国"留学生到奈良实习旅行、"中华民国"留学生参拜伊势神宫，第一高等学校组织中国留学生郊外旅行与参观历史遗迹。④ 各校与教育机构还在课余时间，组织他们参观工厂、"模范村"，并在毕业前夕组织他们到名胜古迹开展"圣迹旅行"⑤，使之真正理解"日本精神"。⑥

---

　　① 参见刘振生《"満洲国"時代における元日本留学生と日本》，博士学位论文，东北师范大学，2004 年，第 172、173、294 页。
　　② 参见「中華民国国民政府派遣警察官留学生養成　自昭和十五年」、『在本邦留学生便宜供与（入退学、見学、実習等）関係雑件/警察関係』第七卷、外務省外交史料館、アジア歴史資料センター、レファレンスコード：B05015593900。
　　③ 齐红深主编：《日本侵华教育史》，人民教育出版社 2002 年版，第 334 页。
　　④ 参见「昭和十三年度訓育費ノ調査　十四年五月」、『在本邦留学生ニ対スル諸補給関係雑件/訓育費関係』、外務省外交史料館、アジア歴史資料センター、レファレンスコード：B05015538500。
　　⑤ 参见沈殿成主编《中国人留学日本百年史（1896—1996）》上册，第 584 页。
　　⑥ 战时中国留日学生修学旅行之后撰写的"感想录"或"旅行报告"中，大多可见其对"日本精神"的"理解"，即认为日本无论是物质文明还是精神文明均优于欧美，体悟到"日满华应该亲善"与"共存共荣"，呼吁与日本携手"共谋东亚和平与人类幸福"，强调"日本精神"是促使日本"跃进"、获得"荣誉"的真正源动力。参见「4. 山口高等商業学校　昭和十三年七月」、「9. 広島高等師範学校　昭和十三年十月」、『在本邦留学生本邦見学旅行関係雑件』第七巻、外務省外交史料館、アジア歴史資料センター、レファレンスコード：B05015811300、B05015811800；「4. 北海道帝国大学　昭和十二年十二月」、『在本邦留学生本邦見学旅行関係雑件/補助実施関係』第十一巻、外務省外交史料館、アジア歴史資料センター、レファレンスコード：B05015834200。

二是组织夏期修炼、冬期修炼。战前中国留学生自由报名参加的夏期修炼，目的是锻炼身心、消夏避暑，但在战时则是留日学生体悟团体生活之真义、理解勤劳奉仕之精神的强制性活动。"满洲国"留日学生会从1937年组织夏期修炼，对于被指定参加而因故无法参加者，要向学生会说明无法参加的理由，因家中关系的要有地方官证明，因学校关系的要有校长证明，因疾病无法参加的要有官立或公立医疗机构的诊断，关键是还要附有伪满驻日大使的证明信件，即使如此获允缺席，也须参加冬期修炼；若无故缺席，将受到严惩。① 可见，这种"修炼"已非他们的自由选择。夏期修炼的时间一般是每年7月中旬至8月下旬，地点是日本的田园、山岳、海滨，每项活动一般一两期，多则三四期，每期时间为10天左右。当年新入学者与预定翌年毕业者全部参加，且在每一期活动结束后，颁发"修炼修了证书"，作为他们日后任职的参考。冬期修炼主要是田园活动。② 日华学会、东亚育英会、东亚振兴会等每年暑假、寒假也会组织留日学生进行相关锻炼。③

三是举办日本国民与留日学生的联谊活动，使留日学生接触日本国民的生活，加强两者的联系与感情。中国留学生同情会、日华学会等，虽在战前也组织过两者之间的联谊活动④，但战时的频率大大增加。例如，东亚育英会对资助的中国留日学生，每年将他们召

---

① 参见「23. 満州国留学生夏期修練ニ関スル件　昭和十五年六月」、『参考資料関係雑件/学校及学生関係』第七巻、外務省外交史料館、アジア歴史資料センター、レファレンスコード：B05016178700。

② 参见「5. 満州国留学生夏期修練ノ件　昭和十四年六月」、『在本邦留学生関係雑件』第十一巻、外務省外交史料館、アジア歴史資料センター、レファレンスコード：B05015408600；「23. 満州国留学生夏期修練ニ関スル件　昭和十五年六月」、『参考資料関係雑件/学校及学生関係』第七巻、外務省外交史料館、アジア歴史資料センター、レファレンスコード：B05016178700。

③ 参见「東亜振興会（本信ハH.4.2.0.9）　昭和二十年」、『助成関係雑件』第五巻、外務省外交史料館、アジア歴史資料センター、レファレンスコード：B05015859600；大里浩秋ほか編『日華学報』全16巻、東京、ゆまに書房、2012—2013年。

④ 参见実藤恵秀『中国人日本留学史』、117—118、490—493頁；日華学会編『日華学会二十年史』、東京、1939年；「留学生教育部設置案　昭和十三年五月」、『日華学会関係雑件』第二巻、外務省外交史料館、アジア歴史資料センター、レファレンスコード：B05015268700。

到东京，与该会会长和工作人员联谊与交流。① 伪山西省公署顾问甲斐成立"日晋会"，在 1943 年鼓动伪山西省公署在东京购买一栋小楼，取名"日晋寮"，经常举办宴会、游园与参观活动，作为山西留日学生的据点。② 大阪朝日新闻社每年邀请留日学生到一些日本人家中做客。例如，吴新被请到一位地方官家中做客，受到对方热情接待，但她觉得过于礼节性、程序化，虽似无不妥，但又觉得与对方有距离、有隔阂。③ 因而，这种联谊活动看上去非常热闹，似乎也很感人，但无论如何都难以弥补日本侵略战争造成的情感鸿沟。

日本政府、学校、相关团体和机构，为蛊惑留日学生配合与支持侵略战争，还精心设计一些活动。一是迎来送往之晚餐会、茶话会，意在加强留日学生与日本官方的感情，营造"日中亲善"氛围。外务省文化事业部于 1939 年 3 月 23 日在外务次官官邸，召开首届"满""中"留学毕业生送别晚餐会。会上，留日学生段贵图、陈东达，分别代表"满""中"留学生致辞。文化事业部部长三谷隆信，鼓励他们在毕业后致力于研究学问，为"日中亲善"与东亚"和平"贡献力量。④ 三谷在 10 月 16 日又致函东京大学总长平贺让等 16 所学校和教育机构负责人，通知 10 月 28 日下午 2 时在东京大学附属植物园召开中国留学生茶话会。会上，他极力宣扬："共同迈进建设东亚新秩序。"要求这些留学生以"日中亲善"为重要任务。⑤ 文化事业部为支持中国留学生参加这些晚餐会、

---

① 参见刘振生《"满洲国"时代における元日本留学生と日本》，博士学位论文，东北师范大学，2004 年，第 156 页。

② 参见沈殿成主编《中国人留学日本百年史（1896—1996）》上册，第 607 页。

③ 参见刘振生《"满洲国"时代における元日本留学生と日本》，博士学位论文，东北师范大学，2004 年，第 290 页。

④ 「文化事業関係満支留学生第一回送別晚餐会　昭和十四年三月」、『在本邦留学生関係雑件』第十二巻、外務省外交史料館、アジア歴史資料センター、レファレンスコード：B05015409200。

⑤ 「文化事業部補給生茶話会ノ件　昭和十四年十月」、『在本邦留学生関係雑件』第十二巻、外務省外交史料館、アジア歴史資料センター、レファレンスコード：B05015409500。

茶话会，还根据他们距离东京之远近，补助居住东京府外者的参会旅费。① 这些活动对留日学生也有一定的诱惑与"蛊惑"，以致一些留日学生虽恨特高警察与便衣特务，但对日本老师、同学却有一种相对亲近感。②

二是举办"兴亚"思想训导会、"大东亚新秩序"讲演会等，灌输侵略有理思想。例如，第一高等学校在1938年召集留日学生参加11次思想"善导"训话，几乎每月一次。③ 东亚振兴会京都支部，在1944年继续举办"兴亚"思想普及讲习会、成果发表会，"启发"留日学生。④ 德王第二次访日期间，于1941年3月在东京召开蒙疆留日学生座谈会⑤，向留日学生鼓吹分裂谬论。6月22日，汪精卫在东京大学大讲堂对600名留日学生"训示"。他大谈要爱中国、爱日本、爱东亚，真正做到"三爱"如一，提出日、"中"、"满"结成东亚之"轴心"，强调汪伪与日本关系的"铁则"是"诚心诚意""善邻友好""同心同德"。据说留日学生在汪氏"训示"后进行了"热烈讨论"，纷纷发誓刻苦学习，"迈向建设大东亚之路"。⑥ 这种"虚荣"显然满足了日伪心理需要。伪满总理大臣张景惠于1942年3月也效仿汪氏，在"满洲国"留日学生会馆发表建设"大东亚新秩序"的演讲。但是，谬论终归是谬论，并不能真正令人信服。例如，日本驻外使节、学界名流与留日学生座谈时，胡说日军侵占"满洲"是保障日本安全，留日学生李树国对此荒谬言论暗

---

① 「卒業留学生送別晩餐会出席旅費　昭和十四年四月、昭和十五年四月」、『在本邦留学生ニ対スル諸補給関係雑件』第三卷、外務省外交史料館、アジア歴史資料センター、レファレンスコード：B05015537500。
② 王奇生：《留学与救国——抗战时期海外学人群像》，第279页。
③ 参见「昭和十三年度訓育費ノ調査　十四年五月」、『在本邦留学生ニ対スル諸補給関係雑件/訓育費関係』、外務省外交史料館、アジア歴史資料センター、レファレンスコード：B05015538500。
④ 参见「東亜振興会（本信ハH. 4. 2. 0. 9）　昭和二十年」、『助成関係雑件』第五卷、外務省外交史料館、アジア歴史資料センター、レファレンスコード：B05015859600。
⑤ 参见祁建民「善隣協会と近代内モンゴル留学生教育」、大里浩秋、孫安石編『留学生派遣から見た近代日中関係史』、207頁。
⑥ 「留日学生に対する汪主席訓示」、『日華学報』第85号、1941年9月。

第八章　留日学生政策与留学生活　223

中质疑。[①]

　　三是强迫留学生访问日本侵略战争元凶，慰问日本战死者遗属，参加日本战死者慰灵祭，组织他们祈祷"大东亚战争"胜利等，这些是他们最不愿参加的活动。伪满军事留学生曾被组织拜访关东军司令官，或者伪满要员，美名其曰"访问先辈"。[②] 面对在祖国烧杀抢掠的侵略者，却又不得不装出恭顺的模样，可想而知他们的心情是多么悲愤。单纯回忆说至今记忆最深的，就是被派往战死的日本将军家中进行"亲善"活动。[③] 但是，他们又不得不去，因为这些都是学校或留学生相关团体组织的活动。例如，东亚振兴会在1944年多次组织他们参加"大东亚战争"慰灵祭，安排他们在6月1日参拜明治神宫、11月5日去靖国神社祈祷"大东亚战争"必胜，9月17日悼念战死的中村良三海军大将。[④] 这些行为极大地刺伤了他们的民族感情，甚至那些善意的日本学生也不愿使他们陷入如此尴尬的境地。[⑤]

　　日本组织或"邀请"留日学生参加的这些活动，有三个特点。一是活动组织者与参与者的背离。战前中国留学生既是活动组织者，也是主动参与者；即使他们参加日本学校或相关机构组织的一些社会活动，也以自愿为主。但是，战时组织各种社会活动的，主要是日本学校或教育机构、相关团体，甚至是外务省或其他日伪机构，留日学生仅仅是被动参与者。二是活动具有欺骗性、蛊惑性、侵略性。战时中国留学生参加的社会活动，主要是宣扬日本文化的优

---

　① 参见刘振生《"満洲国"時代における元日本留学生と日本》，博士学位论文，东北师范大学，2004年，第168、176页。
　② 王奇生：《留学与救国——抗战时期海外学人群像》，第263页。
　③ 参见刘振生《"満洲国"時代における元日本留学生と日本》，博士学位论文，东北师范大学，2004年，第175页。
　④ 参见「東亜振興会（本信ハH.4.2.0.9）　昭和二十年」、『助成関係雑件』第五卷、外務省外交史料館、アジア歴史資料センター、レファレンスコード：B05015859600。
　⑤ 如，董锡惠留学的东京女子高等师范学校，在组织"解放"祝贺会，以及某某战死追悼会时，日本同学"故意不叫董锡惠，为董锡惠缺席打掩护"。参见周一川《近代中国女性日本留学史（1872—1945年）》，第279页。

越性，鼓吹"日中亲善"与日、"满"、"中"三国同盟，呼吁他们体悟与理解"日本精神"，协助"大东亚新秩序"建设等，灌输各种侵略有理谬论。三是活动的强制性。留日学生并非没有国家意识①，他们自然不愿参加这些活动，往往是"避而远之"，但大多数是难以逃避，甚至躲过这一次却躲不过下一次。

战时中国留日学生可与日本学生一起旅行、一起研究，但不能独自开展集体活动，否则非常危险，以致不少人不愿参加任何社会活动。董锡惠回忆说：由于她们的宿舍时常有特高警察来检查，故集体活动非常麻烦和困难。她到日本留学后只是学习，从不参加任何活动。周一川认为留日学生中，特别是女留学生，像董锡惠这样的是普遍现象。② 沈殿成指出伪蒙疆政权的留学生，由于家庭、社会环境等因素影响，他们甚少参加政治活动、联谊活动，与其他的中国留日学生也很少接触。冀东伪政权的留学生在防共、反共、联日的白色恐怖中，更是埋头读书，不问政治。③

不过，素有抗日精神与爱国传统的中国留日学生，在日本全面侵华战争的严酷形势下，有人仍秘密开展抗日救亡活动，充分体现了留日学生与近代中国命运的息息相关。已有研究成果与资料表明，伪政权选派的留日学生，虽在各方面受到日本警察与特务监视，但他们并未接受"亲日"教育，反而以学生宿舍为中心，开展各种形式的抗日活动。④ 中共党员汪叔子不仅在"满洲国"留日学生会馆重建"中共东京支部"⑤，而且多次秘密开会，制订组织纲领与抗日计划，策划破坏日本后方军事基地，密谋袭击日伪军政要员，秘密收集日军调动情报，暗中联络华侨和日共党员、积极分子，宣传反

---

① 参见《姚颂恩自传》，中国第二历史档案馆藏，国民政府教育部档案，5—15355。
② 周一川：《近代中国女性日本留学史（1872—1945年）》，第280、281页。
③ 沈殿成主编：《中国人留学日本百年史（1896—1996）》上册，第595、603页。
④ 陳焜旺主編『日本華僑・留学生運動史』，32頁。
⑤ 关于中共东京支部，参见中共广州市委党史研究室编《中共东京支部1935—1938》，广州出版社2013年版；徐志民《中共东京支部考论》，《中国社会科学》2019年第5期。

战思想等，直至 1939 年 2 月 19 日被东京警视厅逮捕。①

国民党也在留日学生中秘密发展成员，暗中搜集情报，建立抗日组织；即使在中共与国民党之外的普通留日学生钱崖，也建立了反战情报组，搜集日军情报，传递给国民政府②，反映了战时中国留日学生摒弃政见分歧、携手抗日的爱国情怀。1940 年 11 月，伪满建国大学第一期学生赴日修学旅行期间，与汪伪政权的一批留日学生进行了秘密接触，两者商定联合抗日救国的政策与方法。遗憾的是，回到伪满的建国大学学生由于频繁与留日学生联系而被关东军察觉，导致数十名建国大学的学生被捕入狱。③ 日本军警的残暴镇压，并未吓阻英勇的留日学生，他们继续暗中开展抗日救国活动。一些无任何组织的留日学生，暗中散发抗日传单，邮寄抗日贺年卡，或者不与日伪政权合作。④ 他们这些零星的抗日斗争一直坚持到抗战胜利。

四 小结

抗战时期中国在日留学生的生活，具有鲜明的战时特色与深刻的伪政权烙印。首先，他们失去了战前那种相对自由，从招生到就职一切都是事先安排好的。⑤ 其次，日本侵略战争形势，严重影响了他们的留日生活。再次，他们承受着分裂式的精神折磨。中国留学生在号称"友邦"实则"敌国"的日本留学，一方面对日本的奴化教育佯装恭顺、强颜欢笑；另一方面心底潜藏着对日本侵略者的仇

---

① 「支那臨時政府派遣警察官留学養成　自昭和十三年　分割 2」、『在本邦留学生便宜供与（入退学、見学、実習等）関係雑件/警察関係』第七卷、外務省外交史料館、アジア歴史資料センター、レファレンスコード：B05015593800。

② 参见内務省警保局編『昭和 12 年度外事警察概況』、東京、不二出版、1987 年復刻、47—48 頁。

③ 参见山根幸夫《"满洲"建国大学与日本》，周启乾译，《抗日战争研究》1993 年第 4 期。

④ 参见罗晃潮《抗战时期日本华侨的反日爱国斗争》，《八桂侨史》1993 年第 2 期。

⑤ 川岛真：《日本占领期华北地区留日学生的动向》，大里浩秋、孙安石编著：《近现代中日留学生史研究新动态》，第 205 页。

恨，但在日本警察与特务的监控下无法对祖国施以援手，其内心痛苦可想而知。董锡惠在1944年9月从东京女子高等师范学校毕业后，一时竟"不知是高兴，还是难过，还是惭愧"①，某种程度上反映了战时中国留日学生复杂矛盾的心理。最后，他们以对日"合作"，或者至少是消极"合作"，代替了战前留日学生与日本政府之间的冲突与矛盾②，使战时留日生活呈现出不同寻常的"平静"景象。

战时日本主导下的中国人赴日留学，将培养其侵略战争的"协力者"，作为关乎"大东亚新秩序"建设成败的大事③，因而在向他们传授"优秀技能"的同时，更重视在日常生活与社会活动中灌输殖民奴化思想和"大东亚新秩序"建设的谬论。不过，日本侵华暴行以血的事实教育着这些亲眼所见侵华战争狂热的留日学生，加之作为沦陷区留学生的无奈和耻辱，不仅使他们难以形成"亲日"思想，反而更易激发他们的民族情感，积极投身抗日救亡的洪流之中。留日学生孟广琏就认为，日本培养留日学生，以备"日中亲善"之用，但中国人毕竟是中国人，这些人才归国后自然是为中国所用。④例如，一些人在战后初期积极参加日本俘虏、侨民的遣返和对日本战犯的审判工作⑤，更多的留日学生成为新中国各条战线上的优秀建设者⑥，留日学生米国均、肖向前等，还为战后中日复交和中日关系发展作出了努力与贡献。⑦科技不分国界，学问没有畛域，被日本侵华战争赋予太多政治目的的留学教育，既不会支持日本发动的侵略战争，也无法阻止科学文化知识的传播与交流。

---

① 《董锡惠自传》，中国第二历史档案馆藏，国民政府教育部档案，档案号：5—15367。
② 参见谢忠宇《战前中国留日学生与日本的矛盾冲突考略》，《日本学论坛》2004年第3期。
③ 参见陈昊「日中戦争期における在日中国人留学生について」，『九州教育学会研究紀要』第31卷、2003年。
④ 《孟广琏自传》，中国第二历史档案馆藏，国民政府教育部档案，档案号：5—15365。
⑤ 参见周孜正《浅论汪伪时期在日中国留学生的经费来源》，《抗日战争研究》2005年第3期。
⑥ 参见沈殿成主编《中国人留学日本百年史（1896—1996）》上册，第611—619页；刘振生《"满洲国"时代における元日本留学生と日本》，博士学位论文，东北师范大学，2004年，第195—197页。
⑦ 参见《米国均》《肖向前》，钟少华《早年留日者谈日本》，第109—111、123—127页。

结　　语

　　本书通过梳理近代日本对中国留日学生政策的产生与形成、发展与演变、失败与终结的历史，以西力东渐背景下的留学教育交流为切入点，重点分析日本的中国留日学生政策与近代日本对华战略、政策之间的互动关系，同时兼及欧美列强与日本在东亚地区既合作又争斗的国际关系格局。留学已不再是简单的、纯粹的科学文化知识和人类优秀文明成果的传播与交流，而被卷入近代列强瓜分世界殖民地的狂潮之中，掺杂了太多的政治性因素。这种以国益为主的国策性留学教育，违背了留学教育以推动人类文明进步与世界和平发展为根本目的的宗旨。近代日本对中国留日学生的接受政策、教育政策、管理政策，甚至回国安置政策，无不体现着日本侵华扩张的策略与目的，并作为日本对华政策的重要一环发挥着辅助性作用。近代欧美列强对中国留学生的政策，虽在服务国策的目的上与日本并无二致，但由于他们对华政策、留学环境等不同，导致留学效果也有所不同。两者对中国留学生政策的共性与个性，以及由此对留学生、中外文化交流和国际关系产生的不同影响，确实值得深思。

一

　　无论近代日本大亚洲主义者对中国人赴日留学的"欢迎",还是日本政府总体上对中国留学生坚持相对宽松的接受条件,都使"积极接受"成为近代日本对中国留日学生政策的鲜明特点。清政府、北京政府、国民政府都曾不断提高赴日留学资格,但日本政府对此置若罔闻,即使国民政府打着"革命外交"旗号的强硬交涉,也无济于事。日本政府坚持招收达不到中国政府规定留学资格的留学者,一个原因是为扩大"日中亲善"的情感基础,培养各类"亲日"人才,而坚持接受优秀或具有特殊身份、地位之留学生,是"相信"他们对日本扩张在华权益具有更大的作用。随着近代中日关系变化和留日学生与日本政府冲突愈演愈烈,日本对中国留日学生的接受政策,也适时适势进行一些调整与变通。如,战时日本在中国占领区尽量多招收理、工、农、医等实科留学生,主要是为了培养配合其殖民地资源开发与利用的实用性技术人才;在蒙疆地区积极招收蒙古族学生和青年喇嘛的野心更是显而易见。总之,为扩张日本"国益"的中国留日学生积极接受政策[1],是形成近代中国留日运动数次高潮的重要原因。

　　面对蜂拥而至的中国留日学生,近代日本不负责任的消极教育态度,是其中国留日学生政策的又一鲜明特点。日本政府和学校对入学官立高等学校或帝国大学的中国留学生不仅设置较高门槛,而且出现"拒收"现象,将他们更多地驱向私立学校或简易学校,接受速成教育或基础教育。即使中日学生同堂授课,在涉及中国问题

---

[1] 参见徐志民《接受留学与日本"国益"——近代日本的中国留学生接受政策》,《江苏师范大学学报》2016年第6期。

或重要内容时，往往要求中国学生"退堂"，或酌量取消关键内容①，建立严格的教学保密制度。对此，中国留日学生曾批评日本学校"平日稍关重要之学科，胥皆秘不教授"，更有教师擅改教学科目②，以致有人因此罢课回国。曾在日本学医的杨步伟回忆："有一样最欺人的地方，就是在解剖派班的时候……给中国人全体派到最后……有时还给我们颗粒结核性的尸体用"，但当时"用病体做生理解剖是犯法的"；"做化学试验、组织学标本等等时候，也是一到分派到我们中国人头上，种种材料不是这样份量缺乏，就是那样材料没有了。但是收我们中国人的实习费则不少，只有多"；"这样大大小小的刺激，我们在日本是天天的家常饭菜。"③ 这种教学保密、知识封闭、社会歧视，使中国留日学生很难学到真正先进的科学文化知识。

  近代日本政府狭隘的留学教育心态，相当程度上是唯恐中国留日学生掌握现代科学文化知识后成为其向大陆侵略扩张的潜在威胁与竞争对手的一种反映。在日本侵华不断加剧的时代环境下，虽有部分日本人出于善意，提倡改善中国留日学生待遇，真心实意地教授中国留日学生，如松本龟次郎、藤野严九郎等，但这毕竟只是支流，既无法改变日本政府的中国留日学生政策，也无力影响当时日本社会弥漫的蔑华观和侵华论。实藤惠秀指出中国留日学生的确从日本学习了不少近代知识，但这并非出于日本政府和学校真心实意的教育，而主要是他们在日本社会歧视和教学保密的夹缝中"发愤自学成功的"。④ 如此留学环境下的中国学生，有人因日本教师、同学或身边其他日本人的"善意"而感动，有人发愤图强、埋头攻读、自学成才，有人浑浑噩噩、吃喝游乐、放纵自我，但总体而言，他

---

  ① 参见「清国陆军学生入队并入校の件」、『壹大日记』明治36年12月；「清、韩学生教育の件」、『壹大日记』明治42年6月、防卫省防卫研究所、アジア历史资料センター、レファレンスコード：C04013939900、C04014502700。
  ② 《留日士官学校华学生退学宣言》，《教育杂志》第19卷第1号，1927年1月。
  ③ 杨步伟：《一个女人的自传》，广西师范大学出版社2016年版，第189、190、191页。
  ④ 实藤惠秀『中国人日本留学史』、519—520页。

们大多感受的是辛酸、屈辱与悲愤,并以各种形式进行抗争。可以说,中国留日学生与日本政府的冲突次数之多,规模之大,斗争之激烈①,在近代中国留学史上绝无仅有。

因此,对培养中国留日学生的成效本身并不那么自信的日本政府,一方面将留日学生管理政策视作与中国政府交涉的砝码,根据对华政策需要决定是否配合中国政府的留日学生管理工作;另一方面不断强化对中国留日学生的调查与监控,既在留日学生各派系之间纵横捭阖,又监控他们的对日言行和思想动态,必要时不惜逮捕和驱逐留日学生。始终以侵华扩张利益为根本追求的利己性、投机性管理,是近代日本对中国留日学生政策的第三大特点。这一特点决定了既有部分留学生,尤其是具有特殊身份、地位和政治军事背景的留学生,在日期间受到日本政府的资助、日本学校的特别"关照",并在他们毕业回国后将日本引为"外援",加强地方实力派与日本之间的联系;又决定了大部分留日学生不甘受日本摆布,从"以日为师""留学救国",走向"师日长技以制日",在列强侵华的近代世界将日本列为"头号大敌"。无论九一八事变前,还是日本侵华战争开始后,都有不少留日学生无惧日本政府的监控和镇压,毅然在日游行示威②,成立中共东京支部、反战情报组、"东北留日青年救亡会"等③,积极投身全民族抗战的洪流之中。

为全面掌控中国留日学生的动向,日本政府从近代中国留日运动之初,就高度重视对中国留日学生和中国留学其他国家学生的比较、调查与监控。具体而言,日本政府主要通过以下三种途径进行这项工作:一是日本外务省、文部省、内务省、警视厅、陆军省、海军省、各地方政府、各学校及半官方的民间组织等,单独或联合调查在日中国留学生人数、家庭出身、就读学校、地域分布、学习

---

① 参见谢忠宇《战前中国留日学生与日本的矛盾冲突考略》,《日本学论坛》2004年第3期;张海鹏《中国留日学生与祖国的历史命运》,《中国社会科学》1996年第6期。
② 参见王宜田、丁伟《中共党史上的"东京事件"》,《中共党史资料》2009年第4期。
③ 参见徐志民《中共东京支部考论》,《中国社会科学》2019年第5期。

科目、考试成绩、思想状况、政治派系、生活条件、资助费别、社会活动等方面情况。① 二是日本驻华使领馆、特务机关、学校或半官方民间组织等机构的外派人员，调查中国政府选拔、派遣、管理和安置留日学生的各项规则和基本情况；搜集中国政府调查的中国留学其他国家学生的各种情况，以及中国政府、国民和留日学生对日本政府留学教育政策的各种观点与看法。② 三是日本政府驻外使领馆工作人员或专家学者利用出国考察的机会，调查在欧美诸国的中国留学生的人数、地域出身、入学方式、学费费别、学生团体、杂志，以及留学国政府对他们的教育方式、政策、特点等方面情况，向本国政府提出注意事项和参考建议。③ 日本政府不仅对中国留日学生，而且对中国留学其他国家学生，也建立如此严密的调查监控体系，在世界留学史上也是极为罕见的。

近代日本政府还高度关注和积极斡旋中国留日学生的回国就职，

---

① 参见徐志民《九一八事变后日本政府对中国留日学生监控政策述略》，《抗战史料研究》2012年第1辑。

② 参见「清国革命動乱ノ際本邦有志者ニ於テ支那留学生同情会組織並同会事業状況関係雑纂」、外務省外交史料館、アジア歴史資料センター、レファレンスコード：B12081641600；「分割1」、「分割2」、『在本邦清国留学生関係雑纂/雑之部』第二巻、外務省外交史料館、アジア歴史資料センター、レファレンスコード：B12081629700、B12081629800；「32. 雑/分割2」、『在本邦清国留学生関係雑纂/雑之部』第一巻、外務省外交史料館、アジア歴史資料センター、レファレンスコード：B12081625700，等。

③ 参见「支那人教育ニ関スル欧米諸国及本邦ノ事業現況概要」、『支那政見雑纂』第三巻、外務省外交史料館、アジア歴史資料センター、レファレンスコード：B03030276500；「日本及諸外国ニ於ケル支那留学生ノ調査 西田書記官 自大正十五年五月」、『参考資料関係雑件/学校及学生関係』第一巻、外務省外交史料館、アジア歴史資料センター、レファレンスコード：B05016096300；「附 欧州諸国ニ於ケル支那人状態並ニ里昂中法大学及ニ学術団体」、『支那ニ関係アル諸外国公私団体及外国人ニ関スル調査/（欧米、亜細亜（支那ヲ除ク）及ビ南洋ノ部）』、外務省外交史料館、アジア歴史資料センター、レファレンスコード：B02130906200；「北米合衆国ニ於ケル支那留学生ノ教育状況調査 奥田寛太郎 自昭和五年二月」、『参考資料関係雑件/学校及学生関係』第一巻、外務省外交史料館、アジア歴史資料センター、レファレンスコード：B05016097400；「欧州ニ於ケル中国留学生ノ研究科目ニ関スル件 昭和五年三月」、『民国政府ノ外国留学ニ対スル諸調査関係雑件』、外務省外交史料館、アジア歴史資料センター、レファレンスコード：B05016090900；「欧米諸国ニ於ケル支那留学生ノ状況調査ニ関スル件」、『外国ニ於ケル支那留学生調査関係雑件/状況調査関係』、外務省外交史料館、アジア歴史資料センター、レファレンスコード：B05016089300，等。

因为这事关日本接受和培养中国留日学生的成效，事关日本扩大在华势力和影响的根本目的，这也是近代日本对中国留日学生政策的第四大特点。如，日本陆军参谋本部批评清政府在《选派陆军学生分班游学章程》中规定毕业回国的留日学生授予千总、把总之职，指出留日陆军毕业生在日军中所授之职，已与清政府的守备相等，岂可降为千总、把总①，期望留日陆军学生尽快获得军事实权。1911年6月10日，日本外务省照会清政府外务部，亲自为谢刚哲等7名留学日本海军学校的毕业生谋求官职，赞扬所有各生品学兼优，"归国以后，甚望该管衙门任以相当之官职，不负其数年勤学，并使研究前途发展之道。不胜盼望之至，请即转达。"② 希望中国海军部能委任他们以较高职位。日本在侵华战争期间更是将毕业回国的留日学生安插到伪政权或日军中各个部门或岗位，以服务于侵华战争政策。如，毕格勒图和那木四郎任伪蒙古军司令部副官、暴德章任德王亲卫队队长等③，伪满洲国、汪伪政权的高官中，留日学生出身者更多④，就这个层面而言日本的中国留日学生政策并非全无"效果"。

因而，日本政府积极招收中国留日学生的目的不管如何掩饰，在中国人眼中都是那么"直白"与"赤裸裸"，根本原因就是其过于急功近利所致。一是期望借助接受和培养中国留日学生，改善中国人的对日感情。任何国家接受和教育留学生，都希望通过培养留学生来改善留学生母国对本国的感情，从而便于发展两国之间的友好合作关系。矢野文雄认为培养中国留日学生将使"清之官民对我依赖之情，亦必胜于今日十倍。"⑤ 就是从教育中国留日学生而借以

---

① 参见《教育》，《东方杂志》1904年第9期，第215页。
② 张侠、杨志本、罗澍伟、王苏波、张利民编：《清末海军史料》，海洋出版社1982年版，第427页。
③ 参见田中刚「『蒙疆政権』の留学生事業とモンゴル人留学生」、『歴史研究』第38号、2000年3月。
④ 参见汪朝光《抗战时期伪政权高级官员情况的统计与分析》，《抗日战争研究》1999年第1期。
⑤ 矢野文雄：《清国留学生招聘策》，中国社会科学院近代史研究所《近代史资料》编译室：《近代史资料》第74号，第95页。

改善中国人对日感情角度出发的。日本政府颁布一系列改善中国留日学生待遇的法案,提供学费资助,发展预备教育等,也是希望借此平息留日学生和中国民众的反日情绪与活动。这虽赢得个别或少部分留日学生的"好感",但日本政府在"改善"中国留日学生学习和生活环境的同时,往往伴随着剧烈、频繁且日益扩大的侵华行动,既要中国留日学生亲善日本,又不断侵略他们的祖国,鱼和熊掌岂可兼得?

二是在教育中国留日学生时,重点培养"日中亲善"情感和亲日分子。日本外务省在1925年分配庚款资金时,指出:"为了日中两国国交的亲善,实现共存共荣的壮举,促进彼我两国国民的相互理解和感情融合,使中国人真正了解日本的文化及实力……根本性的解决办法就是通过教育之力招聘优秀的留学生,施以完全的教育,恳切地指导,使他们回国后获得在朝野的重要地位。"① 以此培养所谓"日中亲善"合作的"模范",或者配合日本侵华扩张的"协力者"。日本学校和留学生机构组织中国学生参拜神宫、神社,前往日本各地修学旅行,参观日本陆海军的军事基地,组织留日学生与日本学生的亲睦交流或联欢活动,目的都是不断增强留日学生的亲日、崇日感情,使之加深对日本的"理解"和"认识",以便毕业回国后自觉服务于"日中亲善"事业。

三是以中国留日学生政策配合或辅助对华政策与战略。无论日本借助中国留日学生政策改善中国人的对日感情,还是以此培植亲日分子与亲日势力,根本目的是配合其侵华扩张政策。近代日本千方百计地推进大陆政策,通过中国留日学生使"受我感化之人才播布于其古老帝国之中,实为将来在东亚大陆树立我势力之良策"。② 按照今天的观点来看,当时一些日本人已经认识到"软实力"在国

---

① 「団匪賠償金処分案」、『東方文化事業部関係会計雑件』第一卷、外務省外交史料館、アジア歴史資料センター、レファレンスコード:B05015064300。

② 矢野文雄:《清国留学生招聘策》,中国社会科学院近代史研究所《近代史资料》编译室:《近代史资料》第74号,第95页。

策中的重要意义，游说清政府选派学生赴日留学，推动日本政府和学校积极接受中国留日学生，并试图改善中国学生在日本的学习和生活环境。① 日本政府一方面与中国留日学生的各派系建立密切关系，另一方面不停地挑拨他们之间的关系，从而影响其背后的各地实力派或政治军事集团的关系，竭力制造中国割据混战局面，配合其大陆政策。② 日本还极力拉拢蒙古、西藏等地少数民族留日学生，培养独立意识，妄图分裂中国的野心昭然若揭。③ 日本侵华战争时期对伪满洲国、伪蒙疆政权、伪中华民国选派的留日学生"分而育之"，分别实施同化教育、分化教育和奴化教育，已赤裸裸地成为其"以华制华""分而治之"的侵华战争政策和在华占领区殖民统治政策的一部分。④

　　近代欧美各国接受和教育中国留学生也希望借机改善中国人对本国的感情，向中国输出本国文化，从而延伸在华权益。英、法、德等国都曾鼓励中国人赴本国留学。1906年美国伊利诺斯大学校长詹姆斯（Edmund J. James）向罗斯福总统进言："中国正临近一次革命……哪一个国家能够做到教育这一代青年中国人，哪一个国家就能由于这方面所支付的努力，而在精神和商业的影响上取回最大的收获……我们相信，只要花极小的努力，就可极大地而且是极为满意地赢得中国人的善意……为了扩张精神上的影响而花一些钱，即从物质意义上说，也能够比用别的方法收获更多。商业追随精神上的支配，是比追随军旗更可靠。"⑤ 反映了美国政府接受和教育中国

---

① 参见徐志民《1918—1926年日本政府改善中国留日学生政策初探》，《史学月刊》2010年第3期。
② 参见徐志民《九一八事变前夕中日交涉留日学生问题探析》，王建朗、栾景河主编：《近代中国：政治与外交》（下卷），第725—731页。
③ 参见秦永章《擦珠·阿旺罗桑——西藏历史上的第一位赴日留学生》，《中国西藏》2004年第1期；徐志民《近代日本政府对伪蒙疆政权留日学生政策探微》，《抗日战争研究》2008年第2期。
④ 参见徐志民《日本的中国留日学生政策（1937—1945）》，《历史研究》2013年第3期。
⑤ Arthur H. Smith. *China and America*, *To-day A Study of Conditions and Relations*, New York: Fleming H. Revell Company, 1907, pp. 213-218.

留学生的真实目的。1909年，美国率先"退还"部分庚款，资助中国学生赴美留学，取得所谓"留美者亲美"的效果，遂有1924年美国二次"退还"庚款和20世纪20年代英、法、荷兰等国的"退款兴学"潮。日本于1923年决定"退款兴学"，但牢牢掌控"退还"庚款的主导权，特别是留日学生补给事务的控制权，引起中国政府和留日学生的强烈不满与反对，结果是东施效颦，"留日者反日"之风愈演愈烈。

相较日本而言，近代欧美列强一定程度上"改善"了中国留学生对本国感情，究其原因有以下几个方面。一是前往欧美诸国留学的中国学生，在国内大多就读于欧美列强所办的教会学校，故本身已有相当的知识基础。[①]赴欧美各国后，他们可以较快地适应留学国的生活和学习。二是欧美各国相对宽松的生活环境，自由活泼的教学方式，对外国人的排斥相对较轻，都使他们比较方便地融入当地社会。三是欧美列强进入20世纪以来忙于欧洲事务，无暇东顾，其侵华野心和行动较少采用直接的军事战争或赤裸裸地割占领土，而是更多地维护其既得的商业利益和政治地位，使中国留欧学生、留美学生不如留日学生对国际政治和国际关系那么"敏感"。四是欧美各国多通过驻华使领馆或其他机构，往往与毕业回国后的中国留学生保持密切联系，为他们的工作和生活提供必要帮助，甚至在中国经常举办一些所谓的"联谊"活动，建立长效互动机制，进一步增强他们对留学国的感情。

与欧美列强相对"温和"的对华政策和较为宽松的留学环境相比，近代日本过于功利的中国留日学生政策和侵华战争政策自然难以实现"日中亲善"的目的。日本政府一方面割占中国台湾、参加八国联军、提出"二十一条"要求、四次出兵山东、挑起九一八事变、扶植伪满洲国、策动"华北五省自治运动"、发动全面侵华战

---

① 参见「北米合衆国ニ於ケル支那留学生ノ教育状況調査　奥田寛太郎　自昭和五年二月」、『参考資料関係雑件/学校及学生関係』第一卷、外務省外交史料館、アジア歴史資料センター、レファレンスコード：B05016097400。

争，对中国占领区的各伪政权分而治之；另一方面积极接受中国留学生，宣扬所谓"日中亲善""东亚共荣"。中国留日学生身处"虎穴""狼窝"，一方面不得不虚与委蛇、强颜欢笑，尤其是各伪政权派遣的留日学生，被迫参加各种所谓"亲善"活动或宣扬、支持"大东亚圣战"的活动；① 另一方面发愤图强，埋头学习，或暗中开展抗日活动，以支持祖国的抗日战争。② 日本政府自相矛盾的中国留日学生政策，无论如何"改善"中国留日学生待遇，无论怎样效法美国"退款兴学"与资助留日学生学费，都不可能换来真正的"日中亲善"。1945 年 8 月，日本战败投降后，其中国留日学生政策归于失败的历史已经证明。

二

留学教育作为国际文化交流的一种重要方式，在促进不同文明或文化之间的交流与发展中发挥着越来越重要的作用。彼得大帝求学西欧推动了俄国社会的变革发展，玄奘西游留下了中印文化交流史上的传奇佳话，日本遣唐留学生直接移植了许多先进的大唐文化等，都验证了留学教育在促进世界各国和平发展和友好交流中的重要作用。近代中国西学欧美，东采日本，出现了大规模的留欧、留美、留日运动，特别是留日运动规模最大，人数最多，与中日两国政府的关系也最复杂。近代中国留学运动的兴起，既有落后挨打的近代中国急需向外国学习的迫切需求，也有欧美列强输出本国文化和积极扩张在华影响力的劝诱拉拢。但是，这在客观上毕竟为中国人培养了近代首批新型知识分子，引入了西方先进的科学文化知识和新思想、新技术、新制度，开阔了中国人的视野。蓬勃发展的留

---

① 参见徐志民《日本的中国留日学生政策（1937—1945）》，《历史研究》2013 年第 3 期。
② 参见徐志民《敌国留学——抗日时期在日中国留学生生活实态》，《近代史研究》2015 年第 5 期。

学运动，还为近代中国社会变革奠定了思想基础、准备了舆论导向、培养了组织领导人才。近代中国思潮激荡，社会主张纷繁，各种政治势力争相登台，其领军人物多有留学背景就证明了这一点。

　　留学生政策作为留学国涉外文化教育政策的一部分，必然体现留学国的文化战略目的，反映其对留学生母国的外交政策和利益诉求。无论欧美诸国还是日本，都曾积极地招收中国留学生，甚至不惜开展国际竞争，以抢夺中国留学生的教育权。其目的如前所述，不仅为了输出本国文化，增强中国人对本国的友好感情，更重要的是借此培养与中国进一步发展关系的"亲善"人才，从而影响未来的双边关系，甚至控制中国未来的发展方向，谋求最大限度的在华权益。为此，近代欧美列强采取了比较积极的政策与措施，如"退还"庚款资助优秀的中国留学生，为中国留学生的入学、生活和教育提供便利，加强与留学归国毕业生之间的联系等。日本政府支持和资助日华学会为中国留日学生提供留学方便[1]，效法美国"退款兴学"，建立留日学生学费补给制度，修建接受留日学生入住的宿舍，完善一些教学设施。[2] 这在客观上确实使一些留日学生受益，解决了部分经济困难者的后顾之忧，方便了他们在异国他乡的求学生活，同时也以种种手段收买个别留日学生[3]，赢得部分留日学生的"芳心"。杨步伟指出："日本留学生回国分两部，一部极恨日本，一部做汉奸卖国，都是从这种因果上得来的。"[4] 因而，日本侵华战争期间有部分留日出身者自甘附逆也就不足为怪了。

　　留学生母国与留学国关系的变化，必然波及作为国策的留学生政策，导致其相应的调整与变化。近代中国留学运动的兴起，始于清政府在两次鸦片战争中的失败。美国的退款兴学既与1905年中国

---

[1] 参见砂田实『日華学会二十年史』、5—6頁。
[2] 参见徐志民《1918—1926年日本政府改善中国留日学生政策初探》，《史学月刊》2010年第3期。
[3] 参见《留日士官生退学救国团消息》，《申报》1931年10月22日。
[4] 杨步伟：《一个女人的自传》，第191页。

爆发的抵制美货运动有关，也源于清政府驻美公使梁诚之对美交涉。[①] 清政府的甲午惨败致使中日关系易位，翌年便有中国人赴日留学之举。民初以后，日本分别接受中国南北双方和各地实力派的留日学生，对他们从放任自流转向优待主义。[②] 第一次世界大战结束后，欧美列强重返东亚，1921年底至1922年2月召开华盛顿会议，构建凡尔赛—华盛顿体制，打破了第一次世界大战期间日本独霸中国的局面。日本政府为抢夺中国留学生教育权和在凡尔赛—华盛顿体制下开展外交，被迫顺应国际上美、英、法等国"退还"庚款的大势，调整中国留日学生政策，改善中国留日学生待遇，建立庚款补给中国留日学生制度。奉行所谓"协调主义"的日本外务大臣币原喜重郎，曾就庚款补给中国留日学生制度、是否全数退还庚款等问题与南京国民政府交涉，但随着九一八事变和日本全面侵华战争的爆发，日本不仅彻底垄断庚款补给中国留日学生事务[③]，而且根据中日关系变化和侵华战争政策的需要，对各伪政权留日学生分别采取同化、分化、奴化政策，"分而育之"。可见，留学生母国与留学国的关系，是决定留学生政策变化与否的根本性因素。

友善的社会氛围、适宜的住居和生活条件、良好的教育环境、严格而不失公正的管理方式，直接影响着留学生对留学国的感情，也间接影响着留学生母国与留学国关系的发展变化。近代欧美诸国相较日本而言，对中国留学生采取了比较温和与友善的政策，也相应地得到了他们积极的回报。日本政府在改善中国留日学生待遇的同时，往往附加种种苛刻条件，如留日学生在接受其所谓"退还"庚款补助时，须签署含有"不忘日本政府深厚恩典，尽力于日中亲

[①] 参见程新国《庚款留学百年》，第9页。
[②] 参见徐志民《放任自流与优待主义——日本对民国初期留日学生的政策（1912—1917）》，《民国档案》2019年第2期。
[③] 参见徐志民《日本政府的庚款补给中国留日学生政策研究》，《抗日战争研究》2012年第3期。

善"等类似内容的"誓约书"①，引起留日学界的轩然大波，受到他们的批判、抵制和反抗。部分留日学生虽因生活所迫签署"誓约书"，但在其内心充满了屈辱和愤懑。其实，中国留学生心中自有衡量各国留学生政策的"天平"。他们中的很多人后来成为各方面的重要人物，甚至是未来中国的领路人，在发展本国与留学国关系上，不可避免地参杂曾经深印脑海中的留学印象与情感。在近代中国，无论国民党方面，还是共产党方面，不管民主党派，或是汪精卫叛国集团，其核心领导层大多有各国留学出身者，在发展与留学国关系方面发挥着举足轻重的作用。

通过探讨近代日本的中国留日学生政策史，比对近代日本与欧美诸国对中国留学生政策的异同，兼及思考古代中外文化教育交流，就会发现近代的留学运动已远远超出留学教育传播科学文化知识和进行文化交流的范畴，突破其推动文明交流互鉴与世界和平发展的根本宗旨与目的，而被卷入列强瓜分世界的狂潮之中，成为列强殖民扩张、殖民统治和辅助外交的一项重要国策。如前所述，留学生对留学国的感情或直接或间接地影响着留学生母国与留学国的关系，而两国关系的变动必然触及留学生政策的调整和变化，直接影响着留学生的学习、生活、社会活动及其对留学国感情。环环相扣的互动连锁关系，使近代中国的留学运动异彩纷呈，千姿百态，各不相同。无论勤工俭学的留法运动，还是追求革命真理的留苏运动；无论留学感情相对融洽的留美运动，还是与留学国政府剧烈冲突的留日运动，虽在某种程度上促进了中外文明的交流与互鉴，推动了近代中国社会的进步与发展，但这些留学运动受制于留学国与中国关系变化、留学教育环境优劣等因素，特别是与留学生直接相关的各国留学生政策的影响，导致它们所发挥的历史作用也不尽相同。

1949年10月1日中华人民共和国成立以来，尊重和遵循留学教

---

① 阿部洋『「対支文化事業」の研究——戦前期日中教育文化交流の展開と挫折』、346—347頁。

育传播科学文化知识和促进人类文明进步的基本规律与宗旨，高度重视留学教育在促进不同文明交流互鉴与推动世界和平发展中的重要作用。新中国在改革开放前虽主要与其他社会主义国家互换留学生，但也向已经建交的资本主义国家选派留学生；1978年12月党的十一届三中全会决定改革开放后，中国恢复向世界各国派遣留学生。① 中国改革开放取得的伟大成就，吸引着世界各国青年学生前来学习与交流。新时代的中国既是留学生派遣大国，也是留学生接受大国，更是各种文明交流互鉴的重要平台。习近平主席于2014年3月27日在联合国教科文组织总部的演讲中，指出"文明因交流而多彩，文明因互鉴而丰富。文明交流互鉴，是推动人类文明进步和世界和平发展的重要动力。"② 习近平主席于2019年5月15日在亚洲文明对话大会开幕式上的主旨演讲中，再次强调"文明因多样而交流，因交流而互鉴，因互鉴而发展。我们要加强世界上不同国家、不同民族、不同文化的交流互鉴，夯实共建亚洲命运共同体、人类命运共同体的人文基础。"③ 留学教育作为文明交流互鉴的一种重要途径和方式，承担着推进世界和平发展与打造"人类命运共同体"的崇高使命与责任。

随着当今交通、通讯的便利和科技日新月异的发展，世界各国的留学运动风起云涌。近代日本的中国留日学生政策史已经证明，任何违背留学交流的基本规律与宗旨，幻想通过接受和培养留学生而谋求政治私利的企图只能适得其反，事与愿违。只有相互尊重、平等相待的留学教育，才能更好地推动留学国与留学生母国关系的顺利发展，也才有助于科学文化知识的传播和交流。只有创造良好的留学教育环境，真心实意地教授留学生先进的科学文化知识与技

---

① 参见苗丹国《出国留学六十年——当代中国的出国留学政策与引导在外留学人员回国政策的形成、变革与发展》，中央文献出版社2010年版。
② 习近平：《文明交流互鉴是推动人类文明进步和世界和平发展的重要动力》，《求是》2019年第5期。
③ 习近平：《深化文明交流互鉴　共建亚洲命运共同体——在亚洲文明对话大会开幕式上的主旨演讲》，《人民日报》2019年5月16日第2版。

术，才能赢得他们的尊重和信赖。只有开放包容、严格管理，密切与毕业留学生的联系，建立长效互动机制，才能吸引更多的优秀留学生源，也才能赢得留学生母国人民的真诚友谊，从而加深两国人民的相互理解，促进两国人民的友好往来，进一步深化两国的友好合作关系。近代社会主要存在于精英阶层的留学教育，如今"飞入寻常百姓家"。我们相信在"一带一路"建设和世界各国的"互联互通"中，通过留学交流播撒下的种子，将会开出更加绚烂的文明之花、和平之花。

参考文献

（一）史料

外務省外交史料館、防衛省防衛研究所、国立公文書館等处的留日学生相关档案文献，均来自アジア歴史資料センター。

（二）著作

安川敬一郎『日支親善の基礎たるべき教育事業』、東京、1917年。

文部省編纂『学制五十年史』、東京、文部省、1922年。

日華学会学報部編『留日中華学生名簿』第1版、1927年；第10版、1936年；第18版、1944年；『中華民国満洲国留日学生名簿』第11版、1937年；第12版、1938年。

松本亀次郎『中華留学生教育小史』、東京、東亜書房、1931年。

成城学校留学生部編『留学生部出身者』、東京、成城学校留学生部、1937年。

砂田実『日華学会二十年史』、東京、日華学会、1939年。

実藤恵秀『中国人日本留学史稿』、東京、日华学会、1939年。

実藤恵秀『日本文化の支那への影響』、東京、蛍雪書院、1940年。

興亜院政務部『日本留学中華民国人名調』、東京、1940年。

実藤恵秀『近代日支文化論』、東京、大東出版社、1941年

興亜院政務部『日本留学支那要人録』、東京、1942年。

外務省情報局編纂『現代中華民国、満洲帝国人名鑑』、東京、

1942 年。

平塚益徳『近代支那教育文化史——第三国対支教育活動を中心として』、東京、目黒書店、1942 年。

実藤恵秀『中国人日本留学史』、東京、くろしお出版、1960 年。

景梅九『留日回顧——中国アナキストの半生』、大高巌、波多野太郎訳、東京、平凡社、1966 年。

河原操子『カラチソ王妃と私——モンゴル民族の心に生きた女性教師』、東京、芙蓉書房、1969 年。

外務省編纂『日本外交年表並主要文書』、東京、原書房、1978 年。

仙台における魯迅の記録を調べる会編『仙台における魯迅の記録』、東京、平凡社、1978 年。

実藤恵秀『中国留学生史談』、東京、第一書房、1981 年。

実藤恵秀『中国人日本留学史』、東京、くろしお出版、1981 年増補版。

平野日出雄『日中教育のかけ橋：松本亀次郎伝』、静岡市、静岡教育出版社、1982 年。

上垣外憲一『日本留学と革命运动』、東京、東京大学出版会、1982 年。

阿部洋編『日中関係と文化摩擦』、東京、厳南堂書店、1982 年。

平野健一郎『近代日本とアジア：文化の交流と摩擦』、東京、東京大学出版会、1984 年。

阿部洋『米中教育交流の軌跡——国際文化協力の歴史教訓』、東京、霞山会、1985 年。

阿部洋『明治後期教育雑誌にみられる中国・韓国教育文化関係記事目録』、東京、龍渓書舎、1989 年。

辛亥革命研究会編『中国近現代史論集——菊池貴晴先生追悼論集』、東京、汲古書院、1985 年。

黄尊三『清国人日本留学日記』、さねとう・けいしゅう、佐藤三郎訳、東京、東方書店、1986 年。

法政大学大学史資料委員会『法政大学史資料集　第11集　法政大学清国留学生速成科（明治37—42年）』、東京、法政大学、1987年。

斎藤秋男編『教育のなかの民族——日本と中国』、東京、明石書店、1988年。

国立教育研究所『国立教育研究所紀要第115集：お雇い日本人教習の研究：アジアの教育近代化と日本人』、東京、国立教育研究所、1988年。

小島淑男『留日学生の辛亥革命』、東京、青木書店、1989年。

濱下武志『近代中国の国際契機』、東京、東京大学出版会、1990年。

厳安生『日本留学精神史——近代中国知識人の軌跡』、東京、岩波書店、1991年。

山根幸夫、藤井昇三、中村義、太田勝洪編『近代日中関係史研究入門』、東京、研文出版、1992年。

荻野富士夫『特高警察関係資料集成』、東京、不二出版、1992年。

国立教育研究所『国立教育研究所紀要第121集：戦前日本のアジアへの教育関与』、東京、国立教育研究所、1992年。

阿部兼也『魯迅の仙台時代——魯迅の日本留学の研究』、仙台市、東北大学出版会、1999年。

矢吹晋編『周恩来の「十九歳の東京日記」』、鈴木博訳、東京、小学館、1999年。

周一川『中国人女性の日本留学史研究』、東京、国書刊行会、2000年。

駒込武『植民地帝国日本の文化統合』、東京、岩波書店、2000年。

北岡正子『魯迅：日本という異文化のなかで——弘文学院入学から「退学」事件まで』、吹田市、関西大学出版部、2001年。

武継平『異文化の中の郭沫若——日本留学の時代』、福岡市、九州大学出版会、2002年。

大里浩秋、孫安石編『中国人日本留学史研究の現段階』、東京、御茶の水書房、2002年。

河路由佳、淵野雄二郎、野本京子編『戦時体制下の農業教育と中国人留学生：1935—1944年の東京高等農林学校』、東京、農林統計協会、2003年。

小野信爾『五四運動在日本』、東京、汲古書院、2003年。

王嵐『戦前日本の高等商業学校における中国人留学生に関する研究』、東京、学文社、2004年。

阿部洋『「対支文化事業」の研究——戦前期日中教育文化交流の展開と挫折』、東京、汲古書院、2004年。

総務省『留学生の受入れ推進施策に関する政策評価書』、総務省、2005年。

二見剛史「中国人留学生教育の父・松本亀次郎」、モラロジー研究所出版部編『至誠に生きた日本人』、東京、廣池学園事業部、2007年。

平石淑子『蕭紅研究——その生涯と作品世界』、東京、汲古書院、2008年。

吉田千鶴子『近代東アジア美術留学生の研究——東京美術学校留学生資料』、東京、ゆまに書房、2009年。

見城悌治『近代の千葉と中国留学生たち』、千葉市、千葉日報社、2009年。

厳安生『陶晶孫その数奇な生涯——もう一つの中国人留学精神史』、東京、岩波書店、2009年。

酒井順一郎『清国人日本留学生の言語文化接触——相互誤解の日中教育文化交流』、東京、ひつじ書房、2010年。

マイグレーション研究会編『来日留学生の体験　北米・アジア出身者の1930年代』、東京、不二出版、2012年。

紀旭峰『大正期台湾人の「日本留学」研究』、東京、龍渓書舎、2012年。

大里浩秋、見城悌治、孫安石編『日華学報』全16巻、東京、ゆまに書房、2012—2013年。

槻木瑞生『日本留学中国人名簿関係資料』全7巻、東京、龍渓書舎、2014年。

王敏編著『日本留学と東アジア的「知」の大循環』、尼崎市、三和書房、2014年。

大里浩秋、孫安石編『近現代中国人日本留学生の諸相：「管理」と「交流」を中心に』、東京、御茶の水書房、2015年。

王敏編著『百年後の考察・周恩来たちの日本留学』、尼崎市、三和書房、2015年。

李成市、劉傑編『留学生の早稲田——近代日本の知の接触領域』、東京、早稲田大学出版部、2015年。

浜口裕子『満洲国留日学生の日中関係史——満洲事変・日中戦争から戦後民間外交へ』、東京、勁草書房、2015年。

法政大学国際日本学研究所編『百年後の検証・中国人の日本留学およびその日本観　法政大学清国留学生法政速成科などの事例を中心に』、東京、法政大学国際日本学研究所、2015年。

和田博文、徐静波、兪在真、横路啓子編『「異郷」としての日本　東アジアの留学生が見た近代』、東京、勉誠出版、2017年。

見城悌治『留学生は近代日本で何を学んでのカ——医薬・園芸・デザイン・師範』、東京、日本経済評論社、2018年。

高田幸男『戦前期アジア留学生と明治大学』、東京、東方書店、2019年。

孫安石、大里浩秋編『中国人留学生と「国家」、「愛国」、「近代」』、東京、東方書店、2019年。

林麗婷『中日近代文学における留学生表象——二〇世紀前半期の中国人の日本留学を中心に』、大阪、日中言語文化出版社、2019年。

周一川『近代中国人日本留学の社会史——昭和前期を中心に』、東京、東信堂、2020 年。

（三）论文

神崎清「北支に於ける日本語の文化的勢力（上）」、『支那』1936 年 8 月 1 日。

藤野厳九郎「謹んで周樹人様を憶う」、『文学案内』1937 年 3 月号。

永井算巳「所謂清国留学生取締規則事件の性格――清末留日学生の一動向」、『信州大学紀要』第 2 号、1952 年。

永井算巳「所謂呉孫事件に就て――清末留日学生史の一断面」、『史学雑誌』第 7 号、1953 年。

永井算巳「拒俄学生軍をめぐって」、『信州大学紀要』第 4 号、1954 年。

佐藤三郎「最初の留日中国人学生のこと」、『新中国』新春号、1956 年。

永井算巳「光緒末年に於ける留日学生界の趨勢」、『歴史学研究』第 206 号、1957 年。

大槻智雄「中国留学生状況」、法政大学中国研究会『草原』第 4 号、1959 年 1 月。

河村一夫「駐清公使時代の矢野竜渓氏」、『成城文芸』第 46 号、1968 年 5 月。

増田史朗亮「清末、中国人日本留学界の一側面――二、三の留学生名簿による分析をめぐって」、『長崎大学教育学部教育科学研究報告』第 17 号、1970 年。

黄福庆「清末における留学生の特質と派遣政策の問題点」、『東洋学報』第 54 巻第 4 号、1972 年。

黄福庆「清末における留日学生派遣政策の成立とその展開」、『史学雑誌』第 81 巻第 7 号、1972 年。

細野浩二「中国対日留学史に関する一問題――清末における留学生派遣政策の成立過程の再検討」、『史観』第 86、87 册、

1973 年。

河村一夫「駐清公使時代の矢野竜渓」、『日本歴史』第 297 号、1973 年 2 月。

上垣外憲一「魯迅と郭沫若の日本留学時代——救国、実学、留学、そして文学」、『比較文学研究』第 26 号、1974 年。

渡部宗助「アジア留学生と日本の大学・高等教育——植民地・台湾からの留学生の場合」、『月刊アジアの友』第 124 号、1974 年。

実藤恵秀「早稲田大学における中国留学生教育——特に清国留学生部を中心に」、『早稲田フォーラム』第 8 号、1975 年。

二見剛史「戦前日本における中国人留学生の教育——特設予科制度の成立と改編」、『日本大学精神文化研究所・教育制度研究所紀要』第 7 集、1976 年。

細野浩二「境界の上の魯迅——日本留学の軌跡をおって」、『朝日アジアレビュー』第 4 号、1976 年。

阿部洋「『対支文化事業』の成立過程」、『日本の教育史学』第 21 集、1978 年。

伊澤平八郎「『清国人留学生』についての一史料」、『キリスト教史学』第 33 集、1979 年。

容応萸「清末近代化における対日留学生の派遣」、『アジア研究』第 26 巻第 4 号、1980 年 1 月。

河村一夫「外交官としての矢野竜渓——清国留学生招聘策について」、『政治経済史学』第 167 号、1980 年。

蔭山雅博「宏文学院における中国人留学生教育：清末期留日教育の一端」、『日本の教育史学』第 23 集、1980 年。

蔭山雅博「宏文学院における中国人留学生教育にっいて」、『呴沫集』第 2 号、1980 年 7 月。

石井洋子「中国女子留学生名簿（1901—1919）」、『辛亥革命研究』第 2 号、1982 年。

江上芳郎「中国人留学生と原子爆弾被爆」、『（広島大学）学内通信』第 3 号、1983 年。

岡田英樹「孤独の中の奮闘——蕭紅の東京時代」、『立命館文学』第 451－453 合併号、1983 年。

石井洋子「辛亥革命期の留日女子学生」、『史論』第 36 号、1983 年。

加藤隆「明治末期における清国留学生と明治大学」、『明治大学史紀要』第 3 号、1983 年。

加藤千代「鐘敬文の日本留学——日中交流の側面から」、『人文学報』第 166 号、1984 年。

樽本照雄「秋瑾来日考」、『大阪経大論集』第 159—161 合併号、1984 年。

小林共明「初期の中国対日留学生派遣について：戊戌政変期を中心として」、『辛亥革命研究』第 4 号、1984 年。

大里浩秋「日本人の見た秋瑾——秋瑾史実の若干の再検討」、『中国研究月報』第 453 号、1985 年。

小林共明「陸軍士官学校と中国人留学生——日露戦争期を中心として」、『ひとりから』第 6 集、1985 年。

松本洋一郎「周恩来、魯迅の師——松本亀次郎」、『知識』第 40 号、1985 年。

平野日出雄「中国人日本留学生の日本語教育の歴史と松本亀次郎の功績」、『日本語教育』第 60 号、1986 年。

趙博「日帝時代の基礎資料に見る在日留学生と関大留学生の動き」、『関西大学人権問題研究室紀要』第 13 号、1986 年。

小川博「さねとうけいしゅうの二つの中国人日本留学史について」、『社会科学研究』第 33 巻第 1 号、1987 年。

松本武彦「清末留日学生刊行諸雑誌の流通ルートにみえる在日華僑について」、『研究紀要』第 25 巻、1987 年。

加藤直子「戦前における中国人留日女子学生について——一女子

学生の事例を中心として」、『史論』第40号、1987年。

荫山雅博「宏文学院における中国人留学生教育について（2）」、『响沫集』第5号、1987年。

三崎裕子「東京女医校・東京女子医学専門学校中国人留学生名簿」、『辛亥革命研究』第8号、1988年。

小川博「柏原文太郎と中島裁之——中国留日学生史の一齣」、『社会科学研究』第35巻第1号、1989年。

所澤潤「『外国人留学生取扱ニ関スル調査委員会』（昭和十七［一九四二］年・東京帝国大学）の記録」、『東京大学史紀要』第9号、1991年。

荫山雅博「信濃宏文学院における中国人留学生教育について」、『响沫集』第7号、1992年。

所澤潤「東京帝国大学における大東亜戦争後半期の外国人留学生受入れ状況——『外国学生指導委員会』の活動を中心に」、『東京大学史紀要』第10号、1992年。

李曉東「陸軍士官学校と留日学生——1911年までの中国人留学生を中心に」、『大学史研究』第9号、1993年。

泉正人「一九二〇－四〇年の留日学生受入れ——早稲田大学の場合」、『早稲田大学史記要』第25巻、1993年。

吉岡英幸「早稲田大学清国留学生部——そのカリキュラムと日本語教師」、『講座日本語教育』第29分冊、1994年。

川島真「日本と台湾における清末民初留日学生関係史料——中国留日学生監督処文献、外務部檔案、教育部檔案」、『中国研究月報』第557号、1994年。

谷本宗生「東京大学所蔵『留学生関係書類』の一端——申報書・報告書類」、『東京大学史紀要』第13号、1995年。

田中宏「『留学生10万人計画』の検証と今後への若干の提案」、『一橋論叢』第114巻第4号、1995年。

孫安石「清国留学生取締規則事件の諸相——政治考察5大臣、上

海、そして韓国との 関連を中心に」、『中国研究月報』第 565 号、1995 年。

張金塗「戦前の日本における中国人留学生に対する日本語教育の歴史的研究——東亜学校を中心に」、『日本語教育』第 86 号、1995 年。

河路由佳「戦前・戦中の在日留学生に対する直接法による予備教育用日本語教科書 国際学友会編『日本語教科書 基礎編・巻一～五』——その編纂・内容・使われ方」、『文学部紀要』第 10 巻第 1 号、1996 年。

周徳喜「清末留日学生と翻訳」、『中国交換研究員論叢』第 13 号、1996 年。

根岸宗一郎「周作人留日期文学論の材源について」、『中国研究月報』第 565 号、1996 年。

傅澤玲「日本留学と日本人教習——一九一〇年代を中心に」、『比較文学・文化論集』第 12 号、1996 年。

劉家鑫「民国時期の留学生と日本——研究と課題」、『現代社会文化研究』第 7 号、1997 年。

周一川「中国人女子留学生を受け入れた官立三校について」、『史学』第 67 巻第 1 号、1997 年。

周一川「日中戦争時期の留日学生——概況と事例研究」、『人間文化論叢』第 1 号、1998 年。

晨夕「花月の僑郷楽しみ知るべし——秋瑾の出国留学と中日友好」、『中国研究月報』第 610 号、1998 年。

呂順長「『共同研究報告』明治末期日本人の中国人日本留学に対する認識」、『日本研究』第 18 集、1998 年。

坂根慶子「留学生教育史の視点から見た「台湾人内地留学」の実態」、『東海大学紀要留学生教育センター』第 18 号、1998 年。

王嵐、船寄俊雄「神戸高等商業学校の中国人留学生に関する研究」、『神戸大学発達科学部研究紀要』第 7 巻第 1 号、1999 年。

岩澤正子「清国女子留学生と女性解放——秋瑾と下田歌子」、『Polyglossia』第2巻、1999年。

張志強「中国十年代の日本留学とアメリカ留学——南開中学と周恩来を中心に」、『研究年報』第2号、1999年。

周一川「中国人女子留学生を受け入れた私立三校について——民国初期を中心に」、『史学』第68巻第3・4号、1999年。

張芸文「清末留日学生の日本体験について」、『関西教育学会紀要』第23号、1999年。

長谷川正明「我が国の留学生政策の動向——『留学生受け入れ10万人計画』がもたらしたもの」、『レファレンス』第49巻第3号、1999年。

周一川「近代中国人女性日本留学史研究の概況」、『中国研究月報』第617号、1999年。

柴田幹夫「康有為と清末留日政策」、『東アジア』第8号、1999年。

山口隆正「清朝における留日学生派遣の契機について」、『留学生教育』第5号、2000年。

周一川「国民党政府の留学政策と日本留学の特殊性」、『中国研究月報』第624号、2000年。

田中剛「『蒙疆政権』の留学生事業とモンゴル人留学生」、『歴史研究』第38号、2000年。

平石淑子「蕭紅の東京時代」、『アジア遊学』第13号、2000年。

経志江「広島高師における中国人留学生の来日と帰国後の活動」、『広島大学教育学部紀要 第1部』第48号、2000年。

陳昊「明治専門学校における中国人留学生受け入れの開始と創立者安川敬一郎」、『九州教育学会研究紀要』第28巻、2000年。

阪口直樹「戦前の同志社と台湾留学生」、『言語文化』第3巻第2号、2000年。

阪口直樹「戦前の同志社と台湾留学生（続）」、『言語文化』第4

巻第 1 号、2001 年。

岩澤正子「清国女子留学生教育と実践女学校──留学生教育を担当した坂寄美都子の講演会記録を参考に」、『マテシス・ウニウェルサリス』第 3 巻第 1 号、2001 年。

土屋洋「創設期の山西大学堂と山西留日学生──清末山西鉱山利権回収運動の前史として」、『名古屋大学東洋史研究報告』第 25 号、2001 年。

河路由佳「盧溝橋事件以後（一九三七～一九四五）の在日中国人留学生──さねとうけいしゅう『中国人日本留学史』再考」、『一橋論叢』第 126 巻第 3 号、2001 年。

高橋強「孫中山と中国留日学生──弘文学院を通して」、『創大中国論集』第 4 号、2001 年。

王嵐「『五校特約』と山口高等商業学校」、『国際文化学』第 5 号、2001 年。

高田幸男「明治期東京の中国人留学生諸相」、藤田直晴『東京：巨大空間の諸相』、東京、大明堂、2001 年。

文部科学省『文部科学時報 ＜特集＞留学生受入れ制度 100 年記念』第 1507 号、ぎょうせい、2001 年。

張芸文「清末渡日学生の教育に対する明治日本の対応」、『京都女子大学教育学科紀要』第 41 号、2001 年。

飯塚容「1930 年代日本における中国人留学生の演劇活動」、『人文研紀要』第 42 号、2001 年。

張芸文「清末渡日学生による演劇活動──春柳社とその活動をめぐって」、『教育学・心理学論叢』第 2 号、2002 年。

王嵐、船寄俊雄「清末における商業系留日学生の派遣政策と派遣実態に関する研究」、『神戸大学発達科学部研究紀要』第 9 巻第 2 号、2002 年。

邵艶「中国における教育制度の近代化と留日師範生の派遣」、『教育科学論集』第 6 号、2002 年。

多仁安代「明治期の清国留学生と日本の姿勢——近代留学生問題の視点」、『自由』第44巻12号、2002年。

厳安生「"あわい"を生きる——陶晶孫と郭沫若の九大留学時代」、『特集第12回日本研究国際セミナー——21世紀の世界と日本の課題』第38号、2002年。

河路由佳「戦時体制下の在日留学生教育」、『インターカルチュラル』第1号、2003年。

高橋強「清末中国人留日学生と『人生地理学』——『浙江潮』を通して」、『東洋哲学研究所紀要』第19号、2003年。

陳昊「日中戦争期における在日中国人留学生について」、『九州教育学会研究紀要』第31巻、2003年。

邵艶、船寄俊雄「清朝末期における留日師範生の教育実態に関する研究——宏文学院と東京高等師範学校を中心に」、『神戸大学発達科学部研究紀要』第10巻第2号、2003年。

邵艶「中国の教育近代化と留日師範生——清末留日師範生の帰国後の活動を中心に」、『国際文化学』第8号、2003年。

柴紅海、劉偉「周作人の特殊な留学動機と日本文化の認識」、『東アジア日本語教育・日本文化研究』第6輯、2003年。

呂順長「近代中国はどう日本に学んだか——留学生と視察旅行者の派遣、日本人教習の招聘などを中心に」、『四天王寺国際仏教大学紀要』第36号、2003年。

多仁安代「清国留学生の役割を再評価する」、『政治経済史学』第448号、2003年。

佐藤由美「青山学院と戦前の台湾・朝鮮からの留学生」、『日本の教育史学』第47集、2004年。

小島淑男「明治末期、日本大学中国人留学生の動向」、『研究紀要 一般教育・外国語・保健体育』第44号、2004年。

清水稔「清末の湖南留日学生の動向について」、『文学部論集』第88号、2004年。

劉国彬「日本統治下における内蒙古留学生の日本への派遣政策の展開」、『福山大学人間文化学部紀要』第 4 巻、2004 年。

蔭山雅博「信濃宏文学院における中国人留学生教育について（続）」、『呴沫集』第 11 号、2004 年。

小林文男「ある中国人被爆者 広島文理大卒業生 初慶芝を訪ねて」、『広大フォーラム』第 385 号、2004 年。

大里浩秋「『日華学報』目次」、『人文学研究所報』第 38 号、2005 年 3 月。

二見剛史「松本亀次郎の日本語教育論」、『アジア教育史研究』第 14 号、2005 年。

石田文彦「理学・工学を専攻した中国人の留日学生史」、『技術史教育学会誌』第 6 巻第 2 号、2005 年。

徐蘇斌「戦前期日本に留学した中国人技術者に関する研究」、井波律子、井上章一編『表現における越境と混淆』、国際日本文化研究センター、2005 年。

酒井順一郎「1896 年中国人日本留学生派遣・受け入れ経緯とその日本語教育」、『日本研究』第 31 集、2005 年。

坪井健「在日中国人留学生 20 年の動向と日本の課題——日本と中国の留学生戦略を背景として」、『駒沢社会学研究』第 38 号、2006 年 3 月。

劉金釗「中国人留学生と日本」、『武蔵野学院大学日本総合研究所紀要』第 3 輯、2006 年。

佐藤由美「青山学院の台湾・朝鮮留学生に関する記録（1906 − 1945）（III）」、『青山学院大学教育学会紀要 教育研究』第 50 号、2006 年。

坪井健「留学生研究関連文献目録（1955 − 2005）」、『駒沢社会学研究』第 38 号、2006 年。

諸星美智直「宏文学院教授難波常雄と文典型日本語教科書『漢和対照日語文法述要』」、『国学院雑誌』第 107 巻第 4 号、2006 年。

三好章「維新新政府と汪兆銘政権の留学生政策——制度面を中心に」、『人文学研究所報』第39号、2006年。

孫安石「戦前中国人留学生の「実習」と「見学」について」、『人文学研究所報』第39号、2006年。

川崎真美「清末における日本への留学生派遣——駐清公使矢野文雄の提案とそのゆくえ」、『中国研究月報』第696号、2006年。

酒井順一郎「もう一つの留学生活——明治期清国人日本留学生と日本社会の関係」、『留学生教育』第11号、2006年。

片桐史尚、宇田川のり子「清国留学生——明治に始まる日本留学ブーム」、『月刊日本語』2006年12月号。

南勇「近代中国の言語意識と「日本語」——中国留学生が編纂した初期日本語教科書をめぐって」、『成城文芸』第198号、2007年。

孫峰茗「清末日本留学女子学生から見る明治良妻賢母主義教育の影——『中国新女界雑誌』を通して」、『言葉と文化』第8号、2007年。

胡穎「明治末期における中国人留学生教育実態に関する考察——宏文学院の教育実績を踏まえながら」、『比較文化史研究』第8号、2007年。

河口充勇「同志社と台湾留学生——一〇〇年の軌跡」、『評論・社会科学』第83号、2007年。

宮城由美子「成城学校と中国人留学生についての一考察」、『佛教大学大学院紀要』第35号、2007年。

周萍萍「日本における清国女子留学生と中国の近代女子教育」、『国学院大学大学院紀要——文学研究科』第39輯、2007年。

周一川「近代日本に留学した中国人の総数をめぐって——1922～1936年度のデータに関する調査」、『中国研究月報』第703号、2007年。

夏目賢一「第一高等学校における留学生教育の再編と日中関係——特設予科および特設高等科の事例、一九〇八—一九三七

年」、『東京大学史紀要』第25号、2007年。

諸星美智直「宏文学院教授菊池金正と会話型日本語教科書『漢訳学校会話篇』」、『国学院雑誌』第108巻第11号、2007年。

宗村高満「一九二〇～三〇年代の中国人鉄道留学生」、『大正大学大学院研究論集』第31号、2007年。

宗村高満「一九三七年以降の中国人警察留学生」、『大正大学綜合佛教研究所年報』第30号、2008年。

紀旭峰「大正期台湾人「内地留学生」と近代台湾——早稲田大学専門部政治経済科を中心として」、『アジア太平洋研究科論集』第16号、2008年。

菊池一隆「日本国内における在日中国・「満洲国」留学生の対日抵抗について——戦時期、日本華僑史研究の一環として」、『人間文化』第23号、2008年。

福田須美子「日本への留学——帝国女子専門学校に学んだ留学生」、『相模英米文学』第26号、2008年。

呂順長「清末中国人日本留学生兪大純の出自とその生涯——「留日反日論」にも関連して」、『四天王寺大学紀要』第46号、2008年。

紀旭峰「大正期台湾人留学生寄宿舎高砂寮の設置課程」、『日本歴史』第722号、2008年。

胡穎「『清国留学生教育協議会』について」、『アジア文化』第30号、2008年。

寺倉憲一「我が国における留学生受け入れ政策——これまでの経緯と「留学生30万人計画」の策定」、『レファレンス』第697号、2009年。

見城悌治『明治～昭和期の千葉医学専門学校・千葉医科大学における留学生の動向』、『国際教育』第2号、2009年。

横田素子「1906年におけるモンゴル人学生の日本留学」、『東西南北——和光大学総合文化研究所年報』2009年巻。

見城悌治「戦前期留日医薬学生の帰国後の活動と現代中国における評価」、『国際教育』第3号、2010年。

佐藤由美「日本統治下台湾からの工業系留学生——林淵霖氏の場合」、『埼玉工業大学人間社会学部紀要』第8号、2010年。

長谷川勝政「本田増次郎と清国留学生教育——「グアン・メソッド」と「筆談」による日本語教育」、『英学史研究』第43号、2010年。

北村嘉恵「東洋教育史関連文献目録2009」、『日本の教育史学』第53号、2010年10月。

酒井順一郎「過去の光から現在を照らし、現在の光から過去を照らす（第1回）日本留学界の原点 その1——明治期の中国人留学生」、『留学交流』2010年11月号。

韓立冬「『対支文化事判』下の中国人留学生教育——第一高等学校特設予科を事例に」、『思想史研究』第12号、2010年。

酒井順一郎「過去の光から現在を照らし、現在の光から過去を照らす（第2回）日本留学界の原点 その2——中国人留学生をめぐる日米攻防」、『留学交流』2010年12月号。

渡辺祐子「もうひとつの中国人留学生史——中国人日本留学史における中華留日基督教青年会の位置」、『カルチュール』第5巻第1号、2011年。

岡田昭人、岡田奈緒美「日本における留学生受入れ政策の史的展開過程と現状に関する一考察」、『学苑』2011年5月号。

韓立冬「旧制第一高等学校特設高等科の留学生教育」、『アジア地域文化研究』第7号、2011年。

韓立冬「天津中日学院・江漢高級中学校の中国人教育——『対支文化事業』下の留日予備教育という視点から」、『年報地域文化研究』第15号、2011年。

酒井順一郎「関東大震災と中国人留学生——もう一つの日中関係」、『留学生教育』第16号、2011年。

呂順長「近代中国人日本留学生の『反日』と『親日』について」、『四天王寺大学紀要』第51号、2011年。

林敏潔「魯迅生誕130周年によせて 松本亀次郎の日本語教育と魯迅」、『世界文学』第114号、2011年。

与那原恵「柔道の父であり、留学生教育の先駆者・嘉納治五郎」、『東京人』2011年11月号。

馬小力「奉天省による日本に派遣された女子留学生について——清末日本留学の背景を中心に」、『日本言語文化研究　城西国際大学大学院紀要』第1号、2012年。

高明珠「日本留学生の歴史的貢献からみた清末留学生派遣政策の効果」、『同志社政策科学研究』第14巻第1号、2012年。

横井和彦、高明珠「中国清末における留学生派遣政策の展開——日本の留学生派遣政策との比較をふまえて」、『経済学論叢』第64巻第1号、2012年。

荊建堂「清末における留日学生派遣政策の成立——『弘文学院』設立経緯の再検討」、『KGU比較文化論集』第4号、2012年。

永田英明「魯迅と東北大学——歴史のなかの留学生」、『東北大学史料館紀要』第7号、2012年。

宗村高満「大正大学の中国人留学生——旧制大学時代を中心に」、『大正大学綜合佛教研究所年報』第34号、2012年。

小谷一郎「一九三〇年代日本における中国人日本留学生の文学・芸術活動と日中の交流——雑誌『劇場芸術』を手掛かりに」、『季刊中国』第108号、2012年。

韓立冬「東亜学校の中国人留学生予備教育——特設予科との関係を中心に」、『年報地域文化研究』第16号、2012年。

孫倩「清末留日学生の教育機関——早稲田大学と法政大学を中心に」、『社学研論集』第20号、2012年。

田中剛「日本敗戦前後の中国人留日学生政策：汪精衛政権・『満洲国』・『蒙疆政権』」、森時彦編『長江流域社会の歴史景観』、京都、京都大学人文科学研究所、2013年。

荊建堂「嘉納治五郎の留学生教育と中国近代教育——中国教育視察中の言動を中心に」、『KGU比較文化論集』第5号、2013年。

荊建堂「『弘文学院』における嘉納治五郎の留学生教育思想」、『神話と詩：日本聞一多学会報』第11号、2013年。

平田諭治「嘉納治五郎の留学生教育を再考する——近代日中関係史のなかの教育・他者・逆説」、『教育学論集』第9集、2013年。

朴雪梅「『江蘇』の「女学論文（文業）」から見る清末における日本留学女子学生の女子解放思想」、『言葉と文化』第14号、2013年。

横井和彦、高明珠「「五校特約留学」と「庚款留学」の比較研究——『日本留学中華民国人名調』と『清華同学録』にもとづく留学生群の特徴の比較」、『経済学論叢』第66巻第2号、2014年。

孫倩「清末留日学生の思想と行動——雑誌『河南』を例として」、『ソシオサイエンス』第20号、2014年。

劉建雲「第一高等学校特設予科時代の郭沫若——『五校特約』下の東京留学生活」、『人文学研究所報』第52号、2014年。

大里浩秋「敗戦前後の留日学生受け入れ事情など——石田一郎氏に聞く」、『中国研究月報』第800号、2014年。

川崎真美「石田一郎氏所蔵文書にみる中国人留学生受け入れの実態——日華協会を中心に」、『中国研究月報』第800号、2014年。

見城悌治「1940年における「中華民国留日学生会」の創設と日華学会」、『中国研究月報』第800号、2014年。

高木理久夫、森美由紀「早稲田の清国留学生——『早稲田大学中国留学生同窓録』の記録から」、『早稲田大学図書館紀要』第62号、2015年3月。

阿部裕樹「明治大学史資料センター所蔵アジア留学生関係資料目

録」、『大学史紀要』第 20 号、2015 年。

馬小力「もう一人の清末の女子日本留学生──崔可言の日本留学とその後の軌跡」、『日本言語文化研究　城西国際大学大学院紀要』第 4 号、2015 年。

趙時英「明治中期の渡日留学生──専修学校（専修大学）を中心として」、『専修大学史紀要』第 7 号、2015 年。

鷲山恭彦「周恩来の日本留学と東亜学校校長の松本亀次郎」、『アジア文化』第 32 号、2015 年。

三宅真由美「ポスト『留学生 10 万人計画』における留学生受入れに関する一考察──大学における留学生受入れ拡大に有効な方策とは何か」、『信州大学経済学論集』第 66 号、2015 年。

田遠「戦後直後における中国人留学生の境遇と選択：1945─1952──主に『中国留日学生報』をとおして」、『言語と文化論集』特別号、2015 年。

劉建輝「戦前期対中留学生支援事業の一考察──日華学会主事高橋君平の活動を中心に」、『東アジア比較文化研究』第 15 号、2016 年。

王新生「留日学生と初期の中国共産党」、『駒沢史学』第 85 号、2016 年。

郭琤「中国人日本留学生の政治運動 1912─1937」、『早稲田大学大学院教育学研究科紀要』別冊第 24 号─2、2017 年。

朴雪梅「在日中国人女子留学生の理想的女性像──『中国新女界雑誌』の翻訳記事を中心に」、『日本研究』第 56 号、2017 年。

王鼎「雑誌『湖北学生界（漢声）』から見た清国日本留学生の諸活動」、『現代社会文化研究』第 64 号、2017 年。

朴雪梅『清末における在日中国人女子留学生の出版活動』、博士学位論文、名古屋大学大学院国際言語文化研究科、2017 年 3 月。

楊小平「中国人留学生の原爆被爆とヒロシマ──広島大学前身校の中国人留学生被爆者の人生を通して」、『アジア社会文化研究』

第 18 号、2017 年。

胡穎「清末の中国人日本留学生に関する研究——主に留学経費の視点から」、『言語と文化論集』特別号、2017 年。

見城悌治「戦時下日本における『満州国』留学たちの『修錬』活動——『満州国』留日学生会会報から見る日本体験の一側面」、千葉大学『人文研究』第 46 号、2017 年。

見城悌治「戦時下日本における『満州国』留学たちの運動会」、『国際教養学研究』第 2 号、2018 年。

二　中文文献
（一）史料及回忆录

《清国留学生会馆第 1—5 次报告》（1902、1903、1903、1904、1904 年）

《劝导留学生日记》，清光绪年间刊。

《日本留学生调查录》，《选报》第 10 期。

《中国近代史资料汇编：海防档·乙·福州船厂》，台北"中央研究院"近代史研究所 1957 年版。

鲍洪举：《我到日本留学始末》，中国人民政治协商会议赤峰市委员会文史资料委员会编：《内蒙古赤峰市文史资料选集》，1988 年印。

陈健、梁威林：《回忆三十年代中共东京支部的成长历程》，《中共党史资料》第 10 辑，中共党史资料出版社 1984 年版。

陈新宪：《留东杂忆》，中国人民政治协商会议邵阳市委员会文史资料研究委员会编：《邵阳文史资料》第 7 辑，1987 年印。

陈学洵、田正平编：《中国近代教育史料汇编·留学教育》，上海教育出版社 1991 年版。

陈子谷：《中国左翼作家联盟在东京活动的一些情况》，颜一烟：《记"留东妇女会"的一次斗争》，中国人民政治协商会议全国委员会文史资料研究委员会编：《文史资料选辑》第 9 辑，中国文史出版社 1987 年版。

崇文书局：《日本留学指掌》，东京崇文书局 1906 年版。

第二历史档案馆：《有关留学事务之各档案统计表册（1929—1949 年）》《抗战期间留日学生登记审查统计表、自传及读书报告等材料（1947—1948）》等。

东京同文社：《东瀛游学指南》，1906 年。

额力敦络：《赴日学习前后片断记》，政协苏尼特右旗委员会编：《苏尼特右旗文史资料》，内蒙古自治区新闻出版局 1987 年印。

房兆楹：《清末民初洋学学生题名录初辑》，台北"中央研究院"近代史研究所 1962 年版。

冯阅模等编：《日本东京帝国大学中国留学生同窗录》，1908 年。

故宫博物院：《清光绪朝中日交涉史料》，故宫博物馆 1932 年版。

郭荣生校补：《日本陆军士官学校中国留学生名录》，中国社会科学院近代史研究所《近代史资料》编译室：《近代史资料》总 80 号。

胡俊：《记五四运动前后留日学生的爱国运动》，中国社会科学院近代史研究所编：《五四运动回忆录》（续集），中国社会科学出版社 1979 年版。

黄鼎臣：《从中共东京特支到反帝大同盟》，中国人民政治协商会议全国委员会文史资料研究委员会编：《革命史资料》第 1 辑，文史资料出版社 1980 年版。

吉林省档案馆编：《1923 年日本关东大地震后中国留日学生状况史料选编》，《历史档案》1997 年第 1 期。

李宗棠：《东游纪念》六册，著者自刊，1901 年。

刘坚：《三十年代留日学生革命活动片断》，《广东党史》1997 年第 2 期。

龙庆忠编：《中华留日东京工业大学学生同窗会年刊》第 8 期，1931 年。

启智书社：《留学生鉴》，东京启智书社 1906 年版。

上海图书馆:《留东学报》,1935 年 7 月至 1937 年 5 月,共 3 卷 5 期;《留东周报》,1937 年 3 月至 5 月,共 11 册。

沈云龙:《中华民国二十五年　日本昭和十一年留日学生名簿》,台北文海出版社 1971 年影印版。

沈云龙主编:《清末各省官自费留日学生姓名表》,台北文海出版社 1974 年影印版;

沈云龙主编:《日本陆军士官学校中华民国留学生名簿》,台北文海出版社 1974 年影印版。

舒新城:《中国近代教育史资料》,人民教育出版社 1962 年版。

王拱璧:《东游挥汗录》,著者自刊,1919 年。

王焕琛:《留学教育——中国留学教育史料》,台北"国立"编译馆 1980 年版。

王兆荣:《关于 1918 年我国留日学生反帝救国的留日学生救国团的回忆》,中国人民政治协商会议秀山土家族苗族自治县委员会文史资料工作委员会编:《秀山文史资料》第 1 辑,1984 年印。

王振纲:《留日归国学生训练拾零》,政协南陵县文史办公室编:《安徽省南陵县文史资料》第 4 辑,1985 年印。

王子光:《忆中共东京特别支部》,张持平:《中共东京特别支部的后期》,中国人民政治协商会议全国委员会文史资料研究委员会编:《革命史资料》第 3 辑,文史资料出版社 1981 年版。

吴汝纶:《东游丛录》,东京三省堂 1902 年版。

谢廷秀编:《满洲国学生日本留学十周年史》,"满洲国"大使馆内学生会中央事务所 1942 年版。

徐志民:《占领区的殖民教育》,社会科学文献出版社 2017 年版。

颜世清辑:《约章成案汇览》,北洋洋务局 1905 年版。

张篁溪:《1905 年留日学生罢课运动始末》,《文史资料选编》第 33 辑,北京出版社 1988 年印。

张侠、杨志本等:《清末海军史料》,海洋出版社 1982 年版。

章宗祥:《日本游学指南》,著者自刊,1901 年。

赵卜谦：《东北留日学生记略》《"九·一八"后蒋介石对留日学生的态度和东北留日学生的国籍问题》《熙洽与伪"满洲国留日学生俱乐部"》，中国人民政治协商会议吉林省委员会文史资料委员会编《吉林文史资料》第 26 辑，1988 年印。

中国留日同学会：《中国留日同学会季刊》，北京：中国留日同学会发行，1942—1944 年。

中华留日东京工业大学学生同窗会编：《东工同窗 1936 年度年刊》，中华留日东京工业大学学生同窗会，1937 年。

中华留日基督教青年会编：《中国留日基督教青年会最近三十年成绩报告》，1930 年。

中华留日同学会：《中华留日同学会会刊》，南京：中华留日同学会发行，1941—1943 年。

中华民国驻日留学生监督处编辑：《中华民国驻日留学生监督处一览》，1929 年。

朱念祖、陈延龄编：《退款问题之日人舆论》，东京鲜明舍印刷所 1923 年版。

朱有瓛：《中国近代学制史料》第二辑上册，华东师范大学出版社 1987 年版。

（二）专著

白龙芽：《留日游踪：日本教育研究》，庄稼出版社 1981 年版。

包遵彭：《清季海军教育史》，台北"国防研究院"出版部 1969 年版。

薄井由：《东亚同文书院大旅行研究》，上海书店出版社 2001 年版。

不肖生：《留东外史》，花山文艺出版社 2013 年版。

藏运祜：《七七事变前的日本对华政策》，社会科学文献出版社 2000 年版。

曹必宏、夏军、沈岚：《汪伪统治区奴化教育研究》，社会科学文献出版社 2015 年版。

岑红、周棉主编：《留学生与中外文化交流》，南京大学出版社 2018

年版。

陈琼莹：《清季留学政策初探》，台北文史哲学出版社 1989 年版。

程麻：《鲁迅留学日本史》，陕西人民出版社 1985 年版。

程希：《当代中国留学生研究》，香港社会科学出版社 2003 年版。

程新国：《庚款留学百年》，东方出版中心 2005 年版。

大里浩秋、孙安石编著：《近现代中日留学生史研究新动态》，上海人民出版社 2014 年版。

丁晓禾：《中国百年留学全记录》，珠海出版社 1998 年版。

董守义：《清代留学运动史》，辽宁人民出版社 1985 年版。

关晓红：《晚清学部研究》，广东教育出版社 2000 年版。

黄福庆：《清末留日学生》，台北"中央研究院"近代史所 1975 年版。

黄新宪：《中国留学教育的历史反思》，四川教育出版社 1991 年版。

黄新宪：《中国留学教育问题》，湖南教育出版社 1995 年版。

黄尊严：《中日关系史专题要论》，天津社会科学院出版社 1996 年版。

姜新：《中国近代留学生研究》，吉林人民出版社 2013 年版。

靳明全：《攻玉论：关于 20 世纪初期中国军界留日生的研究》，重庆出版社 2001 年版。

瞿立鹤：《清末留学教育》，台北三民书局 1973 年版。

孔凡岭：《近代中国留学史稿》，中央文献出版社 2005 年版。

李长发、高广温主编：《中国留学史萃》，中国友谊出版公司 1992 年版。

李喜所：《近代中国的留学生》，人民出版社 1987 年版。

李喜所主编：《中国留学通史》，广东省出版集团、广东教育出版社 2010 年版。

李跃乾：《日据时期台湾留日学生与战后台湾政治》，九州出版社 2011 年版。

林子勋：《中国留学教育史：1847—1975》，台北华冈出版有限公司

1976 年版。

刘杰、川岛真编：《对立与共存的历史认识——日中关系 150 年》，韦平和、徐丽媛等译，社会科学文献出版社 2015 年版。

刘振生：《近代东北人留学日本史》，民族出版社 2015 年版。

刘志强、张学继：《留学史话》，社会科学文献出版社 2000 年版。

吕顺长：《清末浙江与日本》，上海古籍出版社 2001 年版。

苗丹国：《出国留学六十年——当代中国的出国留学政策与引导在外留学人员回国政策的形成、变革与发展》，中央文献出版社 2010 年版。

木宫泰彦：《日中文化交流史》，胡锡年译，商务印书馆 1980 年版。

齐红深主编：《日本侵华教育史》，人民教育出版社 2002 年版。

日本法政大学大学史资料委员会编：《清国留学生法政速成科纪事》，裴敬伟译，广西师范大学出版社 2015 年版。

尚小明：《留日学生与清末新政》，江西教育出版社 2002 年版。

沈殿成主编：《中国人留学日本百年史（1896—1996）》（上、下册），辽宁教育出版社 1997 年版。

石锦：《中国现代化运动与清末留日学生》，台北嘉新水泥公司文化基金会 1968 年版。

史桂芳：《"同文同种"的骗局——日伪东亚联盟运动的兴亡》，社会科学文献出版社 2002 年版。

苏怡怡：《近代中国留学史》，台北龙田出版社 1979 年版。

孙雪梅：《清末民初中国人的日本观——以直隶省为中心》，天津人民出版社 2001 年版。

谭皓：《近代日本对华官派留学史（1871—1931）》，社会科学文献出版社 2018 年版。

谭汝谦：《近代中日文化关系研究》，香港日本研究所 1988 年版。

田正平：《留学生与中国教育近代化》，广东教育出版社 1996 年版。

汪向荣：《日本教习》，生活·读书·新知三联书店 1988 年版。

汪向荣：《中国的近代化与日本》，湖南人民出版社 1987 年版。

王桂主编:《中日教育关系史》,山东教育出版社1993年版。

王建明:《留学生与近代中国军事航空研究》,广西师范大学出版社2016年版。

王屏:《近代日本的亚细亚主义》,商务印书馆2004年版。

王奇生:《留学与救国——抗战时期海外学人群像》,广西师范大学出版社1995年版。

王奇生:《中国留学生的历史轨迹》,湖北教育出版社1992年版。

王晓秋:《近代中日文化交流史》,中华书局1992年版。

王芸生:《六十年来中国与日本》,生活·读书·新知三联书店2005年版。

王政挺:《留学备忘录》,浙江人民出版社2003年版。

武强:《日本侵华时期殖民教育政策研究》,辽宁教育出版社1994年版。

小谷一郎:《东京"左联"重建后留日学生文艺活动》,王建华译,上海社会科学院出版社2012年版。

谢长法:《中国留学教育史》,山西教育出版社2006年版。

徐冰主编:《中国人的日本认识》,吉林大学出版社2003年版。

杨步伟:《一个女人的自传》,广西师范大学出版社2016年第3版。

杨晓:《中日近代教育关系史》,人民教育出版社2004年版。

余子侠:《民族危机下的教育应对》,华中师范大学出版社2001年版。

元青等:《留学生与中国文化的海外传播:以20世纪上半期为中心的考察》,南开大学出版社2014年版。

元青等:《民国时期留美生的中国问题研究》,南开大学出版社2017年版。

臧佩红:《日本近现代教育史》,世界知识出版社2010年版。

臧佩红:《日本近现代教育政策研究》,江苏人民出版社2019年版。

张泽宇:《留学与革命——20世纪20年代留学苏联热潮研究》,人民出版社2009年版。

中共广州市委党史研究室编：《中共东京支部 1935—1938》，广州出版社 2013 年版。

钟少华：《早年留日者谈日本》，山东画报出版社 1996 年版。

周立英：《晚清留日学生与近代云南社会》，云南大学出版社 2011 年版。

周棉等著：《中国留学生论》，南京大学出版社 2012 年版。

周一川：《近代中国女性日本留学史（1872—1945 年）》，社会科学文献出版社 2007 年版。

［法］王枫初：《移民与政治——中国留法勤工俭学生（1912—1925）》，安延、刘敏、纪俊男译，北京大学出版社 2016 年版。

［美］爱德华·W. 萨义德：《文化与帝国主义》，李琨译，生活·读书·新知三联书店 2003 年版。

［美］马士、宓亨利：《远东国际关系史》，姚曾廙译，上海书店出版社 1998 年版。

［英］约翰·汤林森：《文化帝国主义》，冯建三译，上海人民出版社 1999 年版。

（三）论文

曹必宏：《抗战时期关内日伪政权选派留日公费生考略》，《社会科学研究》2016 年第 4 期。

曹必宏：《汪伪留日教育政策与管理机构述略》，《江苏师范大学学报》2014 年第 1 期。

陈芳：《近代中国留日陆军士官生人数考究》，《军事历史研究》2008 年第 2 期。

陈芳：《清末留日学生与地方督抚间的政治博弈——以留日陆军士官生为中心》，《安徽史学》2012 年第 1 期。

陈健：《胡汉民主权国家论与留日国际法教育》，《史学月刊》2017 年第 8 期。

陈健：《留学教育与 20 世纪初中国知识分子的宪政体制构想——以日本法政大学速成科教育影响为中心》，博士学位论文，南开大学，2013 年。

陈声玥：《1929 年东京事件与中日交涉》，《民国档案》2014 年第 1 期。

陈铁健：《尘封半个世纪的"五四"先驱王希天》，《中共党史研究》1999 年第 4 期。

陈宇翔：《清末留日学生的政治倾向》，《社会科学战线》1991 年第 4 期。

迟云飞：《陈天华、宋教仁留日史事新探》，《近代史研究》2005 年第 6 期。

崔新明：《留日学生在五四运动中的作用探析》，《江汉大学学报》2004 年第 2 期。

大江平和：《宏文学院与中国留学生生活》，硕士学位论文，中国社会科学院研究生院，2002 年。

大原启子：《中国留日学生的办报活动与日本政府的法律箝制》，《新闻大学》1999 年夏之卷。

戴瑞生：《清季留日学生与革命运动》，《中华杂志》1967 年第 10 期。

戴学稷：《清末留日热潮与辛亥革命——纪念辛亥革命七十周年》，《暨南大学学报》1981 年第 4 期。

丁焕章：《试论留日学生运动》，《历史教学》1982 年第 9 期。

董炳月：《〈留东外史〉的历史位置》，《中国现代文学研究丛刊》2012 年第 11 期。

董炳月：《文学与历史的纠缠——比较文学视野中的留日作家群》，《郑州大学学报》2003 年第 6 期。

董晓萍：《钟敬文留日研究：东方文化史与民俗学》，《北京师范大学学报》2016 年第 5 期。

范铁权：《黄尊三留日史事述论——以黄尊三〈留学日记〉为依据》，《徐州师范大学学报》2012 年第 4 期。

方回：《澎湃烈士与一九一九年五月七日中国留日学生东京示威游行

运动》,《历史研究》1954 年第 2 期。

冯玮:《清政府鼓励赴日留学政策的"二律背反"》,《学术研究》2004 年第 10 期。

高晓瑞:《留学体验与 1920 年代文学论争》,《求索》2017 年第 3 期。

郭斌:《黄尊三的留日活动初探》,《北方文学》2010 年第 3 期。

郭凤宏:《留日士官生的兴衰》,《军事史林》2000 年第 2、3 期。

郭华清:《从废学救国到苦学救国——青年章士钊在日本和英国的留学经历及其思想转变》,《安徽史学》2001 年第 4 期。

韩一德:《李大钊留学日本时期的史实考察》,《近代史研究》1989 年第 1 期。

贺跃夫:《清末士大夫留学日本热透视——论法政大学中国留学生速成科》,《近代史研究》1993 年第 1 期。

红帆:《日本学生监督处〈官报〉中的留日艺术学生》,《云南艺术学院学报》2005 年第 4 期。

胡绳武、金冲及:《同盟会成立前留日学生中革命思想的发展》,《光明日报》1959 年 11 月 26 日。

黄国华:《清末第一个以省区命名的留日学生刊物——〈湖北学生界〉》,《历史教学》1980 年第 4 期。

黄尊严、徐志民:《清末山东留日学生考释》,《东岳论丛》2004 年第 2 期。

蒋磊:《"和洋"之间:清末民初留日学生的服饰与饮食》,《中华文化论坛》2013 年第 8 期。

金安平:《近代留日学生与中国早期共产主义运动》,《近代史研究》1990 年第 2 期。

金震海:《20 世纪初韩·中留日作家作品比较研究——以金东仁小说和郁达夫小说为中心》,博士学位论文,中央民族大学,2012 年。

孔凡岭:《留日学生与五四运动》,《齐鲁学刊》1993 年第 5 期。

孔凡岭：《南京政府留日教育述论》，《档案史料与研究》2000 年第 4 期。

孔凡岭：《伪满留日教育述论》，《抗日战争研究》1997 年第 2 期。

李兰萍：《晚清女生留日与辛亥革命》，《学术研究》1998 年第 6 期。

李丽君：《郁达夫留日论考》，《浙江学刊》2007 年第 2 期。

李润苍：《章太炎等反对日本政府封禁〈民报〉的斗争》，《历史档案》1983 年第 4 期。

李喜所：《甲午战后 50 年间留日学生的日本观及其影响》，《社会科学研究》1997 年第 1 期。

李喜所：《清末留日学生人数小考》，《文史哲》1982 年第 3 期。

李喜所：《清末留日学生与中日文化交流》，《历史教学》1986 年第 2 期。

李喜所：《中国留日学生与拒俄运动》，《天津师范大学学报》1981 年第 2 期。

李喜所、李来容：《清末留日学生"取缔规则"事件再解读》，《近代史研究》2009 年第 6 期。

李细珠：《辛亥时期留日学生的乡土情结与爱国主义》，《求索》1994 年第 3 期。

李新军：《〈申报〉视野下民国时期留学生研究（1929—1936）》，《衡阳师范学院学报》2016 年第 1 期。

李在全：《"新人"如何练就：清末一位留日法科学生的阅读结构与日常生活》，《史林》2016 年第 6 期。

李兆忠：《论中国现代文学史上的留日派与留欧美派之争》，《广东社会科学》2010 年第 3 期。

林赠平：《清末留日中国学生与反"取缔规则"斗争》，《湖南师大学报》1991 年第 1 期。

刘功君：《清末留日经费的筹付与管理》，《安庆师范学院学报》2007 年第 1 期。

刘功君、沈世培：《北洋时期留日经费筹措考察》，《历史档案》

2009 年第 1 期。

刘静：《清末留日生的法政学习及法政宣传》，《日本问题研究》
　　2013 年第 2 期。

刘婉明：《日本留学与创造社作家的国家想象》，博士学位论文，南
　　京大学，2012 年。

刘望龄：《二十世纪初年中国留学日本人数补正》，《江汉历史学丛
　　刊》1979 年第 1 期。

刘欣：《试析五四时期归国留美留日学生政治见解差异之原因》，
　　《徐州师范大学学报》2003 年第 3 期。

娄晓凯：《中国现代文学史上留欧美与留日学生文学观研究（1900—
　　1930）》，博士学位论文，复旦大学，2009 年。

吕顺长：《近代日本人对中国人留学日本的认识》，《世界历史》
　　2001 年第 6 期。

吕顺长：《清末留日学生从量到质的转变——关于清末"五校特约"
　　留学的考察》，《浙江大学学报》2001 年第 1 期。

娜仁高娃：《留学日本的蒙古知识分子——关于在智恩院学习的喇嘛
　　们》，乌云毕力格、娜仁高娃编：《硕果——纪念扎奇斯钦教授 80
　　寿辰》，内蒙古文化出版社 1996 年版。

秦裕芳、赵明政：《关于"取缔规则事件"的若干流行说法质疑》，
　　《复旦学报》1980 年第 2 期。

邱佩文：《明治时期成城学校中国留学生之研究》，硕士学位论文，
　　浙江工商大学，2017 年。

权赫秀：《"南陈北李"的留学日本经历及其影响》，《社会科学战
　　线》2012 年第 4 期。

桑兵：《留日学生发端与甲午战后的中日关系》，《华中师大学报》
　　1986 年第 4 期。

桑兵：《孙中山与留日学生及同盟会的成立》，《中山大学学报》
　　1982 年第 4 期。

山本优子：《中日作家的交流与留日影响》，硕士学位论文，山东大

学，2011 年。

尚小明：《清末资政院议政活动一瞥——留日出身议员对议场的控制》，《北京社会科学》1998 年第 2 期。

邵宝：《清末留日学生与日本社会》，博士学位论文，苏州大学，2013 年。

沈寂：《陈独秀第一次留日考》，《近代史研究》1983 年第 4 期。

石嘉：《日华学会与留日教育（1918—1945）》，《北京社会科学》2018 年第 5 期。

石嘉、李军：《民国时期的警察留日教育（1928—1945）》，《浙江师范大学学报》2017 年第 4 期。

苏贵民：《辛亥革命前中国留日学生人数考正》，《社会科学战线》1981 年第 4 期。

孙璐：《北京政府时期的留日学费借款》，硕士学位论文，东北师范大学，2014 年。

孙伟珍：《日本报纸〈读卖新闻〉关于晚清女子留日学生的记载》，《徐州师范大学学报》2012 年第 3 期。

孙颖：《二十世纪上半叶日本的"对华文化事业"研究——基于"东方文化事业总委员会"与"日华学会"的考察》，博士学位论文，东北师范大学，2008 年。

孙越：《留日女学生的抗战活动》，《山西师大学报》1995 年第 3 期。

汤重南：《中日教育交流史上的三次留学热潮》，南开大学日本研究中心编：《日本研究论集（2）》，南开大学出版社 1997 年版。

陶士和：《试论中国留日学生与晚清政局的大变动》，《北方论丛》2003 年第 5 期。

田雪梅：《1918 年留日学生救国团活动述评》，《西南民族学院学报》2001 年第 8 期。

田正平：《中国留日学生的良师松本龟次郎》，《杭州大学学报》1985 年第 4 期。

汪叔子：《近代中国人留学日本原始考》，《中日关系史研究》1992

年第 2 期。

王建华：《袁世凯与留日士官生》，《苏州大学学报》1994 年第 1 期。

王金玉：《王拱璧与〈东游挥汗录〉》，《近代史研究》1987 年第 3 期。

王开玺：《取缔规则事件与革命派领导下的留日学生运动》，《北京社会科学》1995 年第 3 期。

王奇生：《九一八事变后中国留日学生的抗日救亡活动》，《抗日战争研究》1996 年第 3 期。

王奇生：《留学与救国——30 年代留学生的抗日救亡活动》，《民国档案》1989 年第 3 期。

王奇生：《沦陷区伪政权下的留日教育》，《抗日战争研究》1997 年第 2 期。

王奇生：《取经东洋　转道入内——留日学生与马克思主义在中国的传播》，《中共党史研究》1989 年第 6 期。

王若海、文景迅：《了解鲁迅留日时期生活的一份资料——关于〈清国留学生会馆第一次报告〉》，《山东师院学报》1979 年第 Z1 期。

王晓秋：《中国人留学日本 110 年历史的回顾与启示》，《徐州师范大学学报》2006 年第 4 期。

王宜田、丁伟：《中共党史上的"东京事件"》，《中共党史资料》2009 年第 4 期。

王友平：《留日学生与五四运动》，《社会科学研究》1999 年第 3 期。

王兆元：《同盟会成立前中国留日学生的分化》，《求是学刊》1991 年第 5 期。

魏善玲：《"九·一八"事变后国民政府对东北籍海外留学生的救济——以第二历史档案馆所藏留学档案为中心》，《社会科学辑刊》2016 年第 2 期。

魏善玲：《抗战时期〈申报〉留学史料研究》，《江苏社会科学》2015 年第 2 期。

魏正书：《文化交流与文化对抗——近代中日教育关系的演变》，

《锦州师范学院学报》1999年第1期。

吴达德：《留日士官生与云南陆军讲武堂》，《自贡师专学报》1996年第3期。

吴真：《钟敬文在日本的文学活动与民俗研修》，《民族文学研究》2011年第3期。

习近平：《深化文明交流互鉴　共建亚洲命运共同体——在亚洲文明对话大会开幕式上的主旨演讲》，《人民日报》2019年5月16日第2版。

习近平：《文明交流互鉴是推动人类文明进步和世界和平发展的重要动力》，《求是》2019年第5期。

夏应元：《中国留日学生问题与日本大陆政策》，《日本研究》1988年第1期。

谢长法：《清末的留日女学生》，《近代史研究》1995年第2期。

谢玉章等：《留日学生运动与辛亥革命》，《湖南师范大学社会科学学报》1980年第2期。

谢忠强：《清末留日政策演变述论》，《历史档案》2011年第4期。

谢忠宇：《战前中国留日学生与日本的矛盾冲突考略》，《日本学论坛》2004年第3期。

徐行：《周恩来的留日历程与思想转变》，《江淮文史》2016年第5期。

徐志民：《1918—1926年日本政府改善中国留日学生政策初探》，《史学月刊》2010年第3期。

徐志民：《"二战"时期日本在东南亚招募的"南方特别留学生"》，《世界历史》2017年第6期。

徐志民：《从合作到对抗：中国人眼中的"东方文化事业"（1923—1931）》，《社会科学研究》2017年第4期。

徐志民：《敌国留学——抗战时期在日中国留学生的生活实态》，《近代史研究》2015年第5期。

徐志民：《放任自流与优待主义——日本对民国初期留日学生政策

（1912—1917）》，《民国档案》2019 年第 2 期。

徐志民：《甲午战后中国留日热潮的日本因素》，《江苏师范大学学报》2014 年第 4 期。

徐志民：《接受留学与日本"国益"——近代日本的中国留学生接受政策》，《江苏师范大学学报》2016 年第 6 期。

徐志民：《九一八事变后日本政府对中华民国留日学生政策述论》，《抗日战争研究》2011 年第 3 期。

徐志民：《九一八事变前日本对中国留日军事学生政策述论》，《徐州师范大学学报》2010 年第 5 期。

徐志民：《满铁与留日教育——以南满中学堂为例》，《东北师大学报》2017 年第 4 期。

徐志民：《明治维新与赴日留学》，《华中师范大学学报》2018 年第 4 期。

徐志民：《日本的近代中国留日学生研究》，《近代史研究》2020 年第 1 期。

徐志民：《日本的中国留日学生政策（1937—1945）》，《历史研究》2013 年第 3 期。

徐志民：《日本政府的庚款补给中国留日学生政策研究》，《抗日战争研究》2012 年第 3 期。

徐志民：《日本政府的清末留日学生政策》，《史林》2016 年第 5 期。

徐志民：《近代日本政府对伪蒙疆政权留日学生政策探微》，《抗日战争研究》2008 年第 2 期。

徐志民：《中共东京支部考论》，《中国社会科学》2019 年第 5 期。

薛玉胜、杨学新：《近代中国留日与留美运动之比较》，《日本问题研究》1996 年第 3 期。

严平：《近代中国留学日本大学预科研究——以"五校特约"为中心》，《清史研究》2012 年第 4 期。

杨惠萍：《松本龟次郎与中国留学生教育》，《北方论丛》1994 年第 5 期。

杨木庆、周晓光：《清末留日热的有限抑制与学业激励——留日学生监管与任用制度评析》，《安徽师范大学学报》2017 年第 5 期。

杨瑞：《辛亥变局与留日学人心态裂变——以湘人黄尊三心路历程为个案的考察》，《史学月刊》2013 年第 10 期。

杨晓：《全面抗战期间中国人留学日本考略》，《辽宁师范大学学报》2017 年第 6 期。

殷昭鲁：《论战后国民政府对战时留日学生的甄审政策》，《历史教学》2015 年第 6 期。

余秀：《张之洞与清末留日学生管理》，硕士学位论文，华中师范大学，2014 年。

余子侠：《日伪统治下的华北留日教育》，《近代史研究》2004 年第 5 期。

元青、王建明：《近代中国海军留日教育及其影响》，《徐州师范大学学报》2006 年第 1 期。

翟海涛：《法政人与清末法制变革研究——以日本法政速成科为中心》，博士学位论文，华东师范大学，2012 年。

张海鹏：《中国留日学生与祖国的历史命运》，《中国社会科学》1996 年第 6 期。

张惠芝：《略述 1918 年留日学生罢学归国运动》，《中州学刊》1997 年第 6 期。

张学继：《论留日学生在立宪运动中的作用》，《近代史研究》1993 年第 2 期。

张永红：《试论清末留日学生在资产阶级民主革命中的先导作用》，《山西高等学校社会科学学报》2001 年第 12 期。

张玉萍：《留日时期的戴季陶——其日本观形成与留学经历的关系》，《江海学刊》2010 年第 2 期。

赵纯清：《留日学生反对"二十一条"斗争述论》，《徐州师范大学学报》2007 年第 1 期。

赵瑞：《日本第三高等学校中国留日学生之研究——以伪满洲国留日

学生为中心》，硕士学位论文，浙江工商大学，2014 年。

赵霞：《近代文凭造假与社会组织参与治理：以留日文凭造假和上海律师公会为例》，《武汉大学学报》2015 年第 1 期。

赵燕玲：《近代留美生与留日生对中国社会影响之比较》，《中山大学学报》2002 年第 2 期。

周一川：《近代中国留日学生人数考辨》，《文史哲》2008 年第 2 期。

周一川：《清末留日学生中的女性》，《历史研究》1989 年第 6 期。

周孜正：《试探沦陷区中国青年赴日留学原因》，《民国档案》2004 年第 3 期。

朱发建、张晶萍：《认同与批判：清末留日学生的地域文化观》，《安徽史学》2015 年第 3 期。

卓金秀、赵国兵：《略论中国留日学生的拒俄爱国活动》，《濮阳教育学院学报》2001 年第 3 期。

三　英文文献

Ayers, William, *Chang Chih-tung and Educational Reform in China*, Cambridge: Harvard University Press, 1971.

A. P. Parker, "A New Japanese Invasion of China", *The chinese Recorder*, Vol. 32, No. 7, July 1901.

Bastid, Marianne, *Educational Reform in Early 20th-Century China*, Paul J. Bailey, tr. Ann Arbor: Center for Chinese Studies, The University of Michigan, 1988.

Douglas R. Reynolds, "A Gold Decade Forgotten: Japan-China Rlations, 1898 – 1907", *The Transactions of the Asiatic Society of Japan*, Vol. 4, No. 2, 1987.

Douglas R. Reynolds, "Chinese Area Studies in Prewar Cbina: Japan's Tōa Dōbun Shoin in Shanghai, 1900 – 1945", *The Journal of Asian Studies*, Vol. 45, No. 5, 1986.

Duus, Peter, Ramon H. Myers, and Mark R. Peattie, eds., *The Japanese *Informal Empire in China*, *1895 – 1937*, Princeton: Princeton University Press, 1989.

Harada, Rev. J., "Japanese Educational Influence in China", *The chinese Recorder*, Vol. 36, No. 1, July 1905.

Harrell, Paula Sigrid, *Sowing the Seeds of Change: Chinese Students, Japanese Teachers 1895 – 1905*, Stanford: Stanford University Press, 1992.

Harrell, Paula Sigrid, "*The Years of the Young Radicals: The Chinese Students in Japan, 1900 – 1905*", Ph. D. Dissertation, Columbia University, New York, 1970.

Hayhoe, Ruth, and Marianne Bastid, eds., *China's Education and the Industrialized World: Studies in Cultural Transfer*, New York: M. E. Sharpe, 1987.

Hunt, Michael H. "The American Remission of the Boxer Iddemnity: A Reappraisal", *The Journal of Asian Studies*, Vol. 31, No. 3, May 1972.

后　　记

书稿未竟之时，特别是写作中绞尽脑汁、毫无思路之际，不知何故，却总是自觉不自觉地构思起"后记"的"千言万语"，包括感谢为拙稿写作提供帮助与支持的各位师友、关于拙稿想说的话，甚至任凭思绪信马由缰，其实更多的是拜读其他宏文巨著的"后记"有感而发和当时心境之反映。今拙稿草成，几次欲作"后记"，竟一时语塞，不知从何说起。

所谓"后记"，重在事后而"记"。这"记"的内容与含义则因人、因事、因时而异。

笔者关于拙稿的"后记"，一是记录拙稿草成之后的未竟探究与努力方向。拙稿名为《近代日本的中国留日学生政策史》，实则只是近代日本对中国留日学生政策的大致脉络与极粗线条，不少章节内容需要充实、丰富和继续完善。例如，"留日学生政策与全面侵华"一章，虽内容涉及日本对伪满洲国、伪蒙疆政权，以及伪中华民国临时政府、维新政府和以整合这两者为主成立的汪伪政府，他们受日本蛊惑或强令继续选派留日学生，但日本根据"以华制华""分而治之"的侵华政策，对各伪政权留日学生"分而育之"，实施同化、分化、奴化教育。因此，探讨日本对各伪政权留日学生政策的异同，以及其与侵华战争的关系，是今后研究近代日本对中国留日学生政策的一个重要方向。

历史研究随着时代变换，往往在阐释和解读中走向深入、走向广阔，形成新的知识或"真理愈辩愈明"，即常言之"旧史新解"，而其基础与前提是史料。近代以来远较前近代有着更为丰富的史料，既为近代史研究提供了极大便利，也容易使之陷入浩瀚的史料之中难以自拔。除了中文史料与文献外，善于保存、整理和利用史料的日本，虽历经第二次世界大战的战火，以及战争结束之际焚毁罪证的刻意销毁，但仍保留了大量有关中国留日学生的政府公文、往来函电、入学接受、教育管理、监控记录、学业成绩、参观感想、私人信息等，可谓卷帙浩繁、数以万计。原本设想三年攻读博士学位期间，完成近代日本对中国留日学生政策史研究，但自从到东京大学学习和查阅外交省外交史料馆、国立公文书馆、防卫省防卫研究所的档案资料后，决定将博士学位论文的研究时限压缩为1896年至1931年，即战前日本的中国留日学生政策研究，以期早日博士毕业。

笔者于2007年获得博士学位后，内心浮躁加之年少轻狂，曾幼稚地以为可以在两三年之内补充1931年至1945年，即战时日本对中国留日学生政策的内容，然后经过修改就可以出版成书，显然低估了查阅、翻译、梳理和研究史料之难度。随着日本亚洲历史资料中心上线的史料不断增多，以及本人从事博士后研究、参加工作后根据现实需要的"转向"，无法全身心地投入留日学生史研究。但是，从2001年攻读硕士学位至今的近二十年，却也从未中断过留日学生史研究，即使2009年至2011年作为中央第五批援藏干部在西藏自治区社会科学院工作期间也从未间断。后来，我不敢设想一下子完成战时日本对中国留日学生政策研究，采取"化整为零"，以单篇文章的方式探究战时日本对中国留日学生政策的某个问题或某一时段的问题。即使如此，有时为一篇文章的日文资料进行翻译，也要耗费近乎一年时光。

今拙稿初成，丝毫未有轻松之感，反而更感留日学生史研究之路长途漫漫。史学研究者往往总想穷尽史料、探究真相、求取真知，吾亦同然。且不说尚未发掘的新史料，即使已经公布的中日文史料与文献，特别是不断上线的亚洲历史资料中心的日文史料，也难以"皓首穷经"。中日韩等国学界关于留日学生史研究的硕士学位论文、博士学位论文、期刊论文、报刊文章和著作，不断涌现，数以千计。每每想到关于留日学生浩如烟海之史料和研究成果，每每想到拙稿实乃未能"穷经"之前的所谓"研究成果"，心中不免惶恐。不过，"丑媳妇终归要见公婆"。今天，笔者权且将拙稿呈现出来，接受专家学者批评指教的同时，更易看清继续研究的路。

二是记录拙稿研究之中获得的指点和帮助，虽无力"涌泉相报"，然常感铭于内，录之于书。物质决定意识，没有父母辛勤劳作和省吃俭用，就无法支撑我外出求学，就无法支持我大学毕业后继续攻读研究生。没有家人的默默奉献和宽容理解，我就无法安心读书、无法静心思考和研究。没有硕士生导师黄尊严先生、博士生导师王新生先生、博士后导师步平先生在学术道路上的引导、指导、教导和支持、帮助，或许我就不会走向留日学生史研究的道路，或者即使走上这条道路，也难以坚持至今。遥想父母的殷殷嘱托与期望，回顾转战各地的艰辛求学路，感念钟罗山前之深厚情谊，然年逾不惑却"一事无成"，实在惭愧，惟有继续努力工作，不断躬身自省、踏实研究。

虽然人生之路坎坷多艰，自己也非一帆风顺，但总是莫名其妙地有一种"幸运感"。无论在曲阜师大求学，还是在北京大学读书，以及在东京大学学习，总是遇到知识渊博、谦和儒雅、乐于助人的先生，总是遇到重情重义、积极向上、乐观开朗的舍友与同学。长期生活在和谐、友爱、互助的氛围中，就不会感到孤单和寂寞，反而会产生一种莫名的自信。老师、同学、朋友的爱，既是我面对各种困难、挫折的勇气，也是我不管顺境逆境都坚持研究、继续前行的动力。博士毕业已过十二载，这期间根据组织安排，先后供职于西藏自治区社会科学院、中国社会科学院近代史研究所和历史理论研究所，皆受到单位领导、老师、朋友和同事的指导、帮助和支持，心中十分感念。运笔至此，我几乎难以抑制内心的冲动，特别想逐一列出他们的高姓大名敬表谢忱，然一则篇幅所限，二则难免有所遗漏，三则避免引起不必要的误会，故此略去，仅内化于心。

经历人生四十余年的风雨，阅历虽不够多、不够深，但感恩已不再是"客套话"，既没有必要，也没有意义，当然更不是"扯虎皮拉大旗"，推卸笔者在拙稿中应负之责任。说句实在话，这部书稿虽署笔者之名，其实是一部"集体成果"，因为其中各章都曾作为单篇文章参加学术会议，如近代史研究所举办的有关中外关系史的国际学术研讨会、北京大学与神奈川大学联合召开的留日学生研究国际学术研讨会、南开大学元青教授和江苏师范大学周棉教授分别召开的留学生研究的国际学术研讨会等。会上，拙文曾获得与会专家学者的点评和宝贵意见。笔者在此基础上修改后投稿，承蒙《中国社会科学》《历史研究》《近代史研究》《世界历史》《史学理论研究》《抗日战争研究》《史学月刊》《史林》等杂志不弃，经外审专家提出宝贵建议，到编辑部各位老师的具体建议、修改、校对和完善，始有今日之样貌。经过各位专家学者和编辑部老师的辛勤付出，笔者不仅交流或发表了学术成果，而且获得更多的知识和开展学术研究的取法与门径。

近代日本的中国留日学生政策史，既属于中日关系史或中日文化交流史的范畴，也属于日本史研究的范畴，因此本书关注日本学界相关研究成果，从日本史视角入手，获益于日本学界良多。2006年赴日本东京大学学习期间，日本近代史研究大家三谷博教授是我的指导教官，不仅向我传授日本近代史的知识，而且通过参加先生的"ゼミ"课学到不少方法和结识一些朋友。2019年，我到神奈川大学参加一个圆桌会议，席间就遇到了13年前在三谷博教授课上的同学，幸哉乐哉。也正是在东京大学学习期间，经川岛真先生介绍参加了神奈川大学大里浩秋教授、孙安石教授组织的中国留日学生史研究会的活动。此后至今，通过中国留日学生史研究会和相关学术会议，与日本学界的中国留日学生史研究者保持联系，这种联系正在不断延伸，从老一辈的知名专家向他们的学生和年轻学者传递。

在学术交流中，笔者不仅收获了知识、收获了友谊、收获了快乐，而且看到留日学生史研究大有可为。

三是记录留日学生史研究的一些感想，为留日学生史研究呐喊，也为自己坚守初心、继续研究鼓劲。留日学生史研究在中国学界虽然相关成果不少，也有一些学者以留日学生研究为主业，但总体而言仍是一个相对小众的研究领域。从学术领域划分看，历史研究一般分为政治、经济、军事、文化、外交、社会生活、科技、教育等几大领域，而留日学生史研究只是从属于教育史领域中的留学史，即使留学史也仅仅是留日史。细化的研究领域和并非传统史学重点研究领域，导致留日学生史研究的关注度，远远不及政治史、外交史、军事史等更受学界重视。留日学生史研究虽然吸引着一些专家学者，但专门以留日学生史研究为主业的学者并不多，不少学者是自己主业的研究涉及留日学生，或者临时"客串"一下留日学生史研究。鉴于此，笔者一度设想在修改出版博士学位论文后转向其他"热门"领域，或者在补充完成战时日本对中国留日学生政策史后就此划上句号。

随着近代日本的中国留日学生政策史研究的深入，笔者发现越来越多的未解之谜和越来越感兴趣的问题，吸引着我在这个细微的领域继续探索。博士毕业后的相当长一段时间，只是关注日本对中国留日学生的政策，且将中国留日学生视为一个整体，但在研究战时日本对中国留日学生政策时，不仅发现日本对伪满洲国、伪蒙疆政权、伪中华民国留日学生政策的明显差别，而且留日学生也不仅限于中国，还有来自朝鲜半岛、泰国、菲律宾、法属印度支那、荷属印尼等东亚、东南亚各地和土耳其、伊朗等中亚、西亚等地的学生，以及美国、德国、意大利等欧美国家的留学者。日本也成立了日华学会、伪满留日学生会、善邻协会、国际学友会等组织，既分别"辅导"和"关照"相关之留日学生，辅助日本对外交流和文化战略，又在中国和东南亚占领区选拔留日学生，服务于侵略战争政策，反映了国策与留学之间的互动和因应。

这些有趣的问题相当程度上体现着近代日本外交史和侵略扩张史，也体现着东亚国际关系史和世界近现代史。我们不仅可以从留日学生的微观视角，更加细致地考察如此宏大的世界，而且日本学界的既有研究成果和持续上线的亚洲历史资料中心的史料与文献，为之提供了便利与可能。无论博士学位论文研究，还是单篇文章撰写，笔者除搜集中文史料与文献外，均需要翻译不少日文史料与文献。在搜集和翻译史料中，不时发现与订正自己此前研究之失误，丰富日本对中国留日学生政策的一些历史细节，观察日本在制定留日学生政策时综合考虑的各种因素，包括对国际观瞻与"协调外交"的顾虑、对华外交和"日中亲善"的利益追求、平息留日学生"反日"情绪的现实需要等。原本以为只是留日学生与就读学校之间的教育问题，竟然牵动着日本外务省、内务省、文部省、陆军省、海军省、警视厅、各地政府等方方面面的敏感神经，牵动着日本侵略扩张政策与东亚国际关系格局。

留学的基本规律与宗旨，是传播科学文化知识和推动世界和平发展。近代日本的中国留日学生政策，以培养"亲日"分子和服务于侵略扩张政策为根本目的，完全违背留学教育的规律和宗旨，结果适得其反，终归失败。留学作为不同文明交流互鉴的一种方式和途径，在促进科学文化知识交流、互鉴、传播的同时，更是推动世界和平发展的重要动力，培养了无数和平友好的使者。2018 年，中国出国留学生 66.21 万名，接受来华留学生 49.22 万名，两者合计近 116 万名。每年数以百万计的留学生在中外之间穿梭、学习、交流，且随着"一带一路"倡议和打造"人类命运共同体"正方兴未艾、蓬勃发展。他们以自己所学服务于中外友好合作，架起中外文明交流互鉴的桥梁，成为推动"一带一路"和"人类命运共同体"建设的重要力量。经世致用的学术理念，留学发展的现实需求，使原本相对小众的留学史研究吸引了越来越多的关注。

笔者对留日学生史研究充满了憧憬、充满了希望，拟定了研究计划，规划了发表或出版的路线图，但在"家事国事天下事"事事为大的名义下，往往为自己的懈怠寻找借口；甚至在劳逸结合的名义下，为自己的懒惰开脱。这或许是拙著断断续续延续十余载的重要原因，但在这十几年中人生发生了许许多多的变化，对社会与人生的一些粗浅认识也会自觉不自觉地融入日常研究之中。吾虽欲客观、求真，但难免情感"战胜"理性，难免在史料、论证、阐述等方面存在各种问题与错漏，诚挚地恳请学界同仁批评，以为继续前进的动力。

徐志民

2020 年 11 月 8 日